2교시
미국 독립 전쟁

책 속의 QR 코드로 용선생의 세계 문화유산 강의를 볼 수 있습니다.
QR 코드를 스캔하여 회원 가입 및 로그인 진행 후
도서 구매 시 제공된 영상 쿠폰 번호를 등록해 주세요.

영상 재생 방법
❶ QR 코드 스캔 ⋯▶ ❷ 회원 가입 / 로그인 ⋯▶ ❸ 영상 쿠폰 번호 등록 ⋯▶ ❹ 영상 재생

회원 가입/로그인 후에 영상 재생을 위해 QR 코드를 다시 스캔해 주세요.
쿠폰 번호는 최초 1회만 등록 가능하며, 변경 또는 양도할 수 없습니다.
로그인 상태라면 즉시 영상을 재생할 수 있습니다.
PC에서는 용선생 클래스(yongclass.com)에서 시청할 수 있습니다.

영상 재생 방법 안내

글 차윤석

서울대학교 독어독문학과를 졸업하고 같은 학교 대학원에서 석·박사 과정을 거친 뒤 독일 뮌헨대학교에서 중세문학 박사 과정을 마쳤습니다.

글 김선빈

고려대학교 국어국문학과를 졸업하고 웹진 <거울> 등에서 소설을 썼습니다. 어린이 교육과 관련된 일을 시작하여 국어, 사회, 세계사와 관련된 다양한 교재와 콘텐츠를 개발했습니다.

글 박병익

고려대학교 사학과를 졸업한 뒤 대중적이면서도 깊이 있는 역사책을 만들고 있습니다. 사실의 나열이 아닌 '왜'와 '어떻게'라는 질문을 통해 어린이들이 역사와 친해지는 글을 쓰기 위해 오늘도 고민하고 있습니다.

글 김선혜

고려대학교 사학과를 졸업하고 여러 회사에서 콘텐츠 매니저, 기획 업무를 담당했습니다.

그림 이우일

홍익대학교에서 시각디자인을 공부한 만화가입니다. '노빈손' 시리즈의 모든 일러스트레이션을 그렸으며 지은 책으로는 《우일우화》, 《옥수수빵파랑》, 《좋은 여행》, 《고양이 카프카의 고백》 등이 있습니다.

설명삽화 박기종

단국대학교 동양화과와 홍익대학교 대학원을 나와 지금은 아이들의 신나는 책 읽기를 위해 어린이 책 일러스트 작가로 활동하고 있습니다.

지도 김경진

'매핑'이란 지도 회사에서 일하면서 어린이, 청소년 책에 지도를 그리고 있습니다. 얼마 전까지 중학교 교과서 만드는 일도 했습니다. 참여한 책으로는 《아틀라스 중국사》, 《아틀라스 일본사》, 《아틀라스 중앙유라시아사》, 《미래를 여는 한국의 역사》 등이 있습니다.

구성 장유영

서울대학교에서 지리교육과 언론정보학을 공부했습니다. 졸업 후 학교에서 학생들을 가르치다 지금은 어린이책을 만들고 있습니다.

구성 정지윤

서울대학교 국어교육과를 졸업하고 문화예술, 교육 분야 기관에서 기획 업무를 담당했습니다.

자문 및 감수 윤은주

서울대학교 서양사학과를 졸업하고 프랑스 사회과학고등연구원에서 박사 학위를 받았습니다. 현재 국민대학교 교양대학 강의 전담 교원으로 일하고 있습니다. 《넬슨 만델라 평전》을 우리말로 옮겼으며 《히스토리》의 4~5장과 유럽 국가들의 연표를 우리말로 옮겼습니다.

자문 및 감수 최재인

서울대학교 서양사학과를 졸업하고 같은 학교 대학원에서 석사·박사 학위를 받았습니다. 현재 서울대학교 강사로 일하고 있습니다. 함께 지은 책으로 《서양여성들 근대를 달리다》, 《여성의 삶과 문화》, 《다민족 다인종 국가의 역사인식》, 《동서양 역사 속의 다문화적 전개양상》 등이 있고, 《가부장제와 자본주의》, 《유럽의 자본주의》, 《세계사 공부의 기초》 등을 우리말로 옮겼습니다.

교과 과정 감수 박혜정

성균관대학교 역사교육과를 졸업하고 현재는 경기도 용인 신촌중학교에서 근무하고 있습니다. 『나의 첫 세계사』를 집필하였습니다.

교과 과정 감수 한유라

홍익대학교 역사교육과를 졸업하고, 현재는 경기도 광명 충현중학교에서 근무하고 있습니다. 『12.3 사태, 그날 밤의 기록』을 집필하였습니다.

교과 과정 감수 원지혜

동국대학교 역사교육과를 졸업하고, 현재는 경기도 시흥 은계중학교에서 근무하고 있습니다. 『더 늦기 전에 시작하는 생태 환경사 수업』의 공저자입니다.

기획자문 세계로

1991년부터 역사 전공자들이 모여 함께 고민하고 연구하며 한국사와 세계사를 가르치고 있습니다. 《용선생의 시끌벅적 한국사》 기획에 참여했고, 지은 책으로는 역사 동화 '이선비' 시리즈가 있습니다.

혁명의 시대 1
산업 혁명, 미국 독립 혁명, 프랑스 대혁명, 나폴레옹의 등장

글 | 차윤석 김선빈 박병익 김선혜
그림 | 이우일 박기종

교양으로 읽는
용선생
세계사

차례

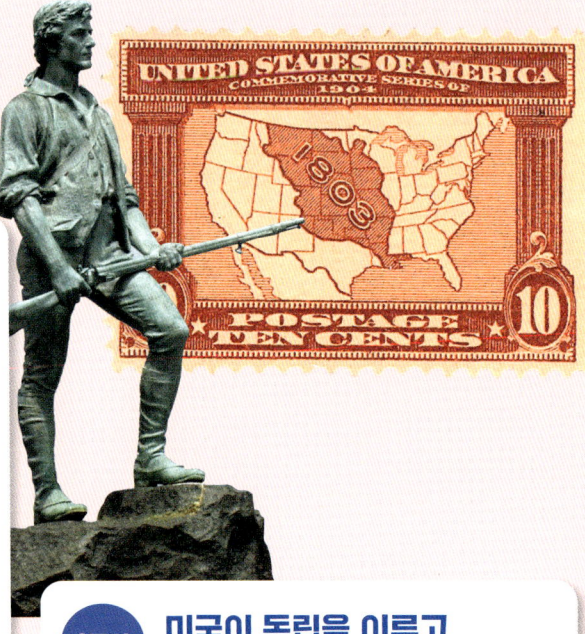

1교시 산업 혁명, 유럽 세계를 통째로 뒤바꾸다

영국의 산업 혁명을 이끈 삼총사 맨체스터, 리버풀, 버밍엄에 가다	014
영국에서 산업 혁명의 싹이 움트다	020
새로운 기계가 발명되고 여러 산업이 발전하다	026
철도가 곳곳에 놓이고 새로운 도시가 탄생하다	034
산업 혁명이 유럽 곳곳으로 퍼지다	042
인구가 급증하고 부르주아 계급이 성장하다	047

나선애의 정리노트	057
세계사 퀴즈 달인을 찾아라!	058
용선생 세계사 카페	
축구, 산업 혁명과 함께 영국인의 삶으로 스며들다	060
산업 혁명 시기에 만들어진 세계적 기업들	064

교과 연계 중학교 역사① V-2 유럽의 산업화와 제국주의

2교시 미국이 독립을 이루고 눈부시게 발전하다

세계 초강대국 미국	072
식민지 대표들, 독립을 선언하다	078
영국에 맞서 독립 전쟁이 일어나다	086
세계 최초의 민주 공화국 미국이 탄생하다	093
서쪽으로 영토를 넓히는 미국	105

나선애의 정리노트	119
세계사 퀴즈 달인을 찾아라!	120
용선생 세계사 카페	
미국 화폐에 그려진 건국의 아버지들	122
미국의 독특한 대통령 선거 제도	128

교과 연계 중학교 역사① V-1 유럽과 아메리카의 국민 국가 체제

 3교시 프랑스 대혁명이 일어나다

세계적인 휴양지 프랑스 남부 지역을 가다	136
프랑스 대혁명이 일어나기까지	140
삼부회가 소집되고 국민 의회가 탄생하다	143
혁명의 불길이 번져 나가다	148
점점 과격해지는 혁명	153
공화정이 수립되고 루이 16세가 처형되다	160
혁명과 반혁명의 갈등이 심해지며 공포 정치가 시작되다	167
나선애의 정리노트	173
세계사 퀴즈 달인을 찾아라!	174
용선생 세계사 카페	
비운의 왕비 마리 앙투아네트	176
프랑스 대혁명의 그늘, 방데 전쟁	180

교과 연계 중학교 역사① V-1 유럽과 아메리카의 국민 국가 체제

 4교시 나폴레옹의 등장과 유럽 대륙을 휩쓴 자유주의

아름다운 혁명의 도시 파리	188
나폴레옹이 등장하다	192
프랑스의 황제가 된 나폴레옹	198
나폴레옹이 온 유럽을 무릎 꿇리다	206
나폴레옹이 몰락하다	216
빈 체제, 대혁명 이전으로 유럽을 되돌리려 하다	224
유럽 여러 나라에서 혁명이 일어나다	232
나선애의 정리노트	239
세계사 퀴즈 달인을 찾아라!	240
용선생 세계사 카페	
나폴레옹 시대의 천재들	242
그림으로 보는 나폴레옹의 삶	244

교과 연계 중학교 역사① V-1 유럽과 아메리카의 국민 국가 체제

한눈에 보는 세계사-한국사 연표	248
찾아보기	250
참고문헌	252
사진 제공	259
퀴즈 정답	261

초대하는 글

용선생 역사반, 세계로 출발!

여러분, 안녕! 용선생 역사반에 온 걸 환영해!

용선생 역사반의 명성은 익히 들어 잘 알고 있겠지? 신나고 즐거운 데다 깊이까지 있다고 소문이 쫙 났더라고. 역사반에서 공부한 하다와 선애, 수재, 영심이도 중학교 잘 다니고 있다는 소식을 들었지.

그런데 어느 날 중학생이 된 하다와 선애, 수재, 영심이가 다짜고짜 찾아와서 막 따지는 거야.

"선생님! 왜 역사반에서는 한국사만 가르쳐 주신 거예요?"

"중학교 가자마자 세계사를 배우는데, 이름도 지명도 너무 낯설고 어려워요!"

"역사반 덕분에 초등학교 때는 천재 소리 들었는데, 중학교 가서 완전 바보 되는 거 아니에요?"

한참을 그러더니 마지막에는 세계사도 가르쳐 달라고 조르더라고.

"너희들은 중학생이어서 역사반에 들어올 수 없어~"

그랬더니 선애가 벌써 교장 선생님한테 허락을 받았다는 거야. 아닌 게 아니라 다음날 교장 선생님께서 나를 불러 이러시더군.

"용선생님, 방과 후 시간에 역사반 아이들을 위한 세계사 수업을 해 보면 어떨까요?"

결국 역사반 아이들은 다시 하나로 뭉쳤어.

원래 역사반에서 세계사까지 가르칠 계획은 전혀 없었지만… 피할 수 없다면 즐겨라. 역사반 아이들이 이토록 원하는데 용선생이 어떻게 가만히 있을 수 있겠어? 그래서 중·고등학교 세계사 교과서들은 물론이고, 서점에 나와 있는 세계사 책들, 심지어 미국과 독일을 비롯한 세계사 교과서까지 몽땅 긁어모은 뒤 철저히 조사했어. 뭘 어떻게 가르칠지 결정하기 위해서였지. 그런 뒤 몇 가지 원칙을 정했어.

첫째, 지도를 최대한 활용하자! 서점에 나와 있는 책들은 대부분 지도가 부족하더군. 역사란 건 공간에 시간이 쌓인 거야. 그러니 그 공간을 알아야 역사가 이해되지 않겠어? 그래서 지도를 최대한 많이 넣어서 너희들의 지리 감각을 올려주기로 했단다.

둘째, 사람들이 살아가는 모습을 꼼꼼히 들여다보자! 세계사 공부를 할 때 중요 사건이 왜 일어났는지도 중요하지만, 그때 사람들이 어떤 모습으로 살았는지도 중요해. 그 모습을 보면, 그들이 왜 그렇게 살았는지, 우리와는 무엇이 같고 다른지 알 수 있게 될 거야.

셋째, 사진과 그림을 최대한 많이 보여주자! 사진 한 장이 백 마디 말보다 사건이나 시대 분위기를 훨씬 더 효과적으로 전달할 때가 많아. 특히 세계사를 처음 배울 때는 이런 시각 자료가 큰 도움이 되지. 사진이나 그림은 당시 분위기를 파악하는 데도 아주 좋은 자료란다.

넷째, 다른 역사책에서 잘 다루지 않는 지역의 역사도 다루자! 인류 문명은 어떤 특정한 집단이나 나라가 만든 게 아니라, 지구상에 살았던 모든 집단과 나라가 빚어낸 합작품이야. 아프리카, 아메리카 원주민, 유목민도 유럽과 아시아 못지않게 인류 문명의 발전에 기여했다는 말이지. 세계 각지에서 일어난 문명과 역사를 알면 세계사가 더 쉽게 느껴질 거야.

다섯째, 과거와 현재를 연결하자. 수업 시작하기 전에 그 시간에 배울 사건들이 일어났던 나라나 도시의 현재 모습을 보게 될 거야. 그 장소가 과거뿐 아니라 지금도 사람들의 삶의 현장이라는 것을 보여 주기 위해서지. 예를 들어 메소포타미아 하면 사람들은 메소포타미아 문명이 일어난 곳으로만 알지, 지금 그곳에 이라크라는 나라가 있다는 사실은 모르는 경우가 많아. 지금 이라크 사람들의 모습과 옛날 메소포타미아 문명 사람들의 모습을 비교해 보는 것도 좋은 역사 공부 방법이란다.

이런 원칙으로 재미있게 세계사 공부를 하려는데, 작은 문제가 하나 있어. 세계사는 한국사와 달리, 직접 현장을 방문하기가 쉽지 않다는 점이지. 하지만 용선생이 누구냐. 역사 공부를 위해서라면 물불 가리지 않는 용선생이 이번에는 너희들이 볼 수 있는 영상도 만들었어. 책 속의 QR코드를 찍으면 세계 곳곳의 문화유산과 흥미로운 사건을 볼 수 있을 거야.

자, 얘들아. 그럼 이제 슬슬 세계사 여행을 시작해 볼까?

등장인물

'용쓴다 용써' 용선생

어쩌다 맡게 된 역사반에, 한국사에 이어 세계사까지 가르치게 됐다. 맡은바 용선생의 명예를 욕되게 할 수는 없지. 제멋대로 자란 머리카락을 휘날리며 오늘도 용쓴다.

'장하다 장해' 장하다

'튼튼하게만 자라 다오.'라는 아버지의 소원대로 튼튼하게만 자랐다. 세계적인 축구 스타가 꿈! 세계를 다니려면 세계사 지식도 필수라는 생각에 세계사반에 지원했다. 영웅 이야기를 좋아해서 역사 인물들에게 관심이 많다.

'오늘도 나선다' 나선애

역사 마스터를 꿈꾸는 우등생. 공부도 잘하고 아는 게 많아서 잘 나선다. 글로벌 인재가 되려면 기초 교양이 튼튼해야 한다는 생각으로 용선생을 찾아가 세계사반을 만들게 한다. 어려운 역사 용어들을 똑소리 나게 정리해 준다.

'잘난 척 대장' 왕수재

시도 때도 없이 잘난 척을 해서 얄밉지만 천재적인 기억력 하나만큼은 인정. 또 하나 천재적인 데가 있으니 바로 깐족거림이다. 세계를 무대로 한 사업가를 꿈꾸다 보니 지리에 관심이 많다.

'엉뚱 낭만' 허영심

엉뚱 발랄한 매력을 가진 역사반의 분위기 메이커. 남다른 공감 능력이 있어서 사람들이 고통을 겪을 때면 눈물을 참지 못한다. 예술과 문화에 관심이 많고, 그 방면에서는 뛰어난 상식을 자랑한다.

'깍두기 소년' 곽두기

애교가 넘치는 역사반 막내. 훈장 할아버지 덕분에 뛰어난 한자 실력을 갖추고 있으며, 어휘력만큼은 형과 누나들을 뛰어넘을 정도. 그래서 새로운 단어가 등장할 때마다 한자 풀이를 해 주는 것이 곽두기의 몫.

1교시

산업 혁명, 유럽 세계를 통째로 뒤바꾸다

1700년대 중반부터 영국을 중심으로 커다란 변화가 시작됐어.
새로운 기계와 기술이 잇따라 발명되고
석탄과 증기 기관이 널리 쓰이며 생산력이 크게 발전한 거야.
이는 눈부신 경제 성장으로 이어졌고, 그 결과 인구가 급속도로 늘고
도시가 커지며 사회 모습까지 뒤바뀌기에 이르렀지.
오늘은 산업 혁명의 진행 과정을 살펴볼까?

1733년	1769년	1779년	1825년	1835년	1851년
존 케이, '나는 북' 발명	제임스 와트, 증기 기관 개량	물 방적기 발명	영국에 세계 최초의 철도 건설	벨기에에 최초의 철도 건설	제1회 만국 박람회 개최

리버풀

노예 무역으로 번성한 영국의 주요 무역항. 산업 혁명기에는 철도가 연결되며 영국을 대표하는 산업 도시로 성장했어.

맨체스터

영국 면직물 공업의 중심지였어. 리버풀과 더불어 산업 혁명기 영국을 대표하는 도시였지.

브리스톨

증기선이 발명되면서 이 항구를 통해 영국과 미국 사이에 정기적으로 배가 오갔어.

글래스고 · 에든버러
스톡턴
달링턴
영국
더블린 리버풀 · 맨체스터
버밍엄
브리스톨
런던

영국-북아메리카 정기 노선

대 서 양

역사의 현장 지금은?

영국의 산업 혁명을 이끈 삼총사 맨체스터, 리버풀, 버밍엄에 가다

맨체스터, 리버풀, 버밍엄은 산업 혁명기에 발전한 신흥 공업 도시였어. 세 도시는 석탄 및 철광석 산지와 가까운 데다가 리버풀은 수출입에 유리한 해안가에, 버밍엄과 맨체스터는 교통이 편리한 잉글랜드 중부에 자리 잡아 공장이 들어서기에 적합했거든. 세 도시는 1960년대까지 전성기를 누리다 영국 제조업이 쇠퇴하며 내리막길에 들어섰지. 하지만 최근 이들 도시는 쇠락한 공업 도시란 이미지를 벗고 새로운 도시로 다시 도약 중이야.

➜ **맨체스터 전경** 사진 가운데에 우뚝 선 건물은 맨체스터의 랜드 마크인 비덤 타워야. 높이가 169미터나 돼.

↑ ➜ **《가디언》의 런던 본사와 초판 신문** 영국을 대표하는 신문 《가디언》도 맨체스터에서 창간됐어.

014

비덤 타워

경제 중심지로 부활한 맨체스터

맨체스터는 런던, 버밍엄과 더불어 영국 3대 도시로 손꼽혀. 산업 혁명 시기 면직물 공업의 중심지로, 무려 7만 5천 명의 노동자가 함께 일한 세계 최초의 산업 단지 '트래퍼드 파크'가 들어서기도 했지. 그러나 트래퍼드 산업 단지가 1980년대에 제조업 몰락으로 완전히 망한 뒤 맨체스터 역시 급속도로 쇠퇴했어. 오늘날 맨체스터는 트래퍼드 산업 단지 재생 사업과 적극적인 기업 유치 정책을 펼치며 다시 경제 중심지로 거듭났단다.

◀ 영국 지성의 산실 맨체스터 대학

무려 25명의 노벨상 수상자를 배출한 명문 대학이야. 20세기 가장 위대한 철학자로 언급되는 루트비히 비트겐슈타인, 컴퓨터의 아버지라 부르는 천재 수학자 앨런 튜링이 모두 이곳에서 공부했어.

◀ 루트비히 비트겐슈타인

◀ 앨런 튜링

◀ **맨체스터 유나이티드의 홈구장 올드 트래퍼드**

맨체스터 유나이티드 FC는 데이비드 베컴 등 수많은 뛰어난 선수들을 배출한 영국 최고의 축구 클럽이야. 박지성 선수도 여기서 활약했지. 라이벌 팀 리버풀 FC와 맞붙는 축구 경기 '노스웨스트 더비'는 전쟁처럼 격렬하기로 유명해.

▲ **깨끗하게 정비된 오늘날의 트래퍼드 파크**

쇠락한 산업 단지를 재개발해 1,500여 개의 다양한 기업을 유치했어. 쇼핑몰, 레저 시설까지 들어서서 관광지 역할도 톡톡히 하는 중이야.

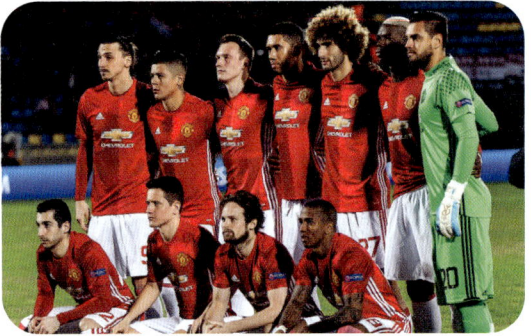

▲ **맨체스터 유나이티드**

문화 예술의 도시 리버풀

영국 중서부 해안에 자리 잡은 리버풀은 1700년대 대서양 노예 무역으로 번영을 누렸던 항구 도시야. 산업 혁명 땐 인도, 아메리카, 아프리카를 잇는 영국 최고의 무역항으로 한때 영국 제2의 수도로 불렸어. 대공황과 세계 대전 이후 가난한 도시로 전락했다가 1960년대 비틀스를 배출한 문화 예술 도시로 세계적인 관광지가 됐지.

▲ **리버풀의 마스코트 램바나나**

램바나나는 리버풀의 마스코트야. 양(Lamb)과 바나나(Banana)를 합친 모습을 하고 있어. 리버풀 시내 곳곳에서 만날 수 있지.

◀ **오늘날 리버풀의 모습**

↑ 리버풀의 명소가 된 알버트 도크 예술촌 리버풀은 항만 지역의 낡은 건물을 박물관과 미술관으로 개조해 문화 예술 공간으로 탈바꿈시켰어. 그 덕분에 이 일대는 관광 명소가 되었고, 2004년 유네스코 세계유산으로 지정되었지.

➡ 테이트 리버풀 미술관 창고 건물을 개조해 1988년 미술관으로 만들었어. 근현대 미술 작품을 전시 중이야.

⬅ 비틀스의 첫 라이브 공연이 열린 캐번 클럽

➡ 리버풀 시내에 세워진 비틀스 동상
리버풀은 전설적인 록 밴드 '비틀스'가 탄생한 곳이야. 리버풀은 비틀스와 관련된 수많은 명소를 관광 상품으로 개발하여 많은 관광객을 끌어들이고 있어.

▲ 리버풀 FC 홈구장 안필드
1892년에 창단된 리버풀 FC의 홈구장이야. 리버풀 FC는 붉은 색 유니폼과 열정적인 팬들로 유명해.

▲ 머지사이드 더비
리버풀을 연고로 하는 또 다른 팀 에버튼 FC와 리버풀 FC의 경기야. 머지사이드 더비가 벌어질 때면 도시 전체가 축구 응원 분위기로 술렁이지.

영국 제2의 도시 버밍엄

버밍엄은 1970년대에 심각한 경제 위기를 겪었지만 1985년부터 실시된 도시 계획의 성공으로 부활에 성공했어. 버밍엄은 도시 계획을 통해 낙후된 공장 지대에 새로운 업무 지구 '브린들리 플레이스'를 만들고, 버려진 운하를 산책로로 정비해 특색 있는 문화 공간으로 만들었지. 낡은 도심은 각종 쇼핑 시설과 레저 시설이 밀집한 '불링 쇼핑센터'로 탈바꿈시켰단다. 그 결과 오늘날 버밍엄은 런던에 이어 영국에서 두 번째로 인구가 많은 도시의 자리를 지키고 있어.

▼ 버밍엄 도심 전경 키가 작은 건물들과 고층 빌딩의 조화가 이채로워.

➜ **불링 쇼핑센터의 상징 셀프리지 백화점**
불링 지역은 유럽을 대표하는 쇼핑 중심지로 급성장 중이야. 한 해 방문객이 3천만 명이 넘어.

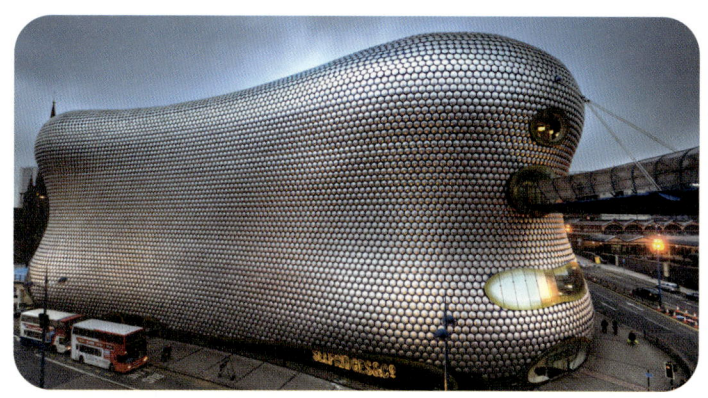

◀ **수백 년 역사를 자랑하는 보석 공장 지구 '주얼리 쿼터'**
버밍엄의 금속 가공 기술은 산업 혁명 시기부터 세계 일류였어. 현재도 영국 보석 생산의 40퍼센트를 차지하는 보석 산업의 중심지야.

➜ **산책로로 탈바꿈한 운하**
미술관, 박물관, 카페, 레스토랑 등이 줄지어 자리 잡고 있단다.

◀ **버밍엄 곳곳에 들어선 모스크**
버밍엄 인구 절반은 인도, 파키스탄 등 서남아시아에서 온 이슬람교 이주민이야. 그래서 도시 곳곳에 크고 작은 모스크가 300여 개나 있어.

영국에서 산업 혁명의 싹이 움트다

"1700년대 영국을 중심으로 산업에 큰 변화가 나타났단다."
"갑자기 기계를 발명해냈다 이거죠?"
"근데 기계를 왜 발명했는데요?"

장하다가 뒷머리를 긁적이며 말하자 곽두기도 궁금한 듯 눈을 동그랗게 떴다.

"그야 기계가 필요하니까 발명했지. 신항로를 개척해 전 세계를 무대로 장사를 하게 된 이후로, 유럽 상인들은 항상 더 많은 물건을 더 빨리 만들 수 있는 방법을 연구했으니까. 그래서 우선 고안된 것이 바로 '선대제'라는 방식이었어. 이건 예전에 배운 적 있는데 혹시 기억하니?"

"네. 음…… 길드에 속하지 않은 농민을 고용해서 도구와 원료를 먼저 빌려주고 물건을 만들게 하는 방식이라고 하셨어요."

나선애가 정리노트를 뒤적이면서 대답했다.

"맞아. 선대제가 널리 퍼지면서 물건을 만드는 속도가 이전보다 훨씬 빨라졌어. 하지만 상인들은 여전히 만족하지 않았단다. 뭔가 더 좋은 방법이 있을 거라고 생각했지. 그 결과 이번에는 물건을 만드는 과정을 세세히 나누어서 각각 다른 사람이 맡는 방법을 고안해 냈어. 이걸 분업이라고 해."

"분업이라고요?"

"예컨대 옷을 만든다고 하자. 예전에는 장인 한 사람이 시작부터 끝까지 모든 일을 도맡았어. 치수를 재고, 치수에 맞게 옷감을 자르고, 자른 옷감을 바느질하고, 완성된 옷에 장식을 덧붙여서 마무리하고……. 그런데 분업이 도입된 이후로는 치수 재는 사람, 옷감 자르는 사람, 바느질하는 사람, 마무리하는 사람을 전부 다 따로 두게 됐지."

"그렇게 하면 물건을 더 빨리 만들 수 있어요?"

"응. 그렇게 하면 한 사람이 맡는 일이 단순해지잖아. 단순한 일을 반복하면 복잡한 일을 하는 것보다 일에 빨리 익숙해져서 일하는 속도가 빨라지지. 또 일을 가르치기도 쉬워. 옷 만드는 과정을 전부 다 가르치는 데 몇 년이 걸린다면, 옷감 자르는 일을 가르치는 데에는 몇 개월이면 되니까. 이제 상인들은 작업장을 차리고, 싼값에 부려

↑ **중세 유럽의 재단사** 옷을 만드는 재단사의 모습이야. 중세의 재단사는 옷을 만드는 모든 과정을 혼자 도맡았어. 조수가 있더라도 간단한 도움을 받는 정도였지.

곽두기의 국어 사전

제품 만들 제(制) 물건 품(品). 원료를 써서 만들어 낸 물건을 가리켜.

먹을 수 있는 일꾼을 여럿 고용해서 분업을 통해 제품을 만들었어. 그리고 숙련된 장인 한두 사람을 고용해서 일꾼을 교육하고 관리하며 최종적으로 제품의 품질을 관리하도록 했지. 이렇게 운영되는 작업장이 바로 공장이란다."

"아하, 공장이 그렇게 해서 생긴 거군요."

"그런데 이렇게 분업이 이루어지고 보니, 공장 노동자의 단순 작업을 대신할 기계를 만드는 게 가능했어. 당시 기술력으로 '실로 옷을 만드는 기계'는 만들 수 없어도, '실로 천을 짜는 기계' 정도는 만들 수 있었거든. 다만 초기의 기계는 성능이 좋지 않아서 숙련된 노동자보다 일하는 속도가 엄청나게 빠르지는 않았어. 하지만 기계이니만큼 지치지도 않고 화를 내지도 않는다는 장점이 있었지. 그러니 자연스레 여러 가지 기계가 발명되었고, 개량을 거듭한 결과 나중에는 사람보다 훨씬 빠르게 일을 하게 돼서 물건 생산량이 어마어마하게 늘

↑ **1680년대 프랑스의 공장 모습** 트럼프 카드를 만드는 공장의 모습이야. 카드 자르는 사람, 인쇄하는 사람, 복잡한 그림을 그리는 사람, 종이를 말리는 사람, 완성된 카드를 포장하는 사람에 이르기까지 전부 다른 일을 맡아서 하고 있지.

어난 거야."

"으흠, 그런데 왜 하필이면 영국에서 기계가 발명됐어요? 프랑스도 있고, 네덜란드도 있는데."

용선생의 설명을 듣던 나선애가 고개를 갸웃하며 물었다.

"거기엔 여러 가지 이유가 있어. 첫째, 1700년대 중반 영국은 유럽에서 가장 상업이 발달하고 식민지도 많은 나라였어. 에스파냐 왕위 계승 전쟁이나 7년 전쟁 등 굵직한 전쟁에서 프랑스, 네덜란드, 에스파냐 같은 경쟁자를 압도한 결과였지. 그래서 영국의 상인들은 막강한 영국 해군의 호위를 받으며 세계 곳곳에서 안전하게 무역을 할 수 있었단다. 게다가 영국은 섬나라이기 때문에 외적의 침입에서도 비교적 안전했어. 그러니 영국 상인들은 마음 놓고 공장을 세우고, 기계와 신기술 개발에도 많은 돈을 투자할 수 있었지."

"영국에서 상업이 크게 발달한 것이 첫 번째 이유였군요."

"두 번째 이유로, 영국에는 공장에서 일할 사람들이 넘쳤어. 혹시 인클로저 운동 기억하니? 중상주의 정책이 본격화된 이후, 영국의 지주

← 1815년까지 영국이 확보한 식민지

영국이 어느새 세계 곳곳에 식민지를 건설했구나!

▲ 빈민 보호소 작업장의 풍경 빈손으로 도시로 온 농민들은 오갈 데가 없어서 빈민 보호소에서 머물렀어. 공장주들은 빈민 보호소에서 싼값에 노동자를 구해 갔단다.

들이 농민들을 내쫓고 그 땅에 양을 키우기 시작한 사건 말이야."

"네, 그때 농촌에서 쫓겨난 농민들이 일자리를 찾아 도시로 왔다고 하셨어요."

"근데 1700년대 후반에는 더 많은 농민들이 또다시 자기가 살던 땅에서 쫓겨나 도시로 왔어. 그 덕분에 공장주는 싼값에 얼마든지 일꾼을 구할 수 있었지."

"이번에는 뭐 때문이죠?"

"농업 기술이 크게 발달하면서 예전보다 훨씬 적은 사람만 있어도 농사를 지을 수 있게 되었거든. 그러자 대지주들이 대규모로 농사를 짓기 시작하면서, 그동안 땅을 빌려줬던 소작농들을 내쫓은 거야. 그렇게 쫓겨난 농민들이 또다시 도시로 몰려들었지."

"아하, 그래서 도시에 일꾼이 넘쳐 났군요."

▲ 젠트리 부부의 모습 1700년대 후반 평범한 젠트리 부부의 모습이야. 젠트리는 넓은 땅을 운영하며 많은 부를 쌓았고, 공장을 짓거나 기업을 운영하기도 했어.

"또 한 가지 이유로, 상업을 존중하는 영국 사회의 분위기도 꼽을 수 있어. 유럽 다른 나라의 귀족들은 보통 상업을 점잖지 못한 일로 여겨 무시했단다. 프랑스에는 귀족이 장사를 하려면 귀족 신분을 포기해야 한다는 법이 있을 정도였지. 반면 영국 사회를 이끌어 나가는 지도층은 그렇지 않았어. 지도층의 대부분을 차지한 젠트리가 장사를 해서 돈을 버는 데 아무런 거리낌이 없었거든."

"젠트리? 그게 누군데요?"

"원래는 귀족보다는 지위가 낮지만 많은 땅을 가진 대지주를 가리키는 말이었어. 하지만 점차 의미가 넓어져서 돈 많은 상인, 혹은 법률가나 의사처럼 전문직에 종사하는 지식인도 함께 가리키는 말이 되었지. 젠트리는 영국 의회를 주도적으로 이끌어 가는 계층이었어.

용선생의 세계사 돋보기

젠트리(Gentry)는 '신사'를 뜻하는 영어 '젠틀맨(Gentleman)'의 어원이 되었단다.

산업 혁명, 유럽 세계를 통째로 뒤바꾸다 **025**

허영심의 상식 사전

특허 새로운 발명품이나 아이디어에 대한 법적 권한을 누군가에게 독점적으로 부여하는 것을 말해.

영국 귀족은 중세 말 백 년 전쟁과 장미 전쟁을 거치면서 수가 많이 줄어들었거든. 젠트리들은 의회에서 여러 가지 법과 제도를 통해 상인의 활동을 잘 보조했어. 예컨대 특허법 같은 것들도 영국에서 먼저 만들어졌지."

"어휴, 정말 여러 가지 이유가 있었네요."

"호호. 결코 우연이라고 할 수는 없지. 끝으로 운하가 발달해 배로 물건을 운송하기 쉬웠고, 철광석이나 석탄 같은 자원이 풍부했던 것도 중요한 이유란다. 그럼 지금부터는 영국에서 어떻게 산업이 급격히 발전하게 되었는지 자세히 들여다보도록 할까?"

용선생은 히죽 웃으며 책장을 한 장 넘겼다.

용선생의 핵심 정리

선대제 수공업 →(분업 도입)→ 공장제 수공업

분업이 도입되고, 뒤이어 공장 노동자의 단순 작업을 대신하는 여러 기계가 발명됨. 영국은 1700년대 유럽에서 가장 상업이 발달된 나라이며 공장에서 일할 노동력이 풍부하고, 상업을 중시하는 분위기 덕에 산업 혁명의 중심지가 됨.

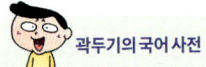

곽두기의 국어 사전

방직기 실 뽑을 방(紡) 짤 직(織) 기계 기(機). 실을 뽑는 기계인 방적기와 천을 짜는 기계인 직기를 통틀어 가리키는 말이야.

새로운 기계가 발명되고 여러 산업이 발전하다

"영국의 산업 발전은 바로 실을 뽑고 천을 짜는 기계인 방직기에서 시작했단다."

"애걔, 겨우 실을 뽑고 천을 짜는 기계요?"

장하다가 실망한 듯 입을 비죽 내밀었다.

"흐흐. 별거 아닌 것처럼 들릴지 몰라도 대단한 물건이야. 1700년대 유럽에서는 목화솜으로 짠 면직물이 완전 인기 제품이었어. 원래는 양털로 만든 모직물이 인기 제품이었는데, 1600년대 들어 인도산 면직물이 많이 수입되며 완전 뒤바뀐 거지. 면직물은 모직물보다 가벼운 데다가 몇 번씩 세탁을 해도 쉽게 상하지 않아. 또 염색도 쉬워 다양한 색을 낼 수 있지. 게다가 값도 저렴했어. 인도산 면직물의 가격은 영국산 모직물 가격의 3분의 1에 지나지 않았거든."

"맞다, 영국 동인도 회사가 인도산 면직물을 수입해서 큰 이익을 올렸다고 하셨어요."

나선애가 펜을 탁탁 두들기며 말했다.

"그래. 이렇게 면직물이 유행하자 모직물 산업은 위기에 처했어. 그래서 영국 정부는 인도산 면직물에 높은 세금을 물리고 심지어 수입을 금지하기도 했지. 영국 모직물 산업을 보호하려 말이야."

"그럼 값싸고 질 좋은 면직물을 못 쓰게 된 거예요?"

"아니. 인도산 면직물을 수입하기 어려워지자, 상인들은 영국에 공장을 차리고 목화를 대량으로 수입해 영국에서 면직물을 만들었단다. 영국산 면직물은 금세 날개 돋친 듯 팔려 나갔어. 그러자 새 고민거리가 생겼지."

"물건이 잘 팔리는데 무슨 고민을 해요?"

"만들기만 하면 바로 팔리니, 어떻게 하면 조금이라도 더 빨리 더 많이 만들까 고민한 거야. 그 결과 1733년에는 영국의 존 케이라는 사람이 '나는 북'이라는 방직기를 개발했어."

↑ **인도산 면직물로 만든 옷**
면직물로는 드레스에서 식탁보에 이르기까지 온갖 물건을 만들 수 있었지.

용선생의 세계사 돋보기

영국 상인들이 목화를 수입하는 곳은 주로 바다 건너 아메리카 식민지였어. 면직물 공업이 활성화되자 이곳에는 흑인 노예를 동원해 농사를 짓는 목화 농장이 많이 만들어졌지.

산업 혁명, 유럽 세계를 통째로 뒤바꾸다

QR 코드를 찍으면 방직 과정을 볼 수 있어.

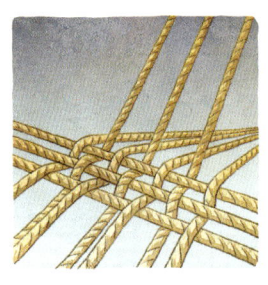 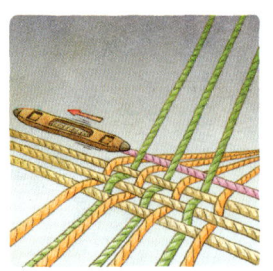 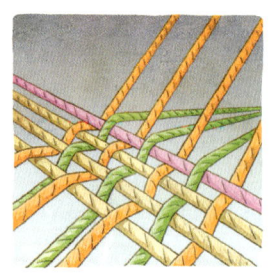

↑ 방직 과정

↑ **북** 옷감을 짤 때 사용하던 도구야. 팽팽하게 펼쳐 놓은 세로줄 위로 이 북을 교차시켜서 옷감을 만들었지.

↓ **나는 북** 존 케이가 개발한 방직기야. 이 발명품 덕분에 이전보다 훨씬 빨리 천을 짤 수 있었지.

"나는…… 북이라고요?"

아이들이 어리둥절한 표정을 짓자 용선생이 가방에서 처음 보는 도구를 하나 꺼냈다.

"자, 이 도구를 북이라고 해. 목화에서 뽑아낸 실을 실패에 감아서 안에 넣고, 옆으로는 구멍을 뚫어서 실이 술술 풀려 나오도록 만든 도구지. 기계가 개발되기 전에는 우선 세로 방향의 실을 팽팽하게 당겨서 고정한 뒤, 그 사이사이로 일일이 북을 통과시켜서 옷감을 짰단다. 당연히 사람 손으로 했으니까 속도도 느리고, 또 폭이 넓은 천은 짜기 힘들었어."

"그럼 나는 북은 저 북이 날아다니게 만든 기계인가요?"

"바로 그거야. 우선 세로 방향의 실을 아래위로 나누어서 고정한 뒤에, 손잡이를 당기면 북이 그 사이로 움직이며 가로줄을 놓는 거야. 그 모습이 마치 북이 날아가는 것 같다고 해서 '나는 북'이라는 이름이 붙은 거지."

"힛! 제 말이 맞았군요!"

장하다가 책상을 탁 치며 용선생을 바라보았다.

"나는 북이 발명된 이후 천을 짜는 시간이 대폭 줄어들었어. 특히 폭이 넓은 천을 짤 때에는 생산 속도가 4배나 빨라졌지."

"간단해 보이는 기계인데 위력은 어마어마했네요."

"그런데 이렇게 천 짜는 속도가 빨라지자 한 가지 문제가 생겼어. 목화솜에서 실을 뽑는 속도가 천 짜는 속도를 따라가지 못해서 일이 자꾸 늦어지는 거야. 목화솜에서 실을 뽑을 때에는 수레바퀴처럼 생긴 '물레'라는 도구를 썼는데, 이 도구로는 실을 한 번에 한 가닥밖에 뽑을 수 없었거든."

"그래서 실을 뽑는 기계를 발명했어요?"

"응, 필요가 발명을 낳았지. 1764년에 한 번에 여덟 가닥의 실을 뽑을 수 있는 '제니 방적기'가 발명됐어. 실 뽑는 속도가 8배나 빨라진 거야. 곧이어 아예 사람의 힘을 빌리지 않고 실을 뽑는 기계도 발명됐단다. 1768년에 리처드 아크라이트라는 사람이 물레방아의 원리를

↑ 전통 물레(왼쪽)와 제니 방적기(오른쪽) 제니 방적기는 한 번에 여덟 가닥의 실을 뽑는 일종의 복합 물레였어. 구조도 크게 복잡하지 않았지.

↑ **아크라이트의 수력 방적기** 1769년 리처드 아크라이트가 발명한 수력 방적기야. 한 번에 네 가닥의 실을 뽑아내도록 설계되어 있지.

이용해 수력 방적기를 발명했거든."

"그럼 더 빨리 실을 뽑겠네요."

"아니, 수력 방적기가 한 번에 생산하는 실의 양은 제니 방적기보다 적었어. 하지만 사람의 힘을 이용하지 않기 때문에 지치지 않고 일정한 속도로 실을 생산해 낼 수 있다는 장점이 있었지."

"에이, 그럼 두 기계를 적절하게 합친 기계를 만들면 좋잖아요."

왕수재의 말에 용선생이 손가락을 튕겼다.

"수재 말대로 두 기계의 장점을 결합한 '뮬 방적기'가 뒤이어 나왔어. 뮬 방적기는 수력으로 움직이며 한 번에 여러 가닥의 실을 생산하는 방적기였는데, 점점 개량되면서 1700년대 말에 이르면 200~300명이 할 일을 혼자 해내기에 이른단다."

↑ **뮬 방적기** 앞선 두 방적기의 장점을 결합해 만든 발명품이었어.

→ **역직기** 자동으로 천을 짜는 방직기였어.

"역시 기계의 힘이 대단하네요!"

"뒤이어 증기 기관을 이용해 자동으로 천을 짜는 역직기가 발명되면서 영국 면직물 생산량은 급격히 늘어났고 품질도 좋아졌어. 면직물 수출액은 1760년 25만 파운드에서 1800년 무렵에는 무려 500만 파운드를 넘었단다. 영국 전체 수출액의 40퍼센트를 차지하는 금액이었지. 이제는 면직물의 본고장인 인도에서도 영국산 면직물을 수입할 정도였어."

▲ 1800년대 중반 방직 공장의 모습 면직물 생산이 늘어나면서 작업장은 여러 대의 방직기를 갖춘 거대한 공장으로 바뀌었어.

"우아, 굉장하네요."

"면직물 수출업자들은 큰돈을 벌었고, 그 돈으로 또다시 거대한 면직물 공장을 짓고 새로운 기계를 개발했어. 상인들의 작업장은 차츰 거대한 기계가 즐비한 방직 공장으로 탈바꿈했단다. 근데 이렇게 기계가 꾸준히 만들어지고 공장이 세워지자 또 예상치 못한 분야에서의 발전이 일어났어. 바로 철강 산업과 석탄 산업이 발전한 거야."

"철강 산업과 석탄 산업? 그거랑 면직물이랑 무슨 상관이죠?"

"생각해 보렴. 기계를 만들려면 뭐가 필요할까?"

"철이죠! 기계는 철로 만드니까요."

곽두기가 손을 번쩍 들고 용선생의 질문에 시원하게 답했다.

"맞았어. 그래서 방직기를 많이 만들수록 철강을 더 많이 생산해야 했지. 다행히 영국은 철강을 만들 때 필요한 철광석과 석탄이 풍부한 나라였어. 특히 영국 서부와 북부에 탄광이 즐비했지."

"근데 철강을 만드는 데 석탄이 왜 필요해요?"

허영심의 상식 사전

파운드 영국의 화폐 단위로 기호는 £야. 현재 한국 돈으로는 1파운드가 약 1,800원 정도야.

철강 철을 주성분으로 하는 합금으로 강철이라고도 불러. 철에 탄소나 칼슘 등의 성분을 섞어서 보통의 철보다 더 단단하고 모양을 가공하기도 쉽지.

용선생의 세계사 돋보기

석탄 중에서도 영국에 풍부한 역청탄은 짧은 시간에 고열을 내는 코크스의 원료로 제철 산업에 필수적이야. 반면 우리나라에는 연탄의 원료인 무연탄은 풍부하나 역청탄은 없어서 모두 수입해.

산업 혁명, 유럽 세계를 통째로 뒤바꾸다

↑ 영국의 석탄 산지와 주요 철광석 광산

허영심의 상식 사전

코크스 역청탄에서 불에 잘 타는 성분만 뽑아내 만든 연료야. 숯보다 높은 온도를 오랫동안 유지해서 용광로에 사용하기에 안성맞춤이었지.

→ **영국의 노천 석탄 광산**
영국은 석탄이 풍부한 나라야. 이렇게 지표면에 노출되어 있어서 특별히 땅을 깊게 팔 필요가 없는 노천 광산도 많지.

"철광석은 용광로에서 녹여야 철강으로 만들 수 있거든. 원래 용광로의 연료로는 나무로 만든 숯을 썼어. 하지만 영국에는 숲이 많지 않아 숯을 구하기 힘들었고 가격도 비쌌지. 근데 1700년대 초 석탄에서 뽑아낸 코크스를 용광로의 연료로 사용하는 기술이 개발되면서 철강을 대량으로 생산하게 됐어. 뒤이어 용광로에서 불순물을 제거하는 기술과 철을 판 형태로 납작하게 만드는 기술이 개발돼서 좀 더 다양한 모습의 철제 제품을 만들 수 있었지. 영국은 곧 세계에서 제일가는 철강 생산국이 되었단다. 1814년에서 1852년 사이에는 전 세계 철강의 절반이 영국에서 만들어졌을 정도야."

"진짜 대단한데요?"

"호호. 이렇게 철강 생산이 활발해지는 만큼 석탄 채굴도 활발히 이루어졌어. 영국 전역에서 엄청나게 많은 탄광이 개발됐고, 탄광의 깊이도 더더욱 깊어졌지. 그러자 문제가 또 생겼어."

"이번엔 또 무슨 문제인데요?"

왕수재가 눈을 가늘게 뜬 채 물었다.

"땅속에는 지하수가 있거든. 그래서 깊은 땅속에 탄광을 만들려면 반드시 땅속에서 새어 나오는 지하수를 제거해야 해. 그런데 땅을 워낙 깊이 파다 보니 지하수를 퍼 올리는 일이 점점 어려워진 거야. 이 문제를 해결하려고 발명된 게 바로 증기 기관이란다."

"증기 기관이요?"

"응. 물을 끓일 때 발생하는 압력을 이용해 작동하는 기계지. 최초의 증기 기관은 1698년에 발명됐지만 널리 쓰이지 못했어. 연료가 너무 많이 들어가서 그다지 효율적이지 않았거든. 그런데 1769년에 스

산업 혁명, 유럽 세계를 통째로 뒤바꾸다

↑ 제임스 와트가 개량한 증기 기관 제임스 와트의 증기 기관은 여러 용도로 쓰이며 세상을 크게 바꿔 놓았어.

↑ 제임스 와트 (1736년~1819년) 증기 기관을 개량해 다용도로 사용 가능하게끔 한 인물이야.

코틀랜드의 과학자 제임스 와트가 증기 기관을 성공적으로 개량했단다. 차츰 시간이 흐르면서 제임스 와트의 증기 기관은 광산뿐 아니라 면직물 공장에서도 사용되었어. 증기 기관을 이용한 방직기가 발명된 거지."

"아하, 증기 기관 덕분에 면직물 생산도 늘어난 거네요."

"맞아, 하지만 증기 기관은 공장 기계 못지않은 다른 중요한 용도에도 쓰였어. 바로 증기 기관으로 움직이는 '증기 기관차'란다."

 용선생의 핵심 정리

면직물의 인기가 높아지며 1700년대 들어 영국에서 면직물 생산이 시작됨. 각종 기계가 발명되며 면직물 생산이 폭발적으로 증가하고, 이에 따라 거대한 기계를 갖춘 공장이 곳곳에 들어섬. 뒤이어 철강과 석탄 산업이 발전하고 증기 기관도 발명됨.

철도가 곳곳에 놓이고 새로운 도시가 탄생하다

 허영심의 상식 사전

레일(Rail) 철도 차량이나 전차 따위를 달리게 하기 위해 땅 위에 까는 가늘고 긴 강철재를 말해.

"증기 기관차? 그럼 이때 기차가 처음 만들어진 건가요?"

"응. 산업이 급속도로 발전하면서 더 많은 물건을 더 빠르게 운송하는 것도 매우 중요해졌어. 그래서 철도가 발명된 거야. 초기의 철도는 바닥에 강철로 된 레일을 깐 뒤, 말이 끄는 마차가 그 레일 위를

← 마차 철도
런던 시내에서 사용되던 마차 철도야. 증기 기관의 폭발 가능성이나 환경 오염 우려 때문에 사람이 많은 시가지에서는 1900년대 초까지도 마차 철도가 사용됐어.

달리는 모습이었단다. 이런 철도를 마차 철도라고 해."

"처음에는 말이 기차를 끌었다는 말씀이시네요. 히히."

곽두기가 재밌는 듯 눈을 반짝였다.

"증기 기관을 이용한 기차는 1802년에 처음 발명됐어. 하지만 초기에는 증기 기관의 힘이 약해서 증기 기관차의 속도나 마차 철도의 속도나 별로 다를 게 없었어. 오히려 레일이 기관차의 무게를 이기지 못해 주저앉는 경우도 많아서 그다지 쓸 만한 발명품은 아니었지. 근데 조지 스티븐슨이 개발한 증기 기관차가 이런 문제를 해결했단다. 스티븐슨의 증기 기관차는 90톤이나 되는 석탄 열차를 매달고 시속

산업 혁명 최고의 발명품, 움직이는 증기 괴물?

→ 조지 스티븐슨 (1781년~1848년) 맨체스터-리버풀 등 영국의 주요 도시를 잇는 철도와 증기 기관차를 만들었단다. '철도의 아버지'라고 부르는 사람이야.

↑ 로코모션 1호 1825년에 조지 스티븐슨이 발명해 최초로 운행에 성공한 증기 기관차야.

산업 혁명, 유럽 세계를 통째로 뒤바꾸다 **035**

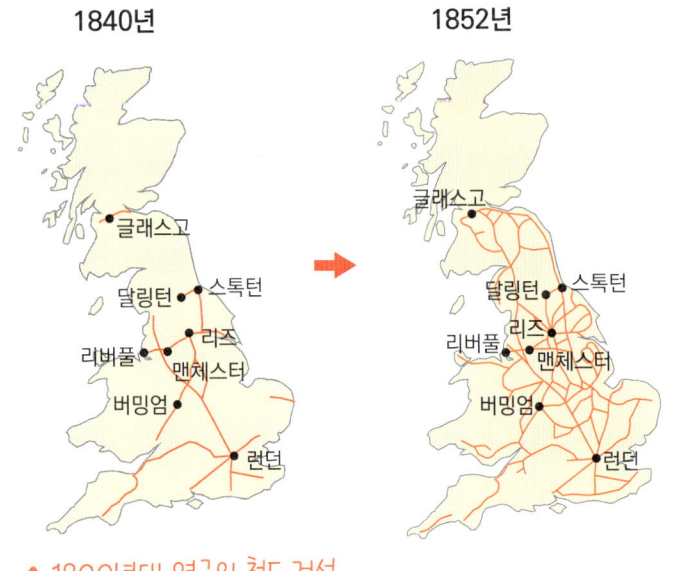

▲ 1800년대 영국의 철도 건설

24킬로미터로 달리는 데에 성공했지."

"시속 24킬로미터면 너무 느린데요?"

장하다가 고개를 갸웃거렸다.

"물론 요즘 기준으로 생각하면 엄청나게 느리지만, 그 당시 증기 기관차는 획기적인 발명품이었어. 지금까지는 육지에서 이렇게 많은 양의 짐을 한 번에 옮길 수 있는 방법이 없었거든. 게다가 증기 기관차는 연료만 넣어 주면 밤이건 낮이건 지치지 않고 철도를 달릴 수 있었지."

"그러니까 증기 기관차 덕택에 예전보다 더 많은 물건을 더 빨리 운송할 수 있게 됐다, 이거네요."

"맞아. 영국에는 삽시간에 철도 열풍이 불었어. 그 결과 불과 20년 사이에 1만 1천 킬로미터가 넘는 철도가 구석구석에 깔렸지."

"우아, 철도가 어마어마한 속도로 깔렸네요."

"철도 열풍은 곧 영국을 넘어 유럽 전역으로 번져 나갔지. 벨기에나 독일에서는 아예 국가가 직접 팔을 걷어붙이고 나서서 철도 건설

▼ 영국의 철도 운행 초기 모습

스톡턴과 달링턴 사이에 첫 번째 철도가 개통됐어. (1825년)

맨체스터-리버풀 철도 개통을 앞두고 여러 증기 기관차가 경진 대회를 벌였어. (1829년)

에 뛰어들 정도였어."

"철도 건설이 그렇게 중요해요?"

"물론이지. 철도를 통해 석탄이나 상품과 같은 화물을 대량으로 빨리 나르면, 그만큼 운송비가 절약되어서 더 많은 제품을 싼값에 만들고 팔 수 있거든. 가격이 싸지면 더 많은 사람이 제품을 구입하게 되고, 그러면 더 많은 제품을 생산해야 하니 자연스럽게 산업이 발전하게 된단다."

곽두기의 국어 사전

화물 재화 화(貨) 물건 물(物). 운반할 수 있는 재화나 물품을 통틀어 이르는 말이야.

"아하, 그렇겠네요."

"게다가 철도를 깔려면 강철도 많이 필요해. 그래서 철도 산업이 발전하면 철강 산업도 같이 발전하게 된단다. 또 기관차에 들어가는 크고 작은 기계가 워낙 많으니 기계를 만드는 산업도 덩달아 발전할 수밖에 없지. 그리고 철도를 깔고 공장을 세우려면 많은 돈이 필요했기 때문에, 큰 금액을 쉽게 빌릴 수 있는 커다란 은행이 세워지면서 금융업도 크게 발전했단다."

↓ **로켓호** 맨체스터-리버풀 철도 개통 시 사용된 기관차야.

"이야, 철도 산업이 발전하면서 다른 산업이 덩달아 발전했군요."

노트에 정성스레 적어 나가던 나선애가 감탄했다.

맨체스터-리버풀을 오가는 1등석 철도의 모습이야.

2등석 철도의 모습이야. 좌석이 1등석보다는 좁고 불편하지.

산업 혁명 한눈에 보기!

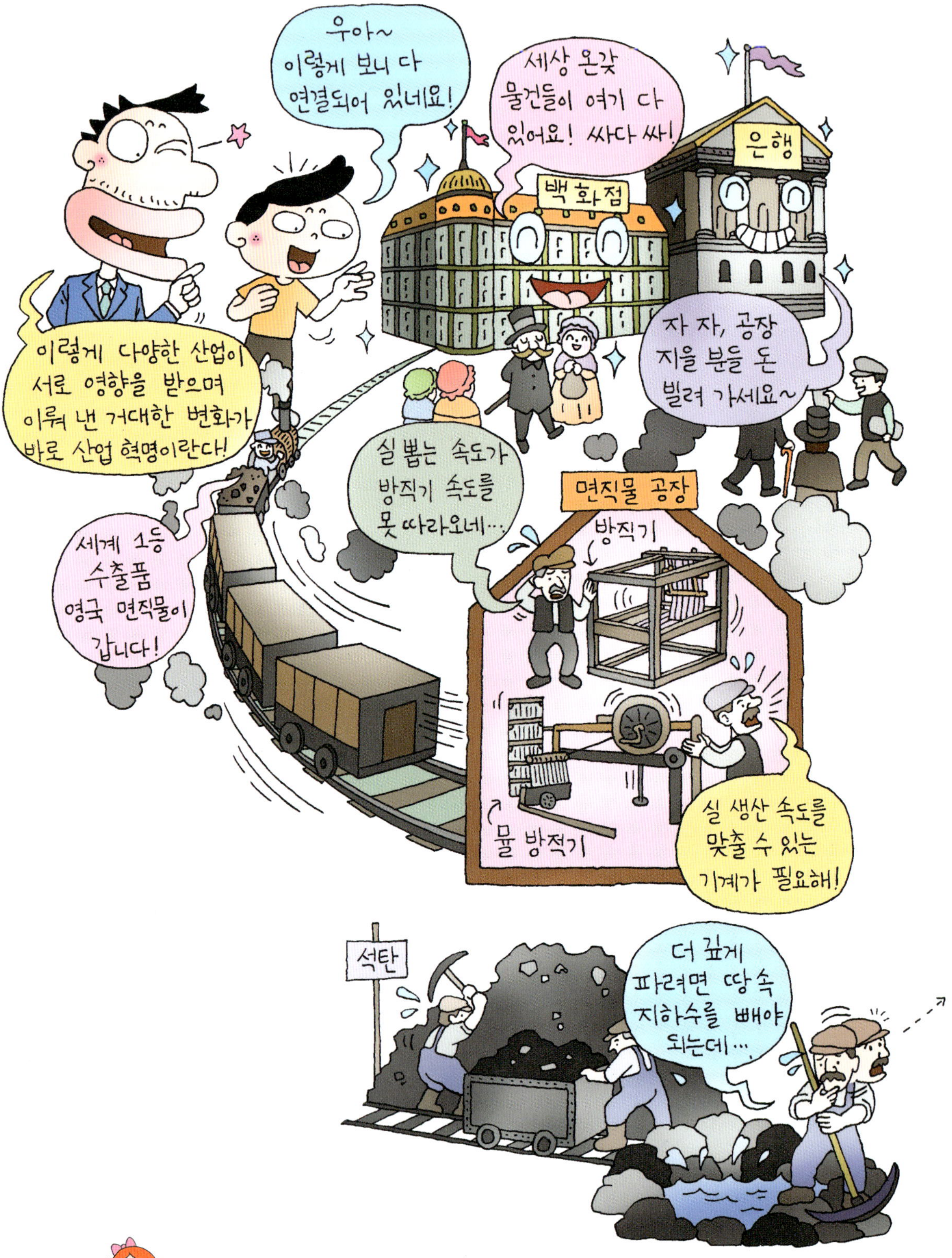

"맞아. 영국에서 일어난 산업 발전은 어떤 특별한 산업 분야가 눈부시게 발전했거나, 특별히 뛰어난 기계 몇 가지가 발명돼서 이뤄진 것이 아니야. 면직물 산업, 철강 산업, 석탄 산업, 철도와 기계 산업 등등 한 사회의 여러 산업 분야가 서로서로 영향을 받으면서 점점 거대한 변화를 가져온 거지. 그래서 이 엄청난 변화를 '산업 혁명'이라고 부른단다. 산업 혁명을 거치며 무엇보다도 도시가 크게 발달하며 도시의 모습이 확연히 달라졌지."

"어, 도시는 그 전부터 있었잖아요."

"물론 런던처럼 역사 깊은 도시도 있지만, 산업 혁명 시기에 새롭게 등장한 도시가 많았어. 대표적인 도시가 바로 영국의 맨체스터와 리버풀이야. 두 도시는 1830년 조지 스티븐슨의 철도 개통과 함께 영국을 대표하는 산업 도시로 급성장했지."

	1750년	1821년	1901년
리버풀	35	138	685
런던	675	1,504	4,563
맨체스터	45	126	645

(단위: 천 명)

↑ **산업 혁명기 영국 주요 도시의 인구 증가**

"엇, 맨체스터와 리버풀은 축구로 엄청 유명한 곳인데!"

"맞아. 산업 혁명 시기 맨체스터는 특히 면직물 산업의 중심지였어. 맨체스터에는 큰 강이 흘러서 수력을 이용하기 좋았지. 그래서 증기 기관이 개발되기 전부터 방직 공장이 많았어. 증기 기관이 발명된 뒤에도 인근에 석탄 광산이 많아서 공장이 많이 들어섰단다."

"그럼 리버풀은요?"

↑ **1890년대의 맨체스터 번화가 풍경**
길거리에는 사람이 즐비하고, 철도를 이용해 말이 끄는 마차가 오가고 있어. 맨체스터는 산업 혁명을 통해 대도시로 성장했지.

"리버풀은 원래 대서양 삼각 무역을 통해 성장한 무역항이었어. 산업 혁명으로 인근에 있는 맨체스터에 많은 공장이 건설되고 맨체스터와 리버풀 사이에 철도가 놓이면서 영국을 대표하는 수출항으로 거듭났지. 맨체스터에서 생산된 면직물 제품들은 기차에 실려 리버풀로 운송된 뒤 전 세계로 팔려 나갔어."

"크, 그렇군요."

"산업 혁명 전성기의 맨체스터와 리버풀은 거의 런던만큼이나 번화한 도시였단다. 공장은 쉴 새 없이 돌아갔고, 길거리는 일자리를 구하러 농촌에서 올라온 사람들과 경적을 울리며 지나가는 마차로 북적였단다. 예전과는 전혀 다른 모습이었어."

"요즘 도시 모습이랑 비슷하네요."

"응, 산업 혁명을 거치면서 유럽 세계는 오늘날 우리 삶의 모습에 한층 더 가까워졌어. 사람과 소식이 오가는 속도도 훨씬 빨라졌단다. 예전에는 몇 달씩 걸리던 거리를 기차 덕분에 며칠 사이에 오갈 수 있게 되었지. 또 지하철이 뚫리며 복잡한 도시에서 이동도 편리해졌어. 바다에는 증기 기관을 이용한 증기선이 오가기 시작했지. 이젠 변덕스러운 바람에 의지할 필요 없이 바다를 오가게 됐단다. 증기선 덕분에 유럽과 아메

↑ 런던 지하철 공사 모습
런던 지하철은 1863년 개통됐어. 지하 터널을 둥근 모양으로 만들었기 때문에 런던 사람들은 지하철을 '튜브'라고 부르기도 해.

↑ 런던 지하철의 오늘날 모습 산업 혁명 당시 건설된 지하 터널을 통해 아직도 지하철이 다녀.

↑ 최초의 증기선 클러몬트호의 항해 모습
증기선은 증기 기관을 통해 페달을 돌려 추진력을 얻었어. 그래서 바람이나 해류의 도움이 없어도 항해가 가능했지.

→ 전화를 사용하는 알렉산더 그레이엄 벨
1892년 뉴욕과 시카고 사이에 놓인 전화를 시연하는 모습이야.

 허영심의 상식 사전

전신 전파를 이용해 부호신호를 주고받는 통신 방식이야. 모스 전신에서 사용된 모스 부호는 오늘날에도 구조 신호를 보낼 때 널리 쓰인단다.

리카 대륙을 정기적으로 오가는 뱃길도 만들어졌지."

"에이, 그래도 인터넷이나 스마트폰 같은 건 아직 없을 거 아녜요."

"하하. 그렇긴 하지만 인터넷이나 스마트폰의 조상쯤 되는 발명품도 나왔어. 1837년에는 모스가 유선 전신을 발명했고, 뒤이어 여러 과학자들이 전화를 발명했지. 이제 굳이 여행을 가거나 편지를 기다리지 않아도 먼 거리에서 소식을 들을 수 있는 시대가 된 거야."

"정말 세상이 확 변했군요."

 용선생의 핵심 정리

스티븐슨의 증기 기관차 개량을 계기로 영국에 최초의 철도가 놓이고 전 유럽으로 빠르게 퍼져 나감. 철도 발전의 영향으로 각종 산업이 서로 영향을 주고받으며 크게 발전하고 도시가 성장함.

산업 혁명이 유럽 곳곳으로 퍼지다

"유럽의 다른 나라 사람들은 산업이 급격히 성장한 영국을 몹시 부러워했어. 영국 공장에서 만든 값싸고 질 좋은 물건에 밀려 장사하기가 어려웠지. 그렇다고 선뜻 영국을 따라 할 수도 없었어."

"아니, 왜요?"

"수공업자 길드의 세력이 여전히 막강해서 상인들이 맘대로 기계를 들여서 물건을 만들거나 팔 수 없었거든. 그래서 공장 대신 여전히 작은 작업장에서 물건을 만들어 파는 경우가 많았어."

"그래 가지고는 영국과 상대기 될 리 없죠."

"게다가 다른 나라에는 영국처럼 돈 많은 상인도 드물었고, 영국산 기계가 엄청 비쌌기 때문에 선뜻 수입할 수도 없었지. 또 영국 정부는 영국 기술자의 해외 이민을 막고 기계 수출도 금지했어. 다른 나라가 영국을 따라잡지 못하도록 한 거야."

▲ 유럽의 가내 수공업 작업장
집 안에서 작은 물레로 실을 뽑고 있어. 유럽 대륙에서는 1800년대 초반까지도 거대한 공장 대신 이렇게 규모가 작은 작업장이 많이 운영됐지.

"그럼 이대로 영국만 앞서가는 건가요?"

"그건 아니야. 상인들이 나서기 어려우니까 국가가 팔을 걷어붙이고 앞장섰거든. 산업 발전을 위해 법과 제도를 개선하고, 국가가 돈을 투자해 철도와 공장을 건설하고 신기술 개발을 적극적으로 지원했지. 그 결과 산업 혁명의 흐름은 서서히 유럽 전역으로 뻗어 나가게 됐단다."

> **용선생의 세계사 돋보기**
>
> 벨기에는 원래 네덜란드와 한 나라였지만, 네덜란드와 달리 독립을 이루지 못하고 에스파냐의 영토로 남았어. 그 후 오스트리아, 프랑스, 에스파냐 등 여러 나라의 지배를 거쳐 1831년 정식으로 독립을 이루었지.

"그럼 어느 나라가 맨 먼저 나섰는데요?"

"벨기에였어. 벨기에는 지리적으로 영국과 가깝고, 전통적으로도 영국 못지않게 직물 산업이 발전한 나라였거든. 특히 벨기에 남부 지역에는 석탄과 철광석이 풍부했어. 그래서 벨기에 남부 지역을 중심으로 제철소와 탄광이 잇따라 건설되고 직물 공장이

▲ 벨기에 남부의 공장 풍경 벨기에 남부 지역은 리에주를 중심으로 많은 공장이 들어서며 산업이 발전했어.

산업 혁명, 유럽 세계를 통째로 뒤바꾸다 **043**

↑ 유럽으로 퍼진 산업 혁명의 물결

들어섰지."

"정말요? 저는 영국의 라이벌인 프랑스가 맨 먼저일 줄 알았는데요."

"프랑스는 산업화가 꽤 늦게 이루어졌단다. 프랑스는 전통적으로 땅이 비옥해서 농사가 잘되는 나라야. 그만큼 상인이나 수공업자의 활동이 활발하지 않았지. 게다가 1700년대 말부터는 나라 전체가 혁명에 휘말려 혼란을 겪는 통에 국가가 산업 발전에 신경을 쓸 겨를이 없었어. 프랑스는 뒤늦게 산업화에 나섰지만, 그마저도 영국과의 경쟁을 피할 수 있는 분야에 집중했어."

"어떤 분야인데요?"

"예를 들면 영국의 히트 상품이 값싼 면직물이니까, 프랑스는 고급 면직물 생산에 매달렸지."

"어휴, 영국 상품을 상대하기 정말 힘들었나 봐요."

"하하. 당연하지. 이미 영국산 면직물과 철강 제품이 세계 시장을 완전히 장악했거든. 이제 와서 영국처럼 공장을 지어서 면직물을 생산하고 철강을 생산한다고 해도, 품질이나 가격 면에서 영국 물건과 경쟁할 수가 없었어."

"요컨대 영국을 따라잡기는 어렵다, 이 말씀이시네요."

"그래도 결국 영국을 따라잡은 나라가 있었어. 바로 독일이야. 독일은 국가가 직접 나서서 산업 발전 계획을 차곡차곡 세워 실행에 옮겼지."

"오, 어떤 계획을 세웠는데요?"

"독일은 수입품에 관세를 높이 매겨서 영국산 물건이 과도하게 수입되는 걸 막았어. 그리고 국가가 큰돈을 투자해서 철광석과 석탄이 풍부한 루르 지역에 제철소를 세우고, 철도를 건설했지. 그 결과 1800년대 후반에는 전국에 6,000킬로미터가 넘는 철도가 깔리고, 영국을 앞지르는 세계 최고의 철강 생산국으로 우뚝 서게 돼."

"우아, 정말 성공한 거네요."

"그뿐만 아니라 학교를 세워서 인재를 키우고 영국이 아직 손대지 못한 신기술 개발에도 앞장섰단다. 독일은 특히 화학 산업에서 히트 상품을 내놓으면서 세계 선두를 달렸어."

"대체 어떤 상품인데요?"

"대표적인 게 인공 염료야. 1863년에 설립된 독일의 바이엘이란 회사가 석탄의 성분을 연구한 끝에, 천을 짙은 파란색으로 물들일 수 있는 인공 염료를 개발했어. 그 전까지 파란색 염료는 인도에서 자

허영심의 상식 사전

화학 산업 물질의 성분을 연구해서 이제껏 없었던 새로운 물질을 조합해 상품으로 만드는 산업을 말해.

↑ **1880년대 독일의 제철소 풍경** 이렇게 거대한 용광로와 기계 설비는 국가가 직접 나서서 많은 돈을 투자하지 않았다면 마련하기 어려웠을 거야.

↑ **루르 지역의 코크스 공장** 오늘날 독일 서부에 해당하는 이곳은 인근에 석탄과 철광석이 풍부해. 오늘날도 독일의 중심 공업 지대이지.

↑ **바이엘 화학 공장** 바이엘 주식회사는 1863년 작은 염료 회사로 출발했지만, 곧 독일 화학 산업을 이끄는 주역이 됐어.

라는 '인디고'라는 식물에서 추출하는 수밖에 없어서 가격이 몹시 비쌌거든. 그런데 이제는 흔한 석탄에서도 파란색 염료를 뽑아낼 수 있게 된 거지. 1890년대 말이 되면서 이 염료를 대량으로 만들 수 있는 시설도 갖춰졌어. 오늘날 공사장이나 공장에서 흔히 입는 푸른색 작업복이 막 팔리기 시작한 때도 이 무렵부터야."

"석탄에서 염료를 뽑아낸다고요? 신기하다."

↑ **바이엘의 인공 염료**

곽두기가 눈을 동그랗게 떴다.

용선생의 핵심 정리

영국의 뒤를 이어 벨기에와 프랑스, 독일 등 유럽 각국도 국가의 주도 아래 산업화에 나섬. 특히 독일은 국가 주도 아래 산업을 성장시켜서 세계 제일의 철강 생산국으로 성장했고, 화학 산업도 눈부신 발전을 이룸.

인구가 급증하고 부르주아 계급이 성장하다

"근데 선생님, 그렇게 공장을 지어서 대량으로 만든 물건을 누구한테 팔아요? 물건을 생산하기만 하면 그만인가요? 만든 물건을 팔아야 하잖아요."

"그러게. 덮어놓고 물건을 많이 만든다고 해서 다 팔리는 게 아닐 텐데……."

나선애의 말에 허영심도 고개를 끄덕이며 맞장구를 쳤다. 용선생은 씩 웃으며 말을 이어 나갔다.

"훌륭한 지적이다. 요즘에야 당연히 그런 걱정을 해야지. 그런데 산업 혁명기에는 아직 그런 걱정을 할 단계가 아니었어. 아직 운송 수단이 충분히 발달하지 못해서 물건을 사고 싶어도 살 수 없는 사람이 많았거든. 그러니까 철도를 건설해서 기차로 물건을 실어 나를 수만 있으면, 물건을 살 사람이야 얼마든지 찾을 수 있었던 거야."

용선생의 설명에 아이들은 고개를 끄덕였다.

"그리고 또 한 가지 이유. 산업 혁명과 함께 유럽 인구가 급격히 증가했다는 거야. 그러니 그만큼 물건도 많이 팔린 거지. 1800년 무렵에 유럽 인구는 약 2억 500만 명 정도였는데, 1900년 무렵에는 4억 1,400만 명이 되었어. 100년 만에 2배가 되어 버린 거야. 이 정도로 급격한 인구 증가는 유럽 역사상 처음으로 발생한 일이었지. 이렇게 급격히 늘어나는 인구는 대부분 일자리가 많은 도시에 집중됐단다. 그 결과 런던 같은 대도시의 인구는 다섯 배가 넘게 증가했지."

"왜 인구가 갑자기 늘어난 건데요?"

산업 혁명, 유럽 세계를 통째로 뒤바꾸다 **047**

↑ 산업 혁명 후 급증한 영국의 인구

 나선애의 세계사 사전

부르주아 원래는 '성안에 사는 사람'이란 뜻의 프랑스어야. 성 밖에 사는 가난한 농민들과 달리 부유한 상공업자와 지식인들은 영주가 있는 성안에서 살았거든. 이후엔 법률가와 은행업자 등 전문직과 부유한 평민을 뜻하는 말이 되었어.

"일단 식량 운송이 빨라져서 이전보다 굶주리는 사람이 줄었거든. 사람은 배불리 먹으면 단순히 굶어 죽는 걸 면할 뿐 아니라, 몸이 튼튼해져서 여러 가지 병을 이겨 낼 수 있게 되지. 게다가 의학도 크게 발전하고 위생 상태도 좋아져서 전염병도 많이 줄었어. 또 이렇게 몸이 건강해지니까 부부들은 더욱 많은 아이를 낳았고, 그 결과 인구가 급증하게 된 거야."

"일단 먹고살기가 좋아지니까 인구가 늘어났다는 말씀이시군요."

"응. 이렇게 인구가 늘어나고 도시가 커질수록 장사를 하기는 더욱 쉬웠어. 도시에 큰 상점을 세우면 굳이 멀리 가지 않아도 더 많은 사람에게 물건을 팔 수 있으니까. 결국 공장을 세우고 기업을 운영하는 사람들은 떼돈을 벌었고, 마치 귀족처럼 지위도 높아지고 정치적인 발언권도 커졌어. 산업 혁명을 거치며 새롭게 등장한 이런 사람들이 '부르주아'라는 새로운 계급을 이루었단다."

← 공장을 둘러보는 부르주아들
돈이 많은 부르주아들은 이렇게 잘 차려입고 자신의 공장을 구경하듯 둘러보기도 했어.

↓ 신문에 난 구두 광고
당시 신문에는 돈 많은 부르주아를 대상으로 한 비싼 옷, 액세서리 광고가 많이 실렸대.

전염병과의 싸움에서 승리를 거두기 시작하다

병원은 수백 년 동안 위험한 곳이었어. 1600년대 들어 미생물이나 세균의 존재가 알려졌지만, 의사들은 대부분 세균이 질병의 원인이라고 생각하지 않았거든. 또 세균은 텅 빈 공간에서 저절로 생겨나기 때문에 살균이나 소독을 해도 세균 감염을 피할 수 없다고 여겼지. 그래서 병원은 몹시 지저분했고, 깨끗하지 않은 기구로 수술을 하기도 했어. 그 때문에 수술을 받은 뒤 세균 감염으로 목숨을 잃는 사람이 많았던 거야. 부유한 사람들은 병원보다 집에서 치료를 받으려고 했지.

세균과 질병의 관계를 밝힌 사람은 프랑스의 화학자인 파스퇴르였어. 1856년 파스퇴르는 포도주 양조업자에게서 포도주가 상하는 이유를 찾아 달라는 부탁을 받았어. 파스퇴르는 연구 끝에 미생물 때문에 포도주가 상한다는 것을 알고는, 낮은 온도에서 포도주에 열을 가해 미생물을 죽이는 살균법을 발명해 냈지. 파스퇴르의 살균법은 곧 다른 음식에도 활용됐어. 우리가 오늘날 집에서 신선한 우유를 마실 수 있는 것도 파스퇴르의 살균법 덕분이란다.

↑ **광견병 예방 접종을 지켜보는 파스퇴르**
광견병은 병에 감염된 개나 고양이 등에 물리면 발병하는데, 한번 걸리면 사망에 이르는 치명적인 병이었어.

파스퇴르의 또 다른 업적은 세균이 저절로 생기지 않는다는 사실을 입증한 것이야. 즉, 물이나 음식, 의료 도구를 살균 처리하고 세균에 노출되지 않도록 잘 관리하면 질병을 예방할 수 있다는 것을 증명한 거지. 이 발견의 계기는 사랑하는 딸의 죽음이었어. 파스퇴르의 딸은 고열을 일으키는 전염병으로 세상을 떠났거든. 그 이후 파스퇴르는 사람의 질병을 일으키는 미생물을 집중 연구했지. 그 결과 미생물이 오염된 물에서 동물이나 인간에게 옮겨 와 질병을 일으킨다고 보고, 미생물이 인체에 들어오는 것을 막으면 질병도 막을 수 있다고 본 거야. 그 덕분에 외과 수술 소독법이 개발됐단다. 같은 시기에 독일의 세균학자 로베르트 코흐가 1800년대 수많은 사람의 목숨을 앗아 간 결핵과 탄저병, 그리고 콜레라의 원인이 되는 세균을 잇따라 밝혀냈지. 1928년 알렉산더 플레밍은 세균을 죽이는 항생제인 페니실린을 발견했어. 이로써 인류는 그동안 무기력하게 당할 수밖에 없던 전염병과의 전투에서 서서히 승리를 거둬 나가기 시작했단다.

→ **파스퇴르 플라스크** 파스퇴르가 미생물을 연구할 때에 사용한 플라스크야. 그때 살균해 밀봉한 이후로 지금까지 멸균 상태를 유지하고 있어. 이 플라스크는 세균이 저절로 생겨나지 않는다는 증거이기도 해.

"한마디로 돈이 많은 사람들이 새로운 계급으로 등장한 거군요."

"맞아. 특히 산업 혁명이 맨 먼저 진행된 영국에서는 이제 부르주아들이 사회의 지배 계층으로 떠올랐어. 반면 대부분의 도시 사람들은 부르주아의 공장에서 꼬박꼬박 임금을 받으며 일하는 노동자가 되었지."

"그럼 노동자와 부르주아는 생활 모습도 많이 달랐겠네요."

"그럼. 부르주아들은 돈이 많은 만큼 씀씀이도 컸고 자기만의 취향도 확실했어. 그래서 옷이나 커튼, 침대나 이불, 숟가락이나 포크에 이르기까지 각종 잡동사니에도 많은 돈을 투자했지. 특히 화려한 옷이나 고급 액세서리를 통해 자신의 지위를 과시했대. 상점에서는 부르주아의 눈길을 끌기 위해 화려한 광고를 만들고 상품을 아름답게 포장했어. 심지어 온갖 고급 물건을 한곳에서 파는 백화점도 등장했지."

"백화점까지 있었어요?"

"그래. 산업 혁명이 한창일 무렵의 대도시 풍경을 한번 상상해 볼까? 새롭게 지어진 기차역에는 굉음을 내는 증기 기관차가 들어오고, 거리에는 마차가 바삐 오갔어. 잘 차려입은 부르주아들은 마차를 타고 거리를 오가다가 백화점 앞에 내려서 쇼윈도 안에 있는 아름다운 옷을 구경했지."

◆ **프랑스의 봉마셰 백화점** 1852년에 설립된 백화점이야. 세계 최초의 백화점으로 불리는 곳이지. 원래는 1838년부터 작은 점포가 여럿 모여 장사를 하기 시작했는데, 차츰 덩치가 커지더니 결국 이렇게 거대한 백화점이 되었다는구나.

▲ **오늘날 봉마셰 백화점 외관**

"증기 기관차 대신 지하철, 마차 대신 택시라고 치면…… 정말 요즘이랑 크게 다를 게 없네요."

허영심이 중얼거리듯 말하자 용선생은 고개를 끄덕였다.

"하하. 그래. 이때부터 드디어 우리에게 익숙한 도시의 풍경이 만들어졌단다. 고작 100여 년 사이에 일어난 일이었지. 특히 가장 급격한 발전을 이루어 낸 영국 사람들의 자부심은 그야말로 하늘을 찌를 듯 높아졌어. 영국에서는 1851년에 '만국 박람회'도 열렸지."

"만국 박람회가 뭔데요?"

"세계 각국의 신기한 발명품과 상품을 한군데에 모아 놓고 전시하는 행사야. 말은 세계 각국이지만, 결국엔 그 당시 세계 최고 품질을 자랑하던 영국의 온갖 물건들을 선보이는 행사였지. 만국 박람회 행사장인 '수정궁'부터 예사로운 건물이 아니었단다. 이 건물은 축구장 18개나 되는 넓이에 3층이나 되는 높이를 자랑했어. 그리고 벽돌이나 돌, 나무를 전혀 쓰지 않고 오로지 유리와 철제 기둥만 이용해서

> **허영심의 상식 사전**
> **만국 박람회** 엑스포(expo)라고도 해. 여러 나라가 참가하여 각국의 문물을 전시하는 박람회로 우리나라도 1993년 대전, 2012년 여수에서 개최했어.

산업 혁명, 유럽 세계를 통째로 뒤바꾸다 **051**

➜ 만국 박람회가 개최된 수정궁 풍경
뒤편에 보이는 커다란 건물이 바로 수정궁이야. 수정궁은 안타깝게도 화재로 모두 불타서 그림으로만 남았어.

건설했단다."

"완전 반짝반짝 빛나겠는데요? 아하! 그래서 이름이 수정궁인가요?"

"맞아. 수정궁은 영국의 앞선 건축 기술을 마음껏 뽐내는 건물이었지. 이 밖에도 증기 기관차나 역직기 같은 영국산 발명품이 박람회에 전시돼서 사람들의 시선을 끌었단다. 만국 박람회는 총 5개월 동안 이어졌어. 이 기간 동안 런던을 방문한 관람객은 무려 6백만 명에 이른단다. 관람객들은 화려한 수정궁과 다양한 전시물을 보고 감탄을 연발했지."

"다들 영국이 엄청 부러웠겠네요."

"맞아. 그래서 4년 뒤에는 프랑스도 질세라 파리에서 박람회를 열었어. 그러자 그다음에는 영국에서, 그다음에는 또 프랑스에서 박람회가 열렸지. 나중에는 세계 여러 나라에서 자국의 발전을 과시하기 위해 경쟁적으로 박람회를 열었단다."

↑ 파리 박람회 광고 포스터
1889년 파리 박람회의 광고 포스터야. 그림 속에 에펠 탑이 보이지? 에펠 탑은 파리 박람회에서 프랑스의 철강 기술을 뽐내기 위해 세웠단다.

"서로서로 자랑할 게 엄청 많았나 봐요?"

"그럼. 이제는 영국뿐 아니라 전 세계에서 저마다 신기술을 개발하고 새로운 발명품을 내놓았으니까, 그만큼 자랑할 게 많았던 거지. 그래서 1800년대의 만국 박람회는 진귀한 발명품의 데뷔 무대가 됐어. 전화기, 자동차, 영화를 상영하는 영사기, 축음기 같은 물건들이 모두 다 박람회에서 처음 선을 보였거든. 그래서 박람회가 열리면 항상 수백만 명이나 되는 관람객이 구름같이 몰려들었지."

"이야, 정말 온갖 발명품이 다 나왔군요."

"산업 혁명 시기의 만국 박람회장은 세계가 얼마나 빠르게 발전하고 있는지 온몸으로 느낄 수 있는 공간이었단다. 사람들은 온갖 신기한 발명품을 직접 체험하며 인류가 무한히 발전하리라는 희망까지 갖게 되었지. 하지만 이런 생각이 꼭 옳았던 건 아니야."

"그건 무슨 말씀이세요?"

곽두기가 고개를 갸웃하며 말했다.

"돈 많은 부르주아야 박람회장과 백화점을 누비며 호화로운 생활을 할 수 있었겠지. 하지만 세상에는 공장에서 일하며 하루하루 간신히 버틸 정도의 돈밖에

▲ 에디슨의 축음기를 체험하는 사람들
1878년 파리 만국 박람회에서 에디슨의 축음기를 체험하는 사람들의 모습이야.

허영심의 상식 사전

축음기 기계 장치를 통해 소리를 녹음하고 저장했다가 재생하는 장치를 말해. 1877년, 발명왕으로 유명한 에디슨의 발명 이후 여러 인물이 개발했어.

➡ **파텐트 모터바겐** 1886년부터 생산된 세계 최초의 가솔린 자동차야. 독일의 벤츠사에서 개발해 특허를 받았지.

산업 혁명, 유럽 세계를 통째로 뒤바꾸다

유럽의 아름다운 시절 '벨 에포크'

↑ <물랭 드 라 갈레트의 무도회>
인상주의 화가 오귀스트 르누아르의 작품이야. 사람들의 밝은 표정과 흥겨운 분위기를 통해 벨 에포크 시기가 어땠는지를 잘 드러내지.

산업 혁명으로 온갖 발명품이 쏟아져 나오면서 사회는 놀라운 속도로 발전하고 생활은 이전보다 더욱 풍요로워졌어. 사람들은 나날이 달라지는 세상과 오랜 평화에 흠뻑 취해 인류 사회가 계속 발전할 거라고 굳게 믿었지. 1800년대 중후반부터 1910년대까지, 유럽이 낙관주의에 물든 이 시대를 흔히 '아름다운 시절', 프랑스어로 '벨 에포크'라고 해.

벨 에포크의 중심지는 프랑스 파리였어. 프랑스는 영국과 번갈아 만국 박람회를 개최할 정도로 국력이 강한 데다, 특히 파리는 예술과 문화가 번창한 도시였거든. 극장은 영화를 보러 온 사람들로 북적였고 공연장에서는 무용수들이 현란한 몸짓으로 관객의 시선을 빼앗았지. 거리에는 한창 유행하는 복장을 한 신사 숙녀로 넘쳤어.

이런 분위기를 반영하듯 이때 소설가들이 내놓은 작품은 한껏 밝고 명랑한 분위기로 가득하단다. 《해저 이만 리》, 《80일간의 세계 일주》로 유명한 쥘 베른, 《잃어버린 시간을 찾아서》를 쓴 마르셀 프루스트가 대표적인 벨 에포크 작가지.

한편으로는 '아르 누보'라는 건축 양식과 예술사조가 큰 인기를 끌었어. 아르 누보는 '아름다움', '화려함'이 특징으로 기둥이나 그림 배경에 매우 정교한 장식을 곁들이는 것으로 유명해.

하지만 벨 에포크가 유럽 사람들이 생각했던 것처럼 마냥 아름다운 시대였던 건 아냐. 아시아와 아프리카는 유럽의 식민지로 전락해 매우 힘든 시간을 보냈거든. 유럽의 노동자들도 고된 노동과 가난에 시달리며 고통받기는 마찬가지였지.

↑ 알폰스 무하의 <황도궁>
알폰스 무하는 아르 누보를 대표하는 화가야. 보는 순간 눈을 사로잡는 화려하고 섬세한 그림을 많이 그렸지.

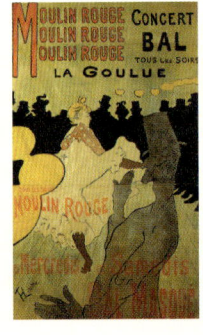

↑ 물랭루주 광고
물랭루주는 벨 에포크 때 가장 인기 있는 공연장이자 파리의 랜드 마크였어. 영화 <물랑 루즈>의 배경이 바로 이곳이래.

← 그랑 팔레
파리 샹젤리제 거리에 있는 건물이야. 1900년 파리 만국 박람회를 기념해 지었지.

벌지 못하는 노동자가 훨씬 많았단다. 인구가 늘어나자 이들은 더 큰 고통을 받았어. 일하려는 사람은 많은데 그만큼 일자리가 늘어나지 않아서 취직이 너무 어려웠고, 기껏 취직을 했다 해도 물가는 오르는데 임금은 좀체 오르지 않아서 먹고살기가 힘들 지경이었거든."

"어머, 그런 사정이 있었군요."

"하지만 부르주아들은 임금이 오르지 않는 게 경제학적으로 너무나 당연한 일이라고 여겼어. 심지어 영국의 토머스 맬서스와 데이비드 리카도 같은 학자들은 노동자에게 임금을 되도록 적게 주는 것이 좋다고 이야기했지."

장하다의 인물 사전
데이비드 리카도
(1772년~1823년) 영국의 대표적인 경제학자로 애덤 스미스의 이론을 발전시켰어.

"그건 또 무슨 소리예요?"

"인구가 너무 빨리 늘어나는 게 걱정이었던 거지. 이대로 가다가는 식량 생산량에 비해 인구가 더 빠르게 늘어서 인류가 파멸할 수도 있다고 생각했던 거야. 노동자들이 여유가 생기면 일찍 결혼을 하고, 아이를 더 많이 낳아 인구 문제만 더욱 심각해진다는 게 맬서스 같은 사람의 주장이었어."

"세상에, 그게 무슨 말도 안 되는 억지예요?"

나선애가 이해할 수 없다며 물었다.

"산업 발전과 인구 증가를 통해 사회 전체적으로 어떤 변화가 생기는지에 집중한 나머지, 노동자 개개인의 행복은 완전히 무시했기 때문에 이런 결론이 나온 거야. 물론 이 결론에 반대한 사람들도 있어. 이들은 '한 사회에 속한 최대 다수의 사람이 행복을 누릴 수 있어야 그 사회 역시 바람직한 것이다.'라고 주장했단다. 이런 생각을 '공리주의'라고 해. 공리주의자들은 노동자에게 충분한 임금을 주고 행복

↑ **토머스 로버트 맬서스**
(1766년~1834년) 영국의 인구통계학자이자 경제학자, 정치학자야. 《인구론》을 지어서 높은 출산율이 경제 성장에 악영향을 끼칠 거라는 이론을 펼쳤어.

장하다의 인물 사전
존 스튜어트 밀 영국의 철학자이자 경제학자로 《자유론》에서 자유에 대한 다양한 이론을 모아 정리했어.

↑ **존 스튜어트 밀의 《자유론》**(1859년)
자유에 관한 사상을 모아 정리하고, 1800년대 중반 자유를 둘러싼 문제들에 대해 구체적으로 논술한 책이야.

한 삶을 누릴 수 있도록 지원해야 한다고 여겼어. 《자유론》을 쓴 영국의 존 스튜어트 밀 같은 사람이 대표적인 공리주의자이지."

"흠, 그건 맞는 말씀 같은데요."

"하지만 대다수 부르주아들은 이런 생각을 거부했어. 임금은 어디까지나 일을 한 대가로 주는 건데, 단지 노동자가 행복해야 한다는 이유로 임금을 더 주라는 건 말도 안 된다는 거였지."

"아니, 그래도 먹고살 만큼은 줘야지 일을 할 거 아녜요!"

장하다가 말하자 용선생도 무거운 얼굴로 고개를 끄덕였다.

"맞는 말이다. 하지만 노동자들은 자신들의 목소리를 낼 길이 없었어. 나라를 다스리고 기업을 운영하는 힘 있는 사람들은 전부 다 돈 많은 부르주아였으니까. 이렇게 부르주아와 노동자 사이의 갈등이 더 심해지자, 노동자의 이익을 대변하는 사회주의라는 사상이 탄생해 세상을 크게 뒤흔들게 되지. 그 이야기는 나중에 해 줄게. 오늘 수업은 여기까지!"

용선생의 핵심 정리

산업 혁명과 함께 인구가 급증하고, 공장주와 기업가는 부르주아라는 새로운 사회 계급을 형성함. 부르주아는 호화로운 생활을 누리며 세상이 무한히 발전할 것이라고 믿었지만, 한편에서는 노동자들이 힘겨운 생활을 이어 감.

나선애의 **정리노트**

1. 영국의 산업 혁명
- **방직기**를 시작으로 여러 **기계**가 발명되고 **분업**이 도입되며 산업 혁명이 시작됨.
- **영국**이 **산업 혁명**의 중심지가 된 비결
  → 이미 1700년대 중반 유럽에서 상업이 가장 발달한 경제 강국
  → 상업을 중시하는 지배 계층 **젠트리**, 풍부한 지하 자원과 도시 노동력

2. 다양한 산업 발전과 도시 성장
- 면직물 산업이 성장하며 철강업과 석탄 산업이 덩달아 발전함.
- **증기 기관**과 **증기 기관차**가 개량되어 **철도** 산업이 발전함.
  → 철도 덕에 각종 산업이 서로 영향을 주고받으며 크게 성장
  → 철도를 따라 **맨체스터**, **리버풀** 등 신흥 산업 도시 성장

3. 유럽으로 퍼진 산업 혁명
- 영국의 뒤를 이어 벨기에와 프랑스, 독일 등 유럽의 각국은 **국가 주도**로 산업화 시작
- **독일**은 세계 1위 철강 생산국으로 성장하고 화학 산업도 크게 발전함.

4. 산업 혁명과 사회 구조의 변화
- 산업 혁명으로 **인구가 급증**하고 공장주와 기업가는 **부르주아** 계급을 형성함.
  → 부르주아는 호화로운 생활을 즐기며 무한한 발전을 믿음.
  → 노동자들은 고된 노동과 낮은 임금에 시달림.

세계사 퀴즈 달인을 찾아라!

1 다음 주제에 대해 잘못 설명한 친구는? ( )

주제: 영국이 산업 혁명의 중심지가 된 이유

 ① 석탄과 철광석이 풍부했기 때문이야.

 ② 당시 유럽에서 상업이 가장 발달한 나라였기 때문이야.

 ③ 사회 지도층이 상업을 중시해 경제 발전에 앞장섰기 때문이야.

 ④ 교황과 성직자들을 중심으로 상업 발전을 이루어냈기 때문이야.

2 유럽의 산업 혁명에 대한 설명으로 알맞은 것에 ○표, 알맞지 <u>않은</u> 것에 X표 해 보자.

○ 프랑스는 벨기에보다 먼저 국가 주도의 산업화를 이루었다. ( )

○ 프랑스는 영국과의 경쟁을 피하기 위해 고급 면직물 생산에 집중했다. ( )

○ 독일은 국가 주도로 산업을 성장시켜 세계 제일의 철강 생산국으로 성장했다. ( )

3 지도를 통해 유추할 수 있는 당대 사회의 모습으로 옳지 <u>않은</u> 것은?
(　　)

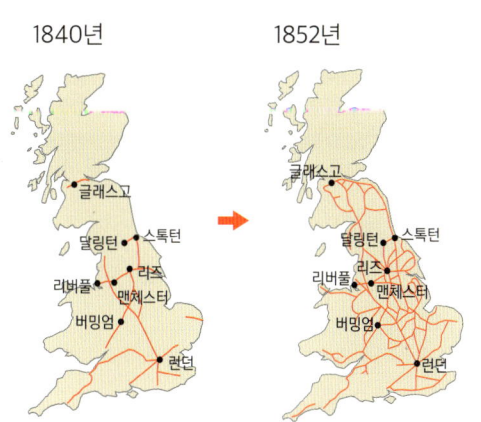

<1800년대 영국의 철도 건설>

① 철도를 따라 신흥 산업 도시가 급성장했을 것이다.
② 맨체스터, 리버풀은 철도가 다니지 않아 쇠락했을 것이다.
③ 철도의 영향으로 각종 산업이 서로 영향을 주고받았다.
④ 운송비가 절약되어 더 많은 제품을 싼값에 만들고 팔 수 있었다.

4 빈칸에 공통으로 들어갈 알맞은 말을 써 보자.

○○○는 원래 영국에서 신분이 귀족보다는 낮지만 많은 땅을 소유한 대지주를 가리키는 말이었어. 시간이 흐르면서 사회에서 지도층 역할을 하게 된 부유한 상인, 지식인 등도 함께 가리키는 말이 되었지. ○○○는 영국 의회에서 상업을 육성하는 법과 제도를 만들어 산업 혁명의 기초를 닦았어.

(　　　　　　　　　)

5 산업 혁명의 영향에 대한 설명으로 옳은 것을 골라 보자.

○ 산업 혁명으로 식량 운송이 빨라지고 의학이 발전하여 인구가 크게 (증가 / 감소)했다.

○ 산업 혁명으로 공장주와 기업가는 (부르주아 / 노동자)라는 새로운 사회 계급을 형성했다.

○ 산업 혁명으로 (부르주아 / 노동자)는 고된 노동과 낮은 임금에 시달렸다.

6 다음 중 서로 관련 있는 것들을 바르게 연결해 보자.

① 제임스 와트　•　　•㉠ 로코모션 1호, 증기 기관차를 개량함.

② 조지 스티븐슨　•　　•㉡ 증기 기관을 개량하여 다용도로 사용할 수 있게 만듦.

 정답은 261쪽에서 확인하세요!

용선생 세계사 카페

축구, 산업 혁명과 함께 영국인의 삶으로 스며들다

오늘날 축구는 전 세계 사람들의 사랑을 한 몸에 받는 인기 스포츠야. 축구는 영국에서 탄생했는데, 영국 사람들은 남녀노소 가리지 않고 자신이 태어난 지역의 축구팀을 열광적으로 응원하는 것으로 매우 유명하단다. 그렇다면 축구는 어떻게 영국에서 가장 사랑받는 스포츠가 된 걸까?

마을 축제에서 발전한 공놀이

↑ 중세 영국의 '쥐잡기'
'쥐잡기'를 벌이는 사람들의 모습이야. 꼭 패싸움이라도 벌이는 것처럼 보이지?

중세 시대 영국에서는 수확이 끝나고 마을 사람끼리 모여 공놀이를 했다고 해. 돼지의 오줌보를 부풀린 것을 공으로 썼는데, 별다른 규칙 없이 상대방의 골문에 공을 가져다 놓으면 이기는 방식이었어. 이름은 '쥐잡기'라고 했지. 그런데 명확한 규칙이 없다 보니 나중에는 상대방을 걷어차거나 바닥에 패대기치는 등 경기가 매우 거칠어졌어. 그래서 사람이 다치거나 심지어 목숨을 잃는 경우도 많았지. 이런 이유 때문에 나라에서 법으로 '쥐잡기'를 금지하기도 했지만, 워낙 인기가 많아서 법을 어기면서까지 즐기는 사람이 많았어. 이 공놀이가 축구로 발전했다고 해.

산업 혁명 시기의 축구

1800년 중반 영국의 유명 사립 학교들은 축구를 체육 과목으로 도입했어. 이때부터 본격적으로 축구의 발전이 시작됐지. 고무로 만든 공이 도입되었고, 학교끼리 친선 경기를 벌이기도 했어.

그런데 아직은 학교별로 규칙이 제각각이었단다. 어떤 학교에서는 공을 몰고 갈 때 손을 써도 됐고, 어떤 학교에서는 오늘날 축구처럼 발만 사용해 경기를 하는 식이었어. 그래서 서로 다른 학교끼리 경기를 펼치게 되면 양 팀이 경기 규칙을 두고 싸우는 경우가 잦았지.

1860년대에 들어서면 영국 내 모든 축구팀이 모여 규칙을 통일하고, 영국 내 축구 경기를 주관하는 협회를 만들게 돼. 이때 오늘날 축구 규칙이 대부분 만들어졌고 영국 내 여러 팀이 참가하는 대회도 개최되었지. 이후 축구는 프랑스와 이탈리아, 에스파냐 등 유럽 각국은 물론 아프리카와 아메리카 등 전 세계로 퍼져 나갔단다. 1904년에는 프랑스에서 국제 축구 연맹(FIFA)이 탄생했고 1930년에 제1회 월드컵이 열리며 명실상부한 세계인의 스포츠로 자리매김하게 되었지.

↑ '호주식 규칙'에 따른 축구 경기 손을 쓸 수 있는 '호주식 규칙'에 따른 축구 경기의 모습이야.

이때 경기 중 손을 써도 되는가, 쓰면 안 되는가를 두고 엄청난 논쟁이 벌어졌어. 그 결과 손을 써도 된다고 주장한 팀들은 자기들끼리 협회를 꾸려 경기를 진행했지. 그래서 탄생한 게 바로 영국의 또 다른 인기 스포츠인 럭비야.

◀ 잉글랜드 대 스코틀랜드 축구 경기
1872년에 열린 축구 경기의 한 장면이야. 이 경기는 최초로 개최된 국제 축구 시합이었어.

노동자의 삶에 스며든 축구

축구는 가난하고 많이 배우지 못한 사람들이 사랑하는 스포츠였어. 규칙이 간단해서 익히기 쉽고, 공과 신발만 있으면 아무런 장비가 없어도 쉽게 즐길 수 있었기 때문이야. 산업 혁명 이후로 도시에 몰려든 가난한 노동자들도 여가 시간에는 주로 축구를 즐겼어. 축구는 어느덧 노동자들의 피곤한 일상을 달래 주는 즐거움이 되었지.

그러자 노동자들이 많은 산업 도시를 중심으로 축구 클럽이 여럿 만들어졌어. 특히 맨체스터와 리버풀 등 영국의 주요 산업 도시에서 만들어진 축구 클럽은 노동자들 사이에서 커다란 인기를 얻었단다.

이런 축구 클럽들은 때로 노동자들의 자존심을 한껏 살려 주기도 했어. 1883년에는 직물 공장 노동자들을 주축으로 만들어진 축구 클럽 '블랙번 올림픽'이 영국 최고의 명문 사립 학교인 '이튼 스쿨'과의 경기에서 승리했지. 이튼 스쿨의 학생들은 주로 귀족이나 돈 많은 부르주아의 자식이었기 때문에, 노동자들은 평소에 맛보기 힘든 승리의 쾌감을 느낄 수 있었단다. 이 경기 이후 영국 노동자들 사이에서 축구 열풍이 불었다고 해.

➜ **랭커셔의 축구 클럽 블랙번 올림픽** 블랙번 올림픽은 1883년 영국 명문 사립 학교인 이튼 스쿨과의 경기에서 승리를 거두며 영국에 축구 열풍을 불러왔어.

영국 노동자들이 사랑한 축구 클럽

오늘날 영국의 축구 리그인 프리미어 리그는 세계 최고의 축구 리그로 이름을 날리고 있어. 그래서 전 세계 다양한 국적의 선수들이 프리미어 리그에서 이미 뛰고 있거나 뛰는 걸 목표로 삼는단다. 이 리그에는 1800년대 영국 노동자들을 주축으로 출발한 축구 클럽이 많지.

↑ **맨체스터 유나이티드** 맨체스터 철도 노동자를 주축으로 만들어진 축구 클럽이야. 우리나라의 박지성 선수가 활동했던 클럽이자 세계에서 아주 인기 있는 클럽 중 하나. 프리미어 리그에서 역대 가장 많은 우승을 거둔 최고의 축구팀이기도 해.

↑ **웨스트햄 유나이티드** 1895년 런던의 조선소 노동자들을 주축으로 만들어진 축구 클럽이야. 성적이 놀랄 정도로 우수한 구단은 아니지만, 런던의 열광적인 팬을 기반으로 삼은 탓에 꾸준히 인기를 얻고 있는 팀이지.

← **아스날 FC** 런던의 군수 공장 노동자를 주축으로 만들어진 클럽이야. 프리미어 리그의 전통적인 강팀으로, 2004년에는 무패 우승을 기록하기도 했지.

| 용선생 세계사 카페 🔍 |

산업 혁명 시기에 만들어진 세계적 기업들

오늘날 세계 경제를 이끄는 기업들 중에선 산업 혁명이 한창이던 200~300년 전에 세워진 기업도 셀 수 없이 많아. 산업 혁명부터 지금까지 긴 역사를 이어 온 기업 몇 곳을 알아보자.

글로벌 생활용품 업체로 성장한 P&G

프록터 앤드 갬블은 세계적인 생활용품 업체야. 회사 이름을 간단히 줄여 P&G라고 부르기도 하지. 샴푸나 비누 등 위생용품을 비롯해 치약, 세제 등 매우 다양한 상품을 생산한단다.

P&G는 1837년 미국에서 시작됐는데, 창업자는 양초를 만들던 윌리엄 프록터와 비누를 만들던 제임스 갬블, 두 사람이었어. 창업 초기에 이들은 양초와 비누를 팔면서 돈을 조금씩 모았지. 그러다 1870년대 '아이보리(Ivory)'라는 비누를 만들어 팔았단다. 아이보리는 물에 뜨는 비누라는 점이 독특했어. 당시에는 수도 사정이 좋지 않아서 개울가에서 몸을 씻는 일이 많았는데, 물에 뜨는 비누는 개울에 빠뜨려도 잃어버릴 염려가 적었거든. 결국 아이보리가 불티나게 팔리며 P&G는 세계적인 생활용품 업체로 발돋움했어. 이후 프록터 앤드 갬블은 품질이 뛰어난 제품을 선보이며 많은 사람이 믿고 선택하는 회사가 되었단다.

↑ 아이보리 비누 광고
물에 뜬다는 특징을 잘 활용한 광고야. 특히 주부들 사이에서 엄청난 인기를 끌었단다.

P&G는 품질도 품질이지만 뛰어난 마케팅 능력과 윤리적인 경영으로도 이름 높아. 노동자들에게 회사의 이익을 일부 나눠 주는 이익 배분 제도를 도입하며 직원들의 복지에 신경을 썼거든. 특히 '뉴욕 타임스 룰'이 유명한데, 이 룰은 '오늘 내가 한 일이 내일 아침 뉴욕 타임스 1면에 나오더라도 부끄럼이 없어야 한다.'는 뜻이래. 그만큼 회사가 사회적, 경제적으로 문제를 일으킬 만한 결정을 해선 안 된다는 거지. 오늘날 프록터 앤드 갬블은 면도기, 건전지

↑ 프록터 앤드 갬블에서 생산하는 상품들

및 가전제품 생산에도 진출해 매년 800억 달러 이상의 매출을 올리고 있단다.

연필 하나로 귀족 작위를 받은 파버-카스텔

연필 하나로 귀족 작위를 받은 회사가 있다는 거 아니? 바로 독일의 문구 회사 파버-카스텔이 그 주인공이야. 파버-카스텔은 1761년에 시작됐어. 이 연필 공장은 1840년대 연필의 길이와 심의 진하기를 규격으로 정하고, 우수한 재료와 새로운 공장 시설을 도입해 이전보다 질 좋은 연필을 생산했지. 또한 공장에서 일하는 직원들을 위해 연금과 건강 보험을 만들어 주는 등 복지에도 큰 관심을 기울였어. 로타르의 노력 덕분에 파버 연필 회사는 독일을 넘어 유럽, 바다 건너 미국에까지 연필을 수출하며 많은 돈을 벌어들였단다.

이렇게 파버에서 생산한 연필이 세계적으로 유명세를 떨치자, 독일의 바이에른 왕국에서는 그동안의 노력을 인정하는 의미에서 로타르에게 귀족 작위를 주었어. 몇 년 후 파버 가문의 후계자가 백작 가문인 카스텔과 혼인하면서 파버 연필 회사는 '파버-카스텔'로 이름이 바뀌었단다.

파버-카스텔 연필은 빈센트 반 고흐, 귄터 그라스 등 유명한 예술가들에게 오랫동안 사랑받았어. 오늘날 파버-카스텔은 독일을 대표하는 문구 회사로서 연필은 물론 만년필, 샤프, 파스텔, 색연필 등 다양한 제품을 생산하고 있어. 또한 매년 브라질에 2만여 그루의 나무를 심고 제품에 수성 페인트를 쓰는 등 환경 보호에도 앞장서고 있지.

↑ **로타르 폰 파버**
1840년대 들어 파버-카스텔을 경영하며 파버-카스텔 연필을 세계에 알리는 데 큰 공을 세운 사람이야.

↑ **카스텔9000**
카스텔9000은 파버-카스텔의 대표 상품이야. 1905년 출시 이래로 오늘날까지 많은 사람에게 사랑받는 장수 상품이지.

← **파버-카스텔의 로고**(왼쪽)**와 회사의 상징인 두 기사**(오른쪽) 파버-카스텔의 상징은 연필을 들고 싸우는 두 기사야. 그림에서 왼쪽에 있는 기사가 단단히 쥔 연필은 '창처럼 단단한 연필을 만들겠다'는 파버-카스텔의 각오를 상징하지.

↑ 바이엘 로고

아스피린을 개발한 세계적 제약 회사 바이엘

1863년 독일의 브레멘에서 출발한 바이엘은 원래 자그마한 화학 회사였어. 직원은 3명이었고, 주로 옷감을 물들이는 염료를 생산해서 판매했지. 그러던 바이엘은 화학 염료의 개발을 계기로 급속히 성장을 거듭한 끝에 300명 가까운 직원을 갖춘 대기업으로 몸집을 불렸어. 1899년에는 대표적인 진통 해열제인 '아스피린'을 개발해 독일은 물론 세계적으로도 손꼽히는 제약 기업으로 성장했단다.

바이엘의 대표 발명품인 아스피린은 진통 효과가 뛰어나서 감기 몸살과 두통 등 일상생활 속의 다양한 질병에 곧장 이용할 수 있는 약이야. 지난 100년 동안 전 세계에서 가장 많이 팔린 약이지. 요즘에는 원래 목적인 진통제 역할을 넘어서 심장병과 뇌졸중, 치매와 암 예방 등 다양한 효과가 있다는 것이 밝혀져서 여전히 많은 사람의 관심을 끌고 있어.

오늘날 바이엘은 세계 150개 이상의 국가에 지사를 두고 활발히 활동을 펼쳐 나가고 있어. 또 인체에 사용하는 약품 이외에도 동물용 약품, 식물 보호제와 가정용 살충제 등 다양한 제약 분야에 진출해 있고, 약품뿐 아니라 각종 곡식과 과일의 종자를 개량하고 보급하는 업종에도 진출했단다.

↑ **바이엘의 아스피린** 바이엘의 대표 상품 아스피린은 지금까지 전 세계에 110억 정이 넘게 팔렸대.

← **독일 레버쿠젠의 바이엘 본사** 바이엘은 독일에 많은 공장을 설치하고 10만 명이 넘는 종업원을 고용하고 있어.

트렌치코트의 대명사 버버리

온몸을 가릴 정도로 긴 코트를 가리키는 '버버리 코트'라는 말, 한 번쯤은 들어 봤지? 이 말을 만들어 낸 '버버리'는 영국을 대표하는 명품 패션 기업이란다.

버버리는 산업 혁명이 한창이었던 1856년, 영국에서 탄생했어. 당시 작은 옷가게를 운영하던 21살의 청년 토머스 버버리는 오랜 연구 끝에 새로운 옷감을 개발해 냈지. '개버딘'이라는 이름의 이 옷감은 방수 처리가 잘되는 데다가 무게도 가벼워서 영국 날씨에 딱 맞았어. 영국은 하루에도 여러 번씩 비가 내리고 늘 흐린 날씨로 악명이 높았거든. 비가 워낙 자주 오다 보니 영국인들은 우산을 쓰기보다는 주로 레인코트를 입었는데, 레인코트는 보통 무거운 고무 재질로 만들기 때문에 꽤 무겁고 거추장스러웠어. 그래서 가볍고 편안한 버버리 코트는 획기적인 상품이었지.

1900년대에 접어들며 버버리 코트는 영국군의 정규 군복으로 채택되며 영국을 대표하는 옷으로 성장했어. 방수가 되는 데다가 가벼운 코트는 험한 전장을 누벼야 하는 군인에게도 딱맞았거든. 나중에 버버리는 캠핑용 텐트와 등산복 등 다양한 제품을 생산하며 성장을 거듭했지.

오늘날 버버리는 특유의 체크무늬 코트로 유명하단다. 코트 외에도 가방과 목도리, 시계와 향수 등 다양한 패션용품을 판매하는 회사로 잘 알려져 있어.

↑ **버버리 가방** 가방에 그려진 체크 무늬는 버버리의 상징이야. 이 체크 무늬를 '버버리 체크'로 부르기도 하지.

↑ **버버리 코트** 온몸을 가리는 베이지색 트렌치 코트는 버버리를 대표하는 상품이야.

↑ **1891년 런던의 버버리 본사**

↑ **런던의 버버리 본사** 런던 헤이마켓의 이 건물은 1891년부터 100년이 넘도록 버버리의 본사로 사용됐어.

2교시

미국이 독립을 이루고 눈부시게 발전하다

한편 바다 건너 아메리카에서도 크나큰 변화가 진행되고 있었어.
본국의 간섭에 시달리던 영국 식민지 대표들이
독립을 선언하고 새로운 나라 건설에 나선 거야.
과연 이들은 어떤 나라를 꿈꿨을까?
그리고 자신들이 꿈꾸던 나라를 만드는 데에 성공했을까?
오늘은 미국의 독립과 그 이후 발전에 대해 알아보자.

1773년	1775년~1783년	1803년	1830년	1845년	1846~1848년
보스턴 차 사건	미국 독립 전쟁	미국, 루이지애나 구입	원주민 강제 이주법 제정	텍사스 합병	미국-멕시코 전쟁

루이지애나

북아메리카 내륙에 펼쳐져 있던 프랑스의 식민지. 1803년 미국이 나폴레옹이 다스리는 프랑스로부터 사들여서 미국의 영토가 되었어.

캘리포니아

미국 서부 해안에 길게 자리한 주. 멕시코의 일부였지만 미국-멕시코 전쟁의 결과 미국에 넘어갔어.

태 평 양

캘리포니아

오클라호마

미시시피강 서부 지역. 원주민 강제 이주법으로 수많은 원주민이 고향을 떠나 이곳에 정착해야 했어.

멕시코

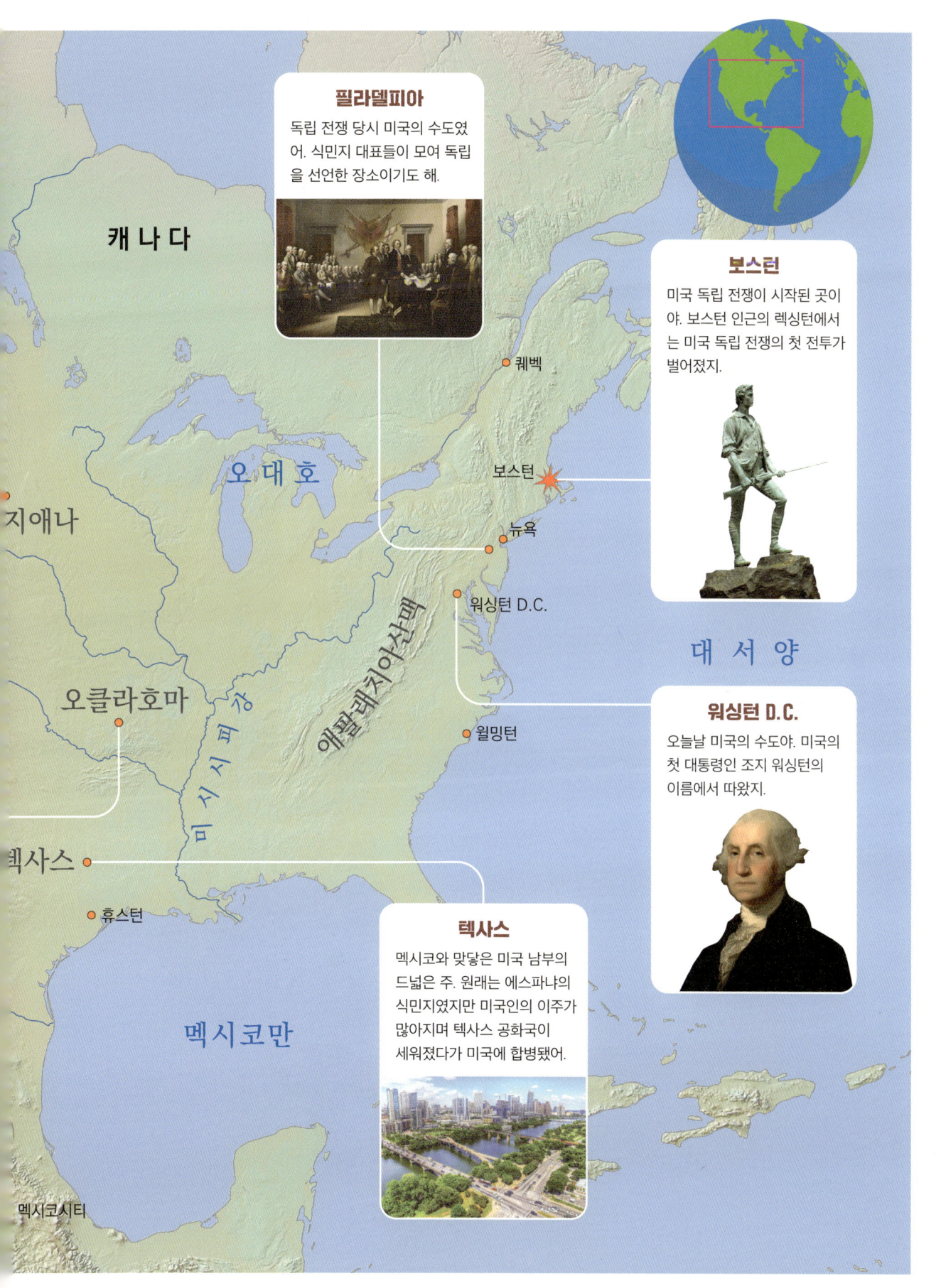

역사의 현장 지금은?

세계 초강대국 미국

미국은 북아메리카 대륙에 위치하고 있어. 북쪽은 캐나다, 남쪽으로는 멕시코와 국경을 맞대고 있지. 공식 국명은 아메리카 합중국으로 50개 주와 1개 특별구로 이뤄진 연방 국가란다. 면적은 한반도의 약 45배, 인구는 약 3억 4천만 명 정도야. 영토와 인구 면에서 모두 세계 3위지. 1776년 영국으로부터 독립을 선언한 미국은 건국한 지 약 200년 만에 세계의 경제, 정치, 문화, 교육 등 거의 전 분야를 이끄는 세계 초강대국이 되었단다.

↑ 세계의 중심 뉴욕
뉴욕은 미국에서 가장 큰 도시야. 세계 경제를 이끄는 금융 지구 월스트리트, 국제 질서와 평화를 논의하는 UN본부가 이곳에 있어.

→ 미국의 수도 워싱턴 D.C.
워싱턴 D.C.는 백악관, 연방 의회, 연방 대법원 등 미국의 주요 정부 기관이 한데 모여 있는 특별구야.

이민자의 아메리칸 드림이 만든 경제 대국

미국의 1년 국내 총생산(GDP)은 약 20조 달러로 압도적인 세계 1위야. 2위~4위인 중국, 일본, 독일을 합친 것과 맞먹는 규모지. 미국 경제는 열린 이민 정책으로 아메리칸 드림을 꿈꾸는 전 세계의 인재를 폭넓게 받아들인 덕분에 꾸준한 활력을 유지할 수 있었어. 구글, 이베이, 테슬라 등 오늘날 미국을 대표하는 대기업의 창업자 중에는 이민자 출신 기업가가 많다는 사실! 그러나 최근 미국 정부가 특정 국가 사람들의 미국 이민을 강력하게 제한하는 법을 만들어서 많은 사람의 반발을 사기도 했어.

↑ 구글 공동 창업자
러시아 출신
세르게이 브린

↑ 이베이 창업자
프랑스 출신
피에르 오미디야르

↑ 테슬라 창업자
남아프리카 공화국 출신
일론 머스크

↑ 이민 행정 명령 반대 시위 구글 플렉스에서 열린 시위야. 이처럼 수많은 사람이 미국 정부의 이민 제한 조치를 강하게 비난하고 있단다.

세계 산업의 견인차 미국

미국 산업은 모든 분야에서 세계 선두를 달리고 있어. 농·목축업부터 최첨단 산업까지 미국이 세 손가락 안에 이름을 올리지 않는 분야가 없을 정도지.

↑ 인류 최초로 달을 밟은 닐 암스트롱

↑ 미국 항공 우주국 나사(NASA)의 케네디 우주 센터
나사는 미국의 항공 우주 산업을 세계 1위에 올려놓았어. 나사의 우주 항공 기술은 인류를 달까지 보낸 것은 물론이고, 실생활에 응용되어 휴대용 진공 청소기, 메모리폼 베개, 열에 강한 소방복 등 다양한 발명품을 낳았지.

← 세계 최대의 농산물 수출국
미국은 옥수수와 콩, 밀 등 다양한 농산물을 수출해. 특히 옥수수는 환경 오염이 적은 에너지 자원인 에탄올의 원료라서 중요성이 더욱 커지고 있어.

→ 오대호 수운을 통해 발전한 디트로이트
디트로이트, 피츠버그 등 오대호 인근의 공업 지대는 1970년대 자동차·철강 산업으로 세계 최고 호황을 누렸어. 그러나 오늘날엔 공장이 해외로 이주하며 쇠퇴해 '녹슨 구역(Rust Belt)'이라 불리기도 해. 하지만 미국 정부의 적극적인 지원으로 신소재 산업 등 새로운 첨단 산업을 유치하며 발전 중이야.

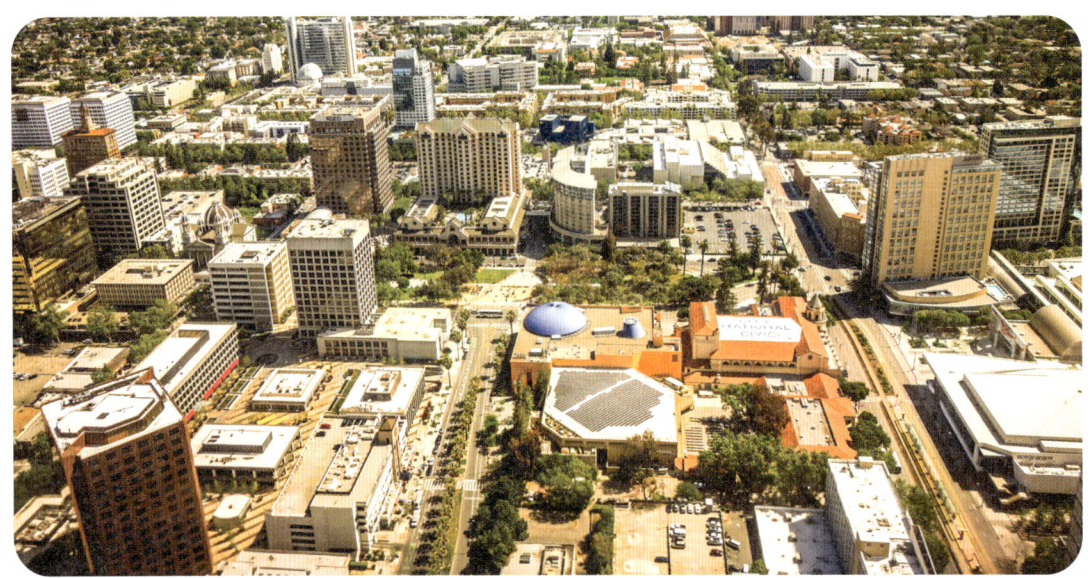

↑ 첨단 산업 중심지 캘리포니아주 실리콘 밸리 캘리포니아, 애틀랜타 등이 있는 북위 37도 이남 지역을 묶어 '선벨트(Sun Belt)'라고 불러. 이 지역은 석유 등 각종 자원이 풍부한 데다가 쾌적한 기후, 파격적인 세금 혜택 때문에 미국 인구의 40퍼센트 이상이 모여 살고, 우수 기업도 많아. 특히 캘리포니아주의 실리콘 밸리에는 구글, 애플을 비롯한 각종 첨단 산업 기업의 본사와 연구소가 모여 있어.

↓ 공장식 축산의 원조 텍사스주
공장식 축산은 육류 생산량을 극대화하기 위해 좁은 공간에 최대한 많은 가축을 모아 기르는 방식이야. 우리나라에 수입되는 미국산 소고기는 거의 이런 방식으로 텍사스에서 생산된 거래.

↑ 라스베이거스의 파라다이스 관광 지구
도박 및 관광 산업으로 유명한 라스베이거스는 사람이 살기 어려운 사막에 지어진 도시야. 유흥을 즐기기 위해 찾는 관광객 수가 1년에 4천만 명이 넘는대.

→ 텍사스 멕시코만의 석유 시추 시설
미국은 러시아, 사우디아라비아 등과 함께 세계적인 석유 생산국이야. 텍사스와 알래스카 등지에서 원유와 셰일 가스가 풍부하게 나온단다.

전 세계로 퍼진 미국의 대중문화

미국은 대중문화에서도 세계적인 강국이야. 미국인이 즐기는 영화, 스포츠, 패션, 음식은 전 세계인의 문화가 됐어.

➡ 미국 영화 산업의 중심 할리우드

⬆ 미국 프로 농구 NBA 리그

⬇ 세계인의 간식 콜라와 햄버거

⬆ 미국 프로 야구 메이저리그

⬇ 미국인이 가장 사랑하는 스포츠 미식축구

077

식민지 대표들, 독립을 선언하다

"오늘은 미국으로 가 볼까?"

"식민지 대표들이 모여서 회의했다는 얘기를 하셨던 것 같아요."

곽두기의 말에 용선생은 싱긋 미소를 지었다.

"예전에 배운 걸 간단히 떠올려 볼까? 7년 전쟁 이후 영국과 아메리카 식민지의 관계는 급속도로 나빠졌어. 영국 정부가 전쟁 빚을 갚기 위해 식민지에서 어마어마한 세금을 걷고 식민지 사람들의 자유를 침해하는 법을 마구 통과시켰기 때문이지. 1773년 보스턴 차 사건을 계기로 영국의 탄압이 더욱 거세지자, 식민지 대표들은 필라델피아에 모여 앞으로의 대책을 논의하기 시작했단다."

"그 모임이 '대륙회의'라고 하셨죠? 근데 대륙회의에서 영국에 맞

🔺 **렉싱턴-콩코드 전투** 민병대의 무기고를 습격한 영국군과 보스턴 민병대가 맞붙었던 전투야. 보스턴 인근에서 벌어진 작은 전투였지만, 미국 독립 전쟁의 시작을 알리는 전투라는 점에서 큰 의미가 있지.

서 싸우기로 결정한 거예요?"

왕수재가 안경을 고쳐 쓰며 물었다.

"아니, 대륙회의는 영국에 맞서 싸울지 말지 쉽사리 결정하지 못했어. 영국은 전 세계를 주름잡는 강국인데, 아메리카 식민지에는 아직 정식 군대도 없었거든. 대륙회의는 일단 영국 상품 불매 운동을 선언하고 영국 본국의 반응을 살펴보기로 했지. 근데 그 사이에 보스턴에서 다시 큰 사건이 터지고 만 거야."

"이번에는 무슨 사건이 터진 거죠?"

🔺 **민병대 사령관 존 파커 대위** 영국과의 렉싱턴-콩코드 전투에서 승리를 이끌어 낸 사람으로 식민지 민병대의 상징이야.

"보스턴 차 사건 이후 보스턴 일대의 식민지 사람들은 민병대를 꾸려 영국군에 맞서 싸울 준비를 했어. 영국군은 심상치 않은 분위기를 느끼고는 민병대의 무기고를 급습해 민병대를 무장 해제 시키려고 했지. 그런데 이 정보가 새 나가는 바람에 미리 대기하고 있던 민병대와 영국군 사이에 전투가 벌어졌어. 보스턴 민병대는 거세게 반발하며 영국군을 아예 보스턴에서 몰아내려 했고, 영국 본국에서는 지원군을 보내 이를 막으려고 했단다."

"어머, 결국 영국과 전쟁이 벌어진 거네요?"

"맞아. 이제 대륙회의는 결단을 내려야 했지. 보스턴 민병대를 도와 영국군과 싸울 것인지, 아니면 평화적으로 협상해 나갈지……. 대륙회의에서 어떤 말이 오갔는지 살펴볼까?"

설명을 마친 용선생이 스크린을 띄웠다.

"한 달 전 우리 보스턴 민병대와 영국군 사이에 총격전이 있은 뒤 민병대와 영국군의 충돌이 더욱 잦아지고 있습니다. 이번 기회에 우리 힘을 보여 줘서 영국에게서 확실하게 자치권을 받아 내도록 합시다."

"맞습니다. 국왕 폐하께 다시 청원서를 보내 우리 입장을 설명하고 평화 협상을 진행합시다. 7년 전쟁이 끝난 지 얼마 되지 않은 판에 또 전쟁을 벌이고 싶진 않을 테니, 국왕과 의회도 아마 협상을 하려 할 겁니다. 게다가 우리는 아직 전쟁 준비가 되어 있지 않습니다."

"무슨 소리예요? 영국은 아메리카인의 권리를 완전히 무시하고 있어요! 식민지의 문제는 우리 식민지 사람들이 알아서 결정해야 합니다. 이번 기회에 확실히 독립합시다! 전쟁도 오래 끌수록 우리가 이길 확률이 높아집니다."

"왜 이렇게 의견이 서로 갈린 거죠?"

"그건 식민지마다 사정이 달랐기 때문이야. 같은 식민지라고 하더라도 버지니아나 조지아처럼 남부에 위치한 식민지 대표들은 가급적 전쟁을 피하려고 했어. 영국은 주로 보스턴이나 뉴욕처럼 큰 도시에 사는 상공업자에게 세금을 거두었기 때문에, 사탕수수나 목화를 생산하는 대농장이 대부분이던 남부 식민지는 큰 타격을 받지 않았거든. 그래서 남부 식민지들은 굳이 영국과 싸울 필요를 못 느낀 거지."

"그럼 어떡해요? 여전히 독립은 어려운 건가요?"

"주사위는 던져졌어. 이미 보스턴 민병대와 영국군 사이에 전투가 벌어진 마당에, 전쟁을 피할 수는 없었지. 식민지 대표들은 대륙군을 정식으로 창설하고 조지 워싱턴을 총사령관으로 선출했단다."

"조지 워싱턴이 대륙군을 이끌 적임자였어요?"

"그럼~. 조지 워싱턴은 7년 전쟁에서 실전 경험을 풍부하게 쌓은 장군이었을 뿐 아니라 전쟁에 소극적인 남부 사람들을 설득하는 데도 도움이 되는 인물이었어. 워싱턴은 역사가 가장 오래된 식민지인 버지니아 출신의 유명 인사였거든."

"그래도 영국군을 이길 수 있을까요? 민병대는 훈련을 받은 적도

나선애의 세계사 사전

대륙군 북아메리카 식민지에서 최초로 결성된 정규군이야. 이후 영국에 맞서 싸우며 미국 독립을 이끌게 돼.

미국이 독립을 이루고 눈부시게 발전하다 **081**

저기 보이는 공원이 벙커힐 전투가 벌어진 곳이야.

↑ 벙커힐 전투가 벌어진 브리즈 힐의 현재 모습
브리즈 힐은 바다에서 보스턴으로 들어가는 길목이었어. 대륙군은 이곳을 차지한 뒤 보스턴에 있던 영국군을 고립시켜 전투를 유리하게 이끌었어.

↑ 벙커힐 전투
보스턴을 포위한 민병대와 영국군이 벌인 전투야. 그림 가운데에서 죽어 가는 사람은 민병대 사령관이었던 워런 장군이란다. 워런 장군은 민병대를 퇴각시키는 임무를 맡아 싸우다가 전사했지.

없다면서요."

왕수재의 질문에 용선생은 잠자코 고개를 끄덕였다.

"맞아. 일단 영국군과 싸우기로 결정했지만 승리를 확신할 수는 없었지. 그런데 때마침 보스턴 인근의 벙커힐이란 곳에서 영국군과 두 번째 전투가 벌어졌어."

"누가 이겼어요?"

장하다가 두 눈을 반짝였다.

"이 전투에서 대륙군은 영국군에 패배했어. 하지만 영국군도 800명 이상이 부상을 당하고 226명이 목숨을 잃는 커다란 피해를 입었지. 그래서 이때부터 대륙군은 영국군과도 싸워 볼 만하다는 자신감을 얻었단다. 실제로 그 뒤 벌어진 전투에서 워싱턴 장군이

이끄는 대륙군은 보스턴에서 영국군에게 승리를 거두고 보스턴을 차지했어."

"역시 싸움은 붙어 봐야 아는 거죠!"

장하다가 그럴 줄 알았다는 듯 히죽 웃음을 지었다.

"일격을 당한 영국은 본격적으로 전쟁에 뛰어들었어. 식민지 사람들 사이에서도 영국으로부터 반드시 독립해야 한다는 생각이 널리 퍼졌지. 식민지 지식인들은 작은 책자를 출간해서 독립 전쟁의 정당함을 주장했어. 그중 토머스 페인이라는 사람이 쓴 《상식》이라는 책자는 고작 3개월 만에 10만 부가 팔려 나갈 정도로 폭발적인 인기를 누리기도 했어."

↑ **토머스 페인의 《상식》**
토머스 페인은 영국의 식민지 정책을 비판하고, 아메리카 식민지가 독립해야 한다고 주장했어. 《상식》은 식민지 독립을 지지하는 사람들의 베스트셀러였지.

↓ 독립 선언서

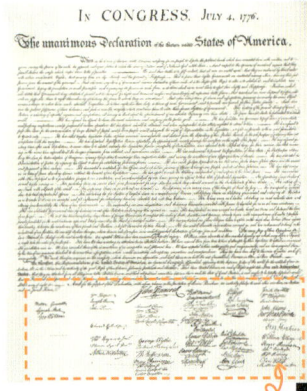

13개 식민지 대표들의 서명이야.

▲ **독립 선언서에 서명하는 식민지 대표들** 식민지 대표들이 한 명씩 독립 선언서에 서명하고 있어. 미국인에게는 기념비적인 사건으로, 이 그림은 미국 2달러 지폐 도안으로도 쓰였지.

용선생의 세계사 돋보기

이날이 오늘날 미국의 '독립 기념일'이야.

"와, 독립을 이루고 싶은 사람이 정말 많았나 봐요."

"그래. 이쯤 되자 평화 협상을 주장하던 사람들도 독립 쪽으로 돌아서게 되었지. 결국 1776년 7월 4일, 13개 주 식민지 대표들이 필라델피아에 모여 독립 선언서를 낭독하고 독립을 선포했단다. 이때부터 대륙회의는 13개 식민지를 대표하는 새로운 연합 조직으로 거듭났고, 조지 워싱턴이 이끄는 대륙군은 영국군과 본격적인 독립 전쟁을 시작했어."

용선생의 핵심 정리

식민지 대표들이 대륙회의를 개최하는 중에 보스턴에서 민병대와 영국군의 충돌이 잇따라 벌어지며 독립 전쟁이 시작됨. 대륙회의는 독립을 선언하고, 조지 워싱턴 장군을 대륙군을 이끌 총사령관으로 임명함.

계몽사상이 오롯이 담긴 미국 독립 선언서

미국 독립 선언서는 훗날 미국의 제3대 대통령이 되는 토머스 제퍼슨, 벤저민 프랭클린 등 독립을 주도하던 수많은 지식인이 함께 작성했어. 미국 독립 선언서는 계몽사상의 핵심적인 내용을 잘 담아낸 글로 평가받는단다. 미국 독립 선언서의 내용을 조금 살펴볼까?

(…) 모든 사람은 평등하게 태어났고, 창조주는 몇 개의 양보할 수 없는 권리를 주었으며, 그 권리 중에는 생명과 자유와 행복의 추구가 있다. 이 권리를 얻기 위해 사람들은 정부를 만들었고, 이 정부의 정당한 권력은 사람들의 동의에서 나온다. 또 어떤 정부든 양보할 수 없는 권리를 침해하거나 빼앗을 경우, 사람들은 언제든지 정부를 개혁하거나 폐지하여 새로운 정부를 만들 권리를 가지고 있다.

평등 정신과 인간의 자유, 기본권을 보장하는 내용을 담고 있어. 또 국가는 인간의 자유와 같은 권리를 보장하기 위해 존재한다는 사회 계약론의 영향을 받았음을 알 수 있지.

(…) 이에 아메리카 연합주의 대표들은 식민지의 선량한 사람들의 이름으로 우리 연합 식민지는 위의 권리에 따라 자유롭고 독립된 국가임을 엄숙히 선언하는 바이다. 우리 국가는 영국의 왕권에 대해 어떤 의무도 지지 않으며, 영국과의 모든 정치적 관계를 완전히 끝내야만 한다. 따라서 우리 국가는 자유롭고 독립된 국가로서 전쟁을 하고 동맹 관계를 맺고, 무역 관계를 수립하는 등 독립 국가가 당연히 해야 할 모든 행동을 할 수 있는 완전한 권리를 갖고 있다.

아메리카 식민지 대표들의 독립 의지와 자유를 향한 열망이 잘 드러난 대목이야. 이 독립 선언서를 시작으로 13개 식민지는 본격적으로 똘똘 뭉쳐 독립 전쟁에 나섰어.

← 토머스 제퍼슨
(1743년~1826년) 미국 독립 선언서를 작성한 사람으로 건국의 아버지로 꼽혀.

← 미국 독립 기념관 인디펜던스 홀
이 방에서 1776년 7월 4일 아메리카 13개 주 식민지 대표들이 모여 독립을 선언했어.

085

영국에 맞서 독립 전쟁이 일어나다

"하지만 독립은 그리 쉽지 않았어. 영국이 총 3만 2천 명에 이르는 군대를 아메리카에 보내 진압에 나섰거든. 이에 비해 워싱턴이 이끄는 대륙군은 싹싹 긁어모아도 2만 명이 채 못 되었지. 게다가 그중 대부분은 훈련도 제대로 받지 못한 민병대였고 말이야."

"흠, 이번에야말로 대륙군이 속수무책으로 밀렸겠군요."

"맞아. 영국군은 식민지에서 가장 큰 도시였던 뉴욕을 점령하고 해안을 따라 남쪽으로 파죽지세로 진군했어. 대륙군은 패배를 거듭하며 계속 밀렸지. 얼마나 처절하게 당했는지 1776년 겨울 즈음이면 워싱턴에게 남은 병사라고는 고작 1,400명밖에 안 될 정도였다. 신병들이 계속 들어왔지만 영국군과 맞상대하기에는 역부족이었지. 1777년 9월 26일이면 영국군은 대륙회의의 본거지였던 필라델피아마저 점령하게 돼."

"우아, 대륙군이 완전히 궁지에 몰린 거네요. 무슨 뾰족한 수가 없나요?"

"대륙회의에게 한 가닥 희망은 있었어. 그건 바로 유럽의 또 다른 강대국인 프랑스에 도움을 요청하는 것이었지. 프랑스는 7년 전쟁에서 영국에 패배한 이후 계속 복수의 칼을 갈고 있었거든. 대륙회의는 거대한 아메리카 식민지가 독립한다면 영국의 국력이 약해질 테

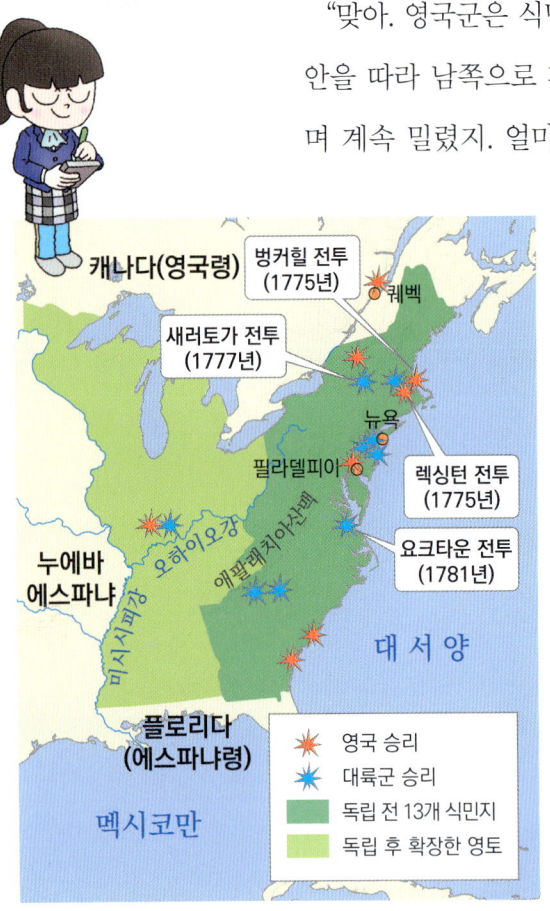

↑ 미국 독립 전쟁의 전개

↑ 파리에서 루이 16세를 만나는 벤저민 프랭클린

니, 프랑스가 도와주리라 믿었어. 그래서 저명한 지식인이었던 벤저민 프랭클린이 직접 사절단을 이끌고 프랑스의 루이 16세를 만나서 지원을 부탁했지."

"근데 대륙회의는 계속 지기만 했다면서요. 설마 프랑스가 그런 대륙회의 편을 들겠어요?"

"프랑스도 처음에는 선뜻 대륙회의를 지원하려 하지 않았어. 하지만 대륙회의에게도 유리한 점이 몇 가지 있었지. 첫째, 대륙군은 영국군에 비해 아메리카의 기후와 지리에 익숙했어. 그래서 빠르게 치고 빠지는 식의 게릴라전으로 영국군을 괴롭혔단다. 게릴라전의 특성상 영국군은 누구와 언제 어디서 싸워야 할지 헷갈려서 제대로 싸울 수가 없었어."

용선생은 손가락을 접어 가며 설명을 이어 나갔다.

"둘째, 보통 전쟁은 적국의 수도를 점령하고 왕을 사로잡으면 이기

장하다의 인물 사전

벤저민 프랭클린
(1706년~1790년) 미국 초기 정치인으로 '건국의 아버지' 중 한 명이야. 공직에 오르지는 않았지만, 프랑스와의 동맹에서 중요한 역할을 하며 미국 독립에 크게 기여했어. 피뢰침, 다초점 렌즈 등을 발명한 발명가이기도 해.

미국이 독립을 이루고 눈부시게 발전하다 **087**

→ **델라웨어강을 건너는 워싱턴**
적을 기습하기 위해 한밤중에 얼어붙은 강을 건너는 워싱턴 장군의 모습이야. 대륙군은 이렇게 치고 빠지는 식의 게릴라전으로 영국을 상대했어.

지만, 13개 식민지는 하나의 나라가 아니었기 때문에 왕도 없고 수도도 없었어. 영국군이 대륙회의의 제일 중요한 도시인 뉴욕을 점령한다고 해도, 대륙군은 다른 도시에서 힘을 모아 다시 반격에 나섰지."

"그러니까 전쟁이 쉽게 끝나지 않는다는 말씀인 거죠?"

"맞아. 마지막으로 영국군의 가장 치명적인 약점이 있었어. 아메리카와 영국 본토가 너무 멀다는 거야. 아메리카와 영국 사이를 오가려면 빠른 배로도 몇 달이나 걸렸기 때문에 영국군은 보급품을 제대로 공급받을 수 없고, 전쟁 비용도 너무 많이 들었지. 그래서 전쟁이 길어질수록 전세는 대륙회의 쪽으로 기울었고, 영국 의회에서는 전쟁을 그만두자는 목소리가 높아졌어. 그러던 중 마침내 대륙군의 대승 소식이 들려왔어. 뉴욕주 북부의 새러토가에서 대륙군이 영국군을 꽁꽁 포위한 끝에 항복을 받아 내고 5천 명이 넘는 병사를 포로로 잡았다는 거야."

왕수재의 지리 사전

새러토가 오늘날 미국 동부의 뉴욕주에 위치한 작은 도시야.

◀ 새러토가 전투에서 패배하고 대륙군에 항복하는 영국군
왼쪽 붉은 재킷을 입은 쪽이 영국군, 오른쪽 막사 앞에 서 있는 사람들이 대륙군이란다.

"와우, 계속 지기만 하더니 이번엔 크게 이겼네요!"

"새러토가 전투를 계기로 독립 전쟁의 흐름은 크게 바뀌었단다. 일단 프랑스는 대륙군이 승리할 가능성이 있다고 판단하고 대륙군을 지원하기로 했어. 반면 영국은 프랑스의 낌새가 심상치 않다는 걸 눈치채고 대륙회의에 협상을 제안했지. '너희들이 바라는 대로 완전한 자치를 인정해 줄 테니 이제 전쟁을 그만하자.'며 대륙회의를 달래기 시작한 거야."

"와, 프랑스가 무섭긴 무서웠나 봐요. 단숨에 영국의 태도가 바뀌다니!"

"당연하지. 프랑스는 유럽의 최강국 중 하나니까. 그런데 영국의 움직임을 본 프랑스는 오히려 한발 더 앞서 나갔어. 대륙회의를 아메리카의 정식 정부로 인정하고 본격적으로 독립 전쟁에 뛰어든 거지."

"와, 프랑스도 발 빠르네요."

▲ **새러토가** 새러토가 전투가 벌어졌던 허드슨강 유역의 모습이야. 이곳은 숲이 무성해서 현지 지형에 익숙한 대륙군에게 훨씬 유리한 전장이었지.

"그리고 프랑스는 대륙회의와 협정을 맺었단다. 이 협정에 따르면 프랑스와 대륙회의가 서로 합의하기 전에는 영국과 평화 협정을 맺지 못하도록 되어 있었지. 다시 말해, 프랑스는 혹시라도 대륙회의가 자치권을 받고 독립을 포기하는 걸 막으려고 한 거야. 이번 기회에 북아메리카의 영국 식민지를 통째로 독립시켜서 영국에 7년 전쟁의 복수를 하려 했던 거지."

"그렇게까지 할 필요가 있나요? 그래 봐야 북아메리카가 프랑스 땅이 되는 것도 아닌데."

곽두기가 뒷머리를 긁적이며 말하자 용선생은 싱긋 웃음을 지었다.

"당연히 그렇게 생각한 사람도 많았어. 여하튼 프랑스가 전폭적으로 지원에 나선 덕에 대륙군은 숨통이 트였단다. 프랑스 해군은 바다를 꽁꽁 틀어막은 영국 해군의 포위를 방해하면서 북아메리카와 유럽을 잇는 바닷길을 다시 열어 주었어. 그 덕분에 대륙회의는 유럽과 무역을 다시 시작하며 전쟁 물자와 자금을 계속 조달할 수 있었지.

그리고 얼마 후에는 영국과 경쟁 관계에 있던 에스파냐와 네덜란드까지 전쟁에 뛰어들어 대륙회의를 돕기 시작했단다."

"상황이 영국에 점점 불리하게 돌아가는군요."

"맞아. 독립 전쟁에 들어가는 비용은 계속 늘어나는데, 승리는 점점 멀어지는 것처럼 보였지. 그러던 1781년 10월, 영국군은 요크타운에서 대륙군과 프랑스 해군의 합동 작전에 걸려들어 포위망에 둘러싸였어. 꼼짝없이 갇힌 영국군은 대륙군에 항복했단다. 요크타운 전투가 끝난 이후 독립 전쟁은 대륙회의의 승리로 사실상 마무리 단계에 접어들었어."

"그럼 이제 아메리카 식민지가 독립하는 건가요?"

"그래. 1783년 파리 조약을 통해 아메리카 13개 식민지는 공식적으로 독립했어. 7년에 걸친 전쟁이 대륙회의의 승리로 막을 내린 거야."

왕수재의 지리 사전

요크타운 버지니아주 동쪽 해안에 있어. 독립 전쟁 당시 영국군의 마지막 거점이었지.

➜ **요크타운 승전 기념탑** 요크타운 전투 승리를 기념하는 높이 30미터의 기념비야. 1884년에 세워졌지. 꼭대기에서 아래를 내려다보는 건 '자유의 여신'이래.

↑ **요크타운 전투** 육지에는 전투 대형을 갖춘 대륙군이, 바다에는 프랑스 함대가 버티고 있어. 적에게 꽁꽁 둘러싸인 영국군은 항복할 수밖에 없었지.

"와, 다윗이 골리앗을 이겼네요."
허영심이 용선생의 말에 감탄했다.

용선생의 핵심 정리

대륙군은 영국군에 일방적으로 밀렸지만, 게릴라전을 통해 새러토가 전투를 승리로 이끌고 프랑스의 지원을 얻어 냄. 대륙군은 프랑스와 함께 영국군을 몰아붙인 끝에 요크타운 전투를 마지막으로 전쟁을 마무리 짓고 1783년 독립을 얻어 냄.

세계 최초의 민주 공화국 미국이 탄생하다

"이제 독립했으니 미국이 탄생한 거죠?"
"그렇긴 한데, 우리가 아는 미국이 탄생하기까지는 과정이 쉽지 않았단다. 사실 대륙회의에 참가한 13개의 식민지는 한 나라가 아니었잖니. 각 주마다 독립 정부와 주민 의회가 따로 있었고, 각자 사정에 맞게 법률도 제각기 다르니 서로 완전히 다른 나라였지."
"어? 그런데 어떻게 한 나라가 된 거예요?"
"13개 나라가 따로따로 살아남기에는 너무나도 힘이 약했어. 특히 경제 문제가 심각했지. 오랜 전쟁으로 13개 나라 대부분이 어마어마한 빚더미에 올라 있었거든. 게다가 13개 나라는 더 이상 영국의 일원이 아니기 때문에 영국의 수많은 식민지와 교역도 어려웠고, 무역량도 크게 줄었지."
"하긴 전쟁을 몇 년이나 했으니 경제가 엉망진창이 될 법하죠."

↑ **미국의 초기 국기**
국기에 그려진 별은 미국의 각 주를 상징해. 13개에서 출발해 주가 하나씩 늘 때마다 별을 하나씩 덧붙였대. 열세 줄의 가로 줄무늬는 독립 전쟁에 참여한 13개 주를 의미하지.

→ **셰이스의 반란**
미국 독립 전쟁 직후에 일어난 반란이야. 반란을 일으킨 농민이 세금 징수꾼을 때려 눕히고 있어. 오늘날 반란의 마지막 전투가 일어난 곳에는 기념비가 세워져 있지.

"도시가 파괴되고 농지가 훼손되어 북아메리카 사람들은 세금을 내는 것도 힘들어졌어. 세금이 걷히지 않자 독립 정부들은 모두 재정난을 겪었고, 몇몇 정부는 파산 위기를 겪기도 했어. 심지어 매사추세츠에서는 큰 농민 반란이 일어나기도 했지. 하루빨리 이런 위기에서 벗어나지 못하면 프랑스나 네덜란드, 에스파냐 같은 유럽 강국들의 먹잇감이 될 수도 있는 위험한 상황이었어."

"서로 힘을 합치지 않으면 큰일 나겠어요."

"그렇지? 그래서 자연스럽게 하나의 나라로 뭉치게 된 거야. 사실 13개 나라의 대표는 이미 영국과 전쟁 중에 통합의 기초를 마련했어. 13개 나라가 각기 독립을 유지하면서도 공동의 사안에 대해서는 함께 대처할 수 있도록 연합 국가를 결성하기로 한 거지. 이때 나라 이름을 아메리카 합중국으로 정했고, 13개 나라는 미국의 13개 주가 되었단다."

"아하, 미국이 그렇게 만들어진 거군요."

나선애의 세계사 사전

아메리카 합중국 미국의 공식 명칭은 '유나이티드 스테이츠 오브 아메리카(United States of America)'야. 우리말로 그대로 옮기면 '아메리카의 주(州) 연합'이고, 한자로는 합할 합(合), 무리 중(衆)을 써서 '합중국'이라고 부르지. 합중국이란 단어가 곧 미국을 의미하기도 한단다.

"하지만 이제 막 만들어진 연합 정부는 별 힘이 없었어. 그래서 독립 후 각 주가 여러 가지 문제를 겪게 되자, 각 주의 여러 문제를 해결해 나가기 위해 공동의 헌법을 만들고 제대로 된 정부를 구성하자는 목소리가 커졌단다. 각 주의 대표들은 필라델피아에 모여 헌법에 대해 의논하기 시작했지."

"어떤 헌법을 만들었는데요?"

"13개 주의 대표들은 일단 미국이 국민 개개인의 자유와 권리를 보장하는 나라가 되어야 한다는 데에 동의했어. 바로 그게 독립 선언문에 나와 있는 정신이었으니까 말이야. 그래서 국민들의 투표를 통해 구성한 의회가 법을 만들고, 역시 투표를 통해 선출한 대통령이 나라를 다스린다는 헌법을 만들었어."

"어, 지금 우리나라처럼 말이죠?"

용선생의 세계사 돋보기

연합 정부는 세금을 거둘 권한이 없었어. 세금 대신 각 주가 낸 기부금에 의해 운영했지. 영국 정부처럼 연합 정부기 막대한 세금을 부과하는 일이 없도록 만든 조처였어. 그러다 보니 정부의 재정 기반이 취약해 별 힘이 없었던 거야.

↑ **필라델피아에서 열린 헌법 제정 회의** 각 주에서 투표로 선출된 55명의 의원들은 1787년 필라델피아에 모여 헌법 제정을 의논했어. 이때 대륙군 총사령관이었던 조지 워싱턴이 의장을 맡았지.

"지금과는 달라. 어느 정도 재산이 있어서 재산세를 내는 사람에게만 투표권을 주었거든. 그래도 세계 최초로 왕이나 귀족처럼 특권을 누리는 사람 없이 모든 국민이 나라의 주인이 되는 민주 공화국을 만들었다는 점에서는 의미가 깊지. 그래서 미국 독립 전쟁을 단순한 전쟁이 아니라 '독립 혁명'이라고 부르기도 해."

"오호라. 이제 보니 미국의 탄생이 꽤나 의미가 큰 사건이었네요."

"하지만 헌법이 통과되는 과정이 순탄치는 않았어. 앞으로 13개 주 전체를 다스리게 될 연방 정부에 어느 정도의 권력과 권한을 부여할지를 놓고 치열한 논쟁이 벌어졌거든. 미국 사람들은 앞으로 미국이 공동으로 처한 위기를 대처하려면 연방 정부가 필요하다는 '연방파'와 연방 정부 따위는 굳이 필요 없으니 헌법을 다시 만들어야 한다는 '반연방파'로 입장이 엇갈렸어."

"반연방파는 왜 그렇게 연방 정부를 반대한 거죠?"

"반연방파는 연방 정부가 각 주의 자유를 침해하고 간섭할까 봐 우려한 거야. 연방 정부가 독립 전쟁으로 쫓아낸 옛 영국 정부와 별다를 것이 없다고 여긴 거지. 심지어 처음엔 공화국이던 로마가 결국엔 제국이 되었듯이, 대통령도 나중에는 왕이 될 거라고 주장하는 사람도 있었어."

"그럼 어떻게 해요?"

영심이가 입을 비죽 내밀며 중얼거리자 용선생은 웃음을 지었.

"그렇다고 두 파가 완전히 의견이 다른 건 아니었어. 그래서 연방파는 반연방파와 공통점을 찾아 가며 계속 설득했단다. 일단 연방파와 반연방파 모두 사회 계약론을 지지했어. 사회 계약론에 따르면 정

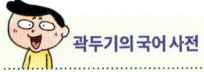

연방 잇닿을 연(聯) 나라 방(邦). 자치권을 가진 여러 나라가 하나로 연합해서 구성한 국가를 말해.

부는 어디까지나 국민 모두의 기본권을 지키기 위해 만들어진 것이니, 정부는 국민의 기본권을 침범할 만큼 강력한 권력을 가져선 안 됐지. 그래서 미국인들은 연방 정부의 권한이 지나치게 강해지지 않도록 견제 장치를 마련했단다."

"어떤 견제 장치를 마련했는데요?"

"예전에 몽테스키외라는 계몽사상가의 생각을 이야기한 적이 있는데, 기억이 날지 모르겠구나. 바로 법을 만드는 기관, 법에 따라 나라를 다스리는 기관, 그 법에 따라 재판을 하는 기관을 따로 두는 거야."

"아! 삼권 분립 말씀하시는 거죠?"

나선애가 놀라운 듯 눈썹을 위로 추켜올렸다.

"맞아. 미국인들은 삼권 분립의 원칙에 따라 정부를 나누어 대통령

곽두기의 국어사전

삼권 분립 석 삼(三) 권세 권(權) 나눌 분(分) 설 립(立). 하나의 권력을 세 개의 기구로 각각 나누었다는 뜻이야. 보통 입법부, 사법부, 행정부로 나누어지지.

을 중심으로 한 행정부, 연방 의회를 중심으로 한 입법부, 연방 대법원을 중심으로 한 사법부를 각각 구성했단다. 권력이 어느 한 곳에 쏠리지 않고 서로 균형을 이루어서 국민의 기본권을 침해하는 일이 없도록 한 것이지."

"일단 왕처럼 마음대로 권력을 휘두르는 대통령이 나올 수는 없겠네요."

"맞아. 그런데 또 한 가지 중요한 게 있어. 연방에 참가한 13개 주의 의견을 골고루 반영하고 각각의 자유와 권리를 보장할 수 있도록 연방 의회를 만드는 방법이지."

"그건 그냥 각 주마다 한 사람씩 대표를 보내면 간단한 것 아닌가요?"

장하다의 말에 용선생은 빙긋 미소를 지었다.

↑ 미국 상원 상원은 주로 외국과의 조약 체결이나 전쟁 참여를 의결하는 등 대외적인 정책을 결정해. 또 고위 관리 임명에 동의하는 권한을 갖고 있고, 하원이 만든 법안을 거부할 권한도 가지고 있지.

"그건 곤란해. 그런 식이면 예컨대 인구가 10만 명인 주에서도 한 명, 1만 명인 주에서도 한 명을 뽑아서 보내란 뜻인데…… 그건 민주주의 원칙에 어긋나잖니?"

"흠, 그것도 그러네요. 그럼 인구가 많은 주에서는 대표를 많이 뽑아서 보내야 하나?"

"그것도 문제야. 그렇게 되면 연방 의회에서는 모든 일이 인구가 많은 주 위주로 결정될 테니까, 인구가 적은 주의 권리는 보장받지 못할 수도 있었거든. 결국 미국인들은 의회를 두 개로 나누어서 이 문제를 해결했단다."

"의회를 두 개로 나눈다고요?"

"응. 의회를 나랏일의 성격에 따라 상원과 하원 두 개로 나눠 구성한 거야. 나라의 큰 정책을 결정하는 상원은 인구와 관계없이 모든

↑ **미국 하원** 하원은 주로 세금이나 경제 정책 등 국민들의 생활과 직접 관련된 정책을 결정하고 대부분의 법률을 만들어. 또 대통령을 비롯한 대부분의 공무원을 파면할 수 있는 권한을 가지고 있지.

주에서 똑같이 2명의 의원을 뽑아서 구성했고, 실제 생활과 관련된 정책을 결정하는 하원은 인구에 따라 의원을 뽑아서 구성했지. 그리고 인구가 적은 주가 피해를 보는 일이 없도록 하원이 만든 법을 상원이 거부할 수 있게 했단다."

"이야, 머리 좀 썼네요."

"흐흐. 이렇게 해서 연방 의회 구성도 마무리되었지만, 아직도 해결해야 할 문제는 산더미였어. 대통령 선출 방식, 국민의 기본권 보장……. 특히 반연방파들은 국가 권력이 개인의 자유를 침해할 가능성이 있다는 게 여전히 큰 걱정이었어. 그래서 헌법에 이중 안전 장치로 '인간의 자유와 권리'를 위해 꼭 필요한 내용을 추가했단다. 미국의 헌법 추가 조항은 계몽사상가들이 오랫동안 꿈꿔 왔던 정치 사상의 결정판이라고 할 만했지."

"흠, 계몽사상을 미국 사람들이 가장 잘 실천한 거로군요."

다들 고개를 끄덕이며 감탄사를 내뱉었다.

"1789년, 연방 의회 의장을 맡았던 조지 워싱턴을 미국의 첫 번째 대통령으로 선출하며 드디어 연방 정부가 출범했단다. 하지만 연방 정부의 앞길은 순탄치 않았어."

"이번에는 또 뭐가 문제인가요?"

"여전히 연방 정부의 역할이 문제였어. 사실 독립 전쟁 중에는 대농장이 많고 농업이 발달한 남부보다는 도시가 많고 상공업이 발달한 북부의 피해가 심각했어. 전쟁으로 외국과의 교역이 끊기고 도시가 파괴되는 바람에 피해를 빠르게 회복하기도 어려웠지. 그래서 뉴욕이나 매사추세츠 같은 북부의 주들은 연방 정부가 적극적으로 나

용선생의 세계사 돋보기

1789년 미국에서 최초로 대통령 선거가 실시되었어. 하지만 이때까지도 이 헌법을 비준하지 않은 주가 있어서 10개 주에서만 대통령 선거인단이 구성되었어. 각 주에서 선출된 69명의 선거인단은 각각 두 표씩 행사할 수 있었는데, 한 표씩은 모두 조지 워싱턴에게 투표했어. 이로써 조지 워싱턴은 미국 역사상 유일하게 만장일치로 미국의 초대 대통령에 선출되었고, 두 번째로 많은 표를 획득한 존 애덤스가 부통령이 되었어.

서서 침체된 경제를 살려야 한다고 주장했단다. 연방 정부가 주 정부의 빚을 대신 갚고, 연방 은행을 만들어서 적극적으로 투자에 나서자는 것이었지."

"맞는 말인 것 같은데요. 그러려고 연방 정부를 만든 거잖아요?"

"그렇지만 버지니아나 조지아 같은 남부의 주들은 반대하는 입장이었어. 말이 연방 정부가 나서는 거지, 사실상 남부에서 낸 세금으로 북부의 전쟁 피해를 복구해 주는 꼴이었으니까 말이야."

"으으, 듣고 보니 그것도 또 맞는 말이네요. 그럼 어떡하죠?"

장하다가 머리를 감싸쥐었다.

"흐흐. 그래도 미국인들은 오랜 시간 토론을 거쳐 타협하며 문제를 해결했단다. 북부 주의 요구대로 연방 정부가 주 정부의 빚을 갚아 주는 대신, 미국의 수도를 남부에 좀 더 가까운 곳에 짓기로 해 남부 주도 같이 발전할 수 있도록 했어. 이때까지 미국의 수도는 뉴욕이었는데, 너무 북쪽에 치우쳐 있어서 남부의 주들은 불만이 많았거든. 그래서 버지니아주의 동부 해안에 건설된 게 바로 오늘날 미국의 수도인 워싱턴 D.C.야."

 곽두기의 국어 사전

침체 가라앉을 침(沈) 막힐 체(滯). 어떤 현상이 발전하지 못하고 제자리에 머무는 상황을 가리키는 말이야.

◆ **미국의 수도 워싱턴 D.C.** 오늘날 워싱턴 D.C.에는 연방 의회와 행정부, 대법원 등 주요 기관이 모여 있어. 원래 이곳은 황량한 늪지대였고, 1800년까지도 인구가 3,200명에 불과한 작은 마을이었대.

미국의 헌법 추가 조항

미국 헌법은 크게 본문 7개조와 이후에 수정하거나 보완한 추가 조항 27개조를 합쳐 총 34개조로 구성되어 있어. 본문 7개조는 입법부, 행정부, 사법부 등 각 권력 기관이 어떤 역할을 하는지를 규정하고, 추가 조항 27개조는 주로 국가 권력이 침해할 수 없는 개인의 자유와 권리를 다루고 있지.

이 추가 조항은 연방 정부의 권력이 지나치게 커지는 것을 염려한 반연방파의 의견을 반영해 국가 권력을 견제하는 내용을 담고 있단다. 특히 처음 추가된 조항 10가지를 연방 정부의 '권리장전(Bill of Rights)'이라고도 해. 이후로도 시대의 필요에 따라 여러 가지 조항이 추가되었는데, 그중 1865년 노예 해방을 가져온 추가 조항 제13조와 1920년 여성의 참정권을 보장한 추가 조항 제19조가 유명해.

처음으로 추가된 10개 조항은 미국의 이상을 잘 표현하고 있어. 미국 사회가 무엇보다 중시하는 것은 개인의 자유이며, 권력은 개인의 자유를 지키는 데 쓰여야 한다는 이상이지. 몇몇 조항을 살펴볼까?

▲ **1787년에 만들어진 미국 헌법 초안**
미국 헌법 초안은 총 4장으로 구성되어 있어. 연방 의회는 미국 헌법에 자유와 평등, 삼권 분립의 원칙 등을 명시해 두었지.

추가 조항 제1조. 연방 의회는 국교를 정하거나 또는 자유로운 신앙 행위를 금지하는 법률을 제정할 수 없다. 또한 언론, 출판의 자유나 국민이 평화로이 집회할 수 있는 권리, 불만 사항 개선을 정부에 요청할 수 있는 권리를 제한하는 법률을 제정할 수 없다.

종교, 언론, 출판, 집회의 자유를 철저히 보장하는 조항이야. 또한 정부가 독단적으로 국교를 정하는 것을 엄격하게 금지했지. 이 조항에 따라 오늘날도 미국은 세계에서 가장 폭넓게 표현의 자유를 인정하고 있어.

추가 조항 제2조. 잘 규율된 민병대는 자유로운 주의 안보에 필수적이므로, 무기를 소장하고 휴대하는 인민의 권리는 침해될 수 없다.

혹시 있을지도 모르는 안전 문제에 있어 개개인이 스스로를 보호할 수 있도록 무기를 휴대할 수 있는 권리를 보장하는 조항이야. 한편으로는 연방 정부의 횡포에 맞서 저항할 수 있는 권리를 보장하는 조항으로 해석하기도 해. 이 조항 때문에 지금도 미국 시민은 총기를 자유롭게 소지할 수 있어. 하지만 최근에는 잇따르는 총기 사고 때문에 논란이 되고 있단다.

↑ **미국의 총기 상점** 미국 시민들은 기본적인 신분 확인 절차만 거치면 총기를 자유롭게 살 수 있어.

추가 조항 제9조. 헌법에서 열거한 권리들이, 인민이 갖고 있는 다른 권리를 부정하거나 가볍게 여기는 것으로 해석돼서는 안 된다.

헌법에서 미처 언급하지 못한 기본권까지도 보호하려는 조항이야. 헌법에 없다는 이유로 사람으로서 당연히 누려야 할 권리가 무시되어선 안 된다는 거지. 연방 정부가 강력한 권력을 휘두를까 우려한 반연방파의 의심을 없애기 위해 추가된 조항이야.

워싱턴 D.C.의 언론 박물관 → 외벽에 새겨져 있는 추가 조항 제1조

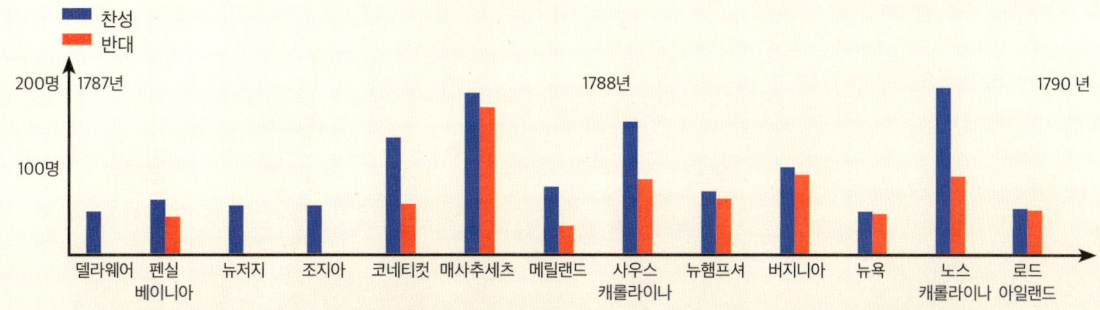

↑ **13개 주의 미국 헌법 비준 과정** 미국 헌법이 모든 주에서 비준되기까지는 무려 3년이 걸렸지. 몇몇 주에서는 찬성과 반대 의견이 대립해 헌법이 가까스로 통과되었단다.

→ 의회에서 연설하는 미국 대통령
미국은 오늘날까지도 강력한 대통령의 지도 아래 민주당과 공화당 양당이 의회에서 치열한 토론을 벌이며 나라를 이끌어 나가는 정치 제도를 유지하고 있어.

용선생의 세계사 돋보기

사실 '대통령'이란 직위는 역사상 처음으로 등장하는 거라 대통령의 권한이 어디까지인지는 구체적으로 결정하기가 어려웠어. 워싱턴은 마치 유럽의 국왕처럼 행동하고 여러 가지 결정을 내렸는데, 워싱턴의 이런 행동 때문에 결과적으로 대통령의 권한이 강해지게 되었단다.

"수도 이름이 워싱턴? 조지 워싱턴 이름을 붙인 거 맞죠?"

나선애의 질문에 용선생은 고개를 끄덕였다.

"맞아. 워싱턴은 모든 미국인에게 존경받는 지도자였거든. 워싱턴은 서로 잦은 의견 대립을 보이던 남부와 북부 주 사이에서 균형을 잡고 미국의 정치를 안정시키는 데에 중요한 역할을 했어. 미국에서는 이때 만들어진 정치적 전통이 오늘날까지 전해 내려온단다. 의회에서 두 개의 당이 날카롭게 대립하고, 대통령이 그 사이에서 균형을 잡으며 나라의 중요한 일들을 결정하는 거지."

"와, 이제 보니 엄청 오래된 전통이었군요."

"그럼. 미국은 세계에서 가장 오랜 역사를 가진 민주 공화국인걸. 미국 정치가 이렇게 건강하게 뿌리를 내릴 수 있었던 건 뭐니 뭐니 해도 국민들이 열성적으로 정치에 관심을 가진 덕분이야. 독립 전쟁을 치르고, 토론을 통해 헌법과 정부를 만들어 가는 과정에서 과거에는 정치에 관심 없던 사람들도 정치에 관심을 갖게 되었거든. 여성도 빠지지 않았지. 미국의 여성은 남자 못지않게 독립 전쟁에 열성적으로 참여했어. 부상병을 치료하는 간호사뿐 아니라 전장에서 군인을 돕기도 하고 스파이 역할을 맡았던 여성도 있었지. 게다가 남자들이 전쟁에 나가 싸우는 사이 남자들이 맡던 모든 일을 떠맡으며 사회적으로 목소리도 커진 상태였단다. 같은 시대 바다 건너 유럽에서는 찾아볼 수 없는 일이었지."

"나라는 유럽보다 늦게 생겼는데, 많은 면에서 앞서는 나라가 되어 가는 것 같아요."

영심이가 고개를 끄덕였다.

▲ **몰리 피처** 미국 독립 전쟁에 참가한 전설 속의 여성으로 물통을 날라 대포를 식히거나 병사들이 목을 축이도록 도왔대. 실제로 마거릿, 데보라 샘슨 등 몇몇 여성은 무기를 들고 전투에 직접 참여하기도 했어.

> **용선생의 핵심 정리**
>
> 미국인들은 연방 정부의 역할을 두고 갈등을 빚었으나 연방 정부의 권한을 제한하고 국민의 자유와 권리를 보장하는 추가 조항을 마련하는 등 타협을 통해 문제를 해결함. 첫 대통령인 조지 워싱턴은 강력한 지도력으로 미국 사회를 안정시킴.

서쪽으로 영토를 넓히는 미국

"1800년대 미국은 안정을 되찾으며 서서히 발전했어. 유럽에서 벌어진 전쟁 때문에 잠시 남부와 북부 주 사이의 의견이 대립하긴 했

용선생의 세계사 돋보기

프랑스 대혁명 중에 영국과 프랑스 사이에 전쟁이 벌어졌어. 독립 전쟁 때 미국과 프랑스 사이에는 동맹 조약이 체결되었기 때문에 프랑스를 지원할 것인지를 두고 남부와 북부 사이에 의견이 갈렸어.

지만, 의도적으로 유럽과 거리를 두고 철저히 중립을 지키며 영토 확장에만 힘썼단다."

"유럽과 거리를 두다니요?"

"자칫 유럽의 전쟁에 휘말려 봤자 미국에 아무런 이익이 없다고 생각했기 때문이야. 무엇보다도 북아메리카에서 개척해야 할 새로운 땅이 많아서 외부에 신경 쓸 겨를도 없었어."

"개척할 새로운 땅이 있었어요?"

"그럼~. 미국 정부는 독립 이후 영국이 차지하고 있던 땅을 넘겨받았고, 영국 편이던 사람들에게서 많은 땅을 몰수했어. 그리고 그것 말고도 어마어마한 땅이 생겼거든. 이 지도를 보렴."

"와, 미국이 넓긴 넓네요."

"그렇지? 일단 애팔래치아산맥을 넘어 미시시피강에 이르는 영역은 독립을 통해 영국한테서 얻어 낸 땅이야. 이 땅만 해도 원래 13개

왕수재의 지리 사전

애팔래치아산맥 미국 동남부의 앨라배마, 조지아, 플로리다주에 걸쳐 있는 산맥이야. 전반적으로 완만하고 낮은 편이래.

미시시피강 미국 중부에서부터 카리브해로 흐르는 강으로, 미국에서 두 번째로 긴 강이야.

➜ 미국의 팽창

약 30년 만에 영토가 이렇게 넓어지다니!

식민지 영토보다 넓을 정도였단다. 그런데 몇 년 뒤에는 서쪽으로 그보다 훨씬 넓은 땅이 생겼어. 바로 루이지애나였지. 루이지애나는 북아메리카 서부의 로키산맥에서 미시시피강에 이르는 엄청난 면적의 땅인데, 한반도의 열 배나 돼."

"와, 진짜 넓네요. 그런데 그 큰 땅이 어떻게 생겼어요?"

"1803년에 프랑스로부터 통째로 사들였단다."

"저 드넓은 땅을 돈 주고 샀다고요?"

장하다는 도통 믿기지 않는 눈빛이었다.

"미국이 루이지애나를 사들이게 된 계기는 바로 루이지애나 끄트머리에 있는 뉴올리언스 때문이었어. 뉴올리언스는 미시시피강이 바다로 흘러드는 곳에 자리 잡은 중요한 무역항이야. 아메리카 대륙 내부의 온갖 무역품은 미시시피강을 통해 뉴올리언스 항구에 모였다가 세계 곳곳으로 수출됐지."

"아하, 그러니까 미국에게는 뉴올리언스가 꼭 필요한 도시였네요?"

왕수재의 지리 사전

로키산맥 캐나다에서 시작해 미국 서부까지 쭉 뻗은 산맥이야. 길이가 장장 4,800킬로미터에 달하지. 남아메리카의 안데스산맥만큼 높고 험하기로 유명해.

➡ **미시시피강의 증기선** 관광객을 위해 예전 모습을 갖춰 운항하고 있어.

➡ **오늘날 뉴올리언스** 미시시피강 하류에 위치한 도시로, 오늘날에도 미시시피강 교통의 중심지이자 미국 남부의 대도시란다.

↑ **토머스 제퍼슨**
(1743년~1826년) 미국의 제3대 대통령 토머스 제퍼슨은 루이지애나 구입 협상을 주도했어. 독립 선언서 초안을 작성한 인물로, 2달러 지폐 모델이기도 하지.

나선애가 지도를 들여다보며 질문하자 용선생이 고개를 끄덕였다.

"뉴올리언스를 포함한 광활한 루이지애나는 원래 프랑스 식민지였어. 하지만 7년 전쟁에서 프랑스가 패배한 이후 에스파냐 땅이 되었어. 미국은 독립 이후 에스파냐와 조약을 맺어서 미시시피강과 뉴올리언스 항을 자유롭게 이용했지. 근데 1800년에 프랑스가 에스파냐로부터 루이지애나를 되찾은 거야. 미국은 혹시라도 프랑스가 에스파냐와 달리 미시시피강과 뉴올리언스 출입을 막을까 봐 걱정이 됐단다. 프랑스가 뉴올리언스를 딱 막아 버리면 미국은 수출에 큰 타격을 입게 되거든."

"그래서 돈을 주고 사기로 한 거군요?"

"맞아, 미국은 한참 고민하다가 이렇게 결론을 내렸어. '이럴 바에는 그냥 정식으로 프랑스로부터 뉴올리언스를 사들여서 맘 편하게 이용하자!' 그래서 프랑스에 사람을 보내 1,000만 달러에 뉴올리언스를 사겠다고 했지."

"그런데요?"

"근데 이게 웬걸? 미국의 요청을 받은 프랑스는 되레 한 걸음 더 나갔어. 뉴올리언스뿐만 아니라, 루이지애나 전부를 1,500만 달러에 팔겠다고 제안한 거야. 이걸 요즘 돈으로 환산하면 대략 2억 2천만 달러 정도가 돼. 할리우드 블록버스터 영화 한 편 제작비 정도밖에 안 되는 돈이란다."

← **뉴올리언스 성조기 게양식** 미국에 팔린 루이지애나 뉴올리언스에서 프랑스 국기가 내려지고 미국 국기가 게양되고 있어.

← **루이지애나 구매 100주년 기념우표**

"정말이에요? 프랑스는 왜 그렇게 손해 보는 제안을 한 거죠?"

나선애가 고개를 갸웃거렸다.

"프랑스로서는 머나먼 아메리카까지 군대를 보내서 루이지애나를 지키는 게 큰 부담이었어. 이때 프랑스는 전 유럽을 상대로 전쟁을 벌이는 중이었거든. 프랑스의 주적은 영국이었는데, 혹시나 막강한 영국 해군이 대서양을 건너가서 루이지애나를 차지해 버리면 꼼짝없이 빼앗길 게 뻔했지. 그 꼴을 당하느니 그냥 돈을 받고 파는 게 낫다고 생각했던 거야. 게다가 전쟁 자금이 부족하기도 했고."

"와, 그럼 맘 바뀌기 전에 당장 사야죠."

"흐흐, 간단치만은 않았어. 미국 내부에서도 찬성과 반대가 엇갈렸거든. 막 탄생한 미국에게는 1,500만 달러도 큰돈이었고, 이 당시 루이지애나는 황무지가 대부분이라 쓸모없는 땅으로 여겨졌거든. 하지만 결국 미국은 루이지애나를 사들였고, 루이지애나 구입은 머지않

미국이 독립을 이루고 눈부시게 발전하다 **109**

아 미국 역사상 가장 현명했던 거래로 평가받게 된단다. 루이지애나를 사들인 덕택에 미국은 영토를 두 배로 넓힐 수 있었어. 1819년에 미국은 에스파냐에게서 플로리다를 사들였지. 이로써 북아메리카의 동쪽 절반을 차지한 거대 국가가 되었어."

"휴, 여태까지 미국이 땅을 사서 영토를 넓혔을 거라곤 생각 못 했어요."

"음, 근데 여기엔 한 가지 생각해 볼 중요한 문제가 있어. 바로 아메리카 원주민이야. 루이지애나에는 이미 수천 년 동안 대대손손 삶의 터전을 지켜 온 원주민이 있었거든. 엄연히 따지자면 이 땅의 주인은 프랑스도 미국도 아닌 아메리카 원주민이었지. 그런데 미국과 프랑스는 원주민을 싹 무시한 채로 자기들 마음대로 땅을 사고팔았던 거야."

"결국 미국은 원주민의 땅을 빼앗은 셈이네요."

↑ 눈물의 길 추모비

→ 눈물의 길 1830년의 '원주민 이주법' 때문에 원주민들은 갖은 고생을 하며 원주민 보호 구역으로 이동했는데, 이들이 이주했던 길을 '눈물의 길'이라고 해. 강제 이주 과정에서 4천 명 가까운 원주민이 목숨을 잃었지.

영심이가 입술을 살짝 깨물었다.

"1830년 미국은 원주민을 보호한답시고 오늘날 오클라호마 지역에 원주민 보호 구역을 만들고는 미국 곳곳의 원주민을 강제로 이주하도록 했어. 원주민들은 눈물을 머금고 수천 킬로미터나 되는 길을 걸어서 낯선 황무지로 떠나야 했단다."

"그게 무슨 보호예요? 정말 너무하네!"

▲ 아메리카 원주민의 강제 이주

"사실 미국과 원주민 사이의 갈등은 어제오늘 일이 아니었어. 식민지 정착 초기부터 서쪽으로 땅을 넓히려는 정착민 때문에 충돌이 잦곤 했지. 그래서 이미 1810년대부터 미국 곳곳에서는 아메리카 원주민과 전쟁이 진행 중이었단다."

"에구, 이제 땅도 꽤 많은데 원주민과 사이좋게 지내면 안 되는 건가요?"

"그게 말처럼 쉽지가 않았어. 미국인들은 자신들이 아메리카 전체를 다스리는 게 신이 정해 준 운명이라고 생각했거든. 미개한 원주민이 사는 땅을 앞선 제도와 발달한 문명을 가진 미국인의 땅으로 바꾸는 것이 자신들의 사명이라고 믿었던 거야."

"그게 무슨 황당한 소리래요?"

나선애가 어이가 없다는 표정을 지었다.

"미국 군대는 계속해서 원주민을 죽이고 땅을 빼앗았어. 아예 원주민이 계속 늘어나지 못하도록 여자와 아이들까지도 잔혹하게 죽였지. 앤드루 잭슨 같은 인물은 이렇게 원주민 학살에 앞장선 공으로

곳곳에 살던 원주민을 한곳으로 몰아 버렸네!

왕수재의 지리 사전

오클라호마 미국 중남부 지역에 위치한 주로, 아직도 대부분 지역이 원주민 자치 구역으로 남아 있어.

미국이 독립을 이루고 눈부시게 발전하다 **111**

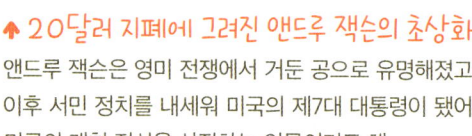

▲ **20달러 지폐에 그려진 앤드루 잭슨의 초상화** 앤드루 잭슨은 영미 전쟁에서 거둔 공으로 유명해졌고, 이후 서민 정치를 내세워 미국의 제7대 대통령이 됐어. 미국의 개척 정신을 상징하는 인물이기도 해.

◀ **미국인을 이끄는 컬럼비아 여신** 미국인들이 여신의 보호를 받으며 앞으로 나아가는 모습을 그린 그림이야. 왼쪽 한편에 미국인에게 쫓겨나는 원주민이 작게 그려져 있지.

 용선생의 세계사 돋보기

1835년 미국의 잭슨 대통령이 플로리다에 살던 원주민 전부를 미시시피강 서쪽으로 강제 이주시켰어. 세미놀족이 7년간 저항하며 싸웠지만 실패로 끝나고 말았지. 하지만 그 뒤 1858년까지 크고 작은 충돌이 계속 이어졌어.

의회에서 감사패를 받았고, 훗날 미국 제7대 대통령의 자리에까지 오르게 됐단다."

"세상에, 그런 잔인한 짓을 한 사람이 대통령이 되다니……."

"그야 당시에 미국 사람들은 원주민이 사라지면 자기 땅이 생긴다고 생각했으니까. 미국은 계속해서 플로리다에 살던 원주민까지 강제로 원주민 보호 구역으로 이주시키며 땅을 넓혀 나갔어. 이렇게 원주민을 내쫓은 땅에 정착한 이주민들은 원주민의 땅에 커다란 농장을 만들고 학교와 도서관을 지어서 새로운 마을을 만들었지. 미국의 활발한 영토 확장은 이렇게 원주민의 희생과 맞물려 있단다."

◀ **미국군에 맞서는 세미놀족** 플로리다의 세미놀족이 미군의 수색을 피해 몸을 숨기고 있어. 세미놀족과 미국의 전쟁은 7년간 계속됐지.

▲ **텍사스주의 중심 도시 오스틴** 미국 중남부에 있는 텍사스주는 석유를 비롯해 여러 지하자원이 매우 풍부한 지역이야. 그 덕분에 오늘날 미국에서 두 번째로 인구가 많은 주로 성장했어.

"쫓겨난 원주민을 생각하니 너무 슬프고 화가 나요."

허영심이 눈물을 글썽거렸다.

"이렇게 미국의 확장이 계속되자 이웃 나라 멕시코도 큰 피해를 보았단다. 루이지애나 남쪽에 있는 텍사스와 서쪽에 있는 캘리포니아는 원래 멕시코의 땅이었는데, 1845년과 1848년에 각각 미국 땅이 되었거든. 그런데 미국이 이 땅을 차지하는 과정도 좀 기묘해."

"어땠는데요?"

"먼저, 미국 출신 이주민들이 국경을 넘어 텍사스 지역에 정착하기 시작했어. 미국인이 너무 많아지자 멕시코는 미국인의 이주를 막고 멕시코 법을 엄하게 적용하려고 했지. 이주민에게 가톨릭으로 개종

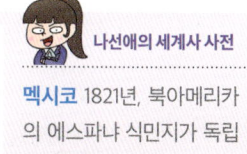

나선애의 세계사 사전

멕시코 1821년, 북아메리카의 에스파냐 식민지가 독립하며 세워진 나라야.

미시시피강을 거슬러 태평양까지 탐험에 나서다

1803년 프랑스로부터 루이지애나를 사들인 제퍼슨 대통령은 미시시피강을 따라 루이지애나를 지나 태평양까지 갈 탐험대를 모집했어. 루이지애나는 넓긴 했지만, 여태까지 어떤 땅인지 제대로 알려진 바가 없었거든.

1년 뒤, 탐험가 메리웨더 루이스와 윌리엄 클라크가 대원들을 이끌고 미시시피강을 거슬러 탐험에 나섰어. 두 탐험가는 루이지애나를 거쳐 미국 북서쪽으로 계속 나아갔지. 탐험대는 탐험 도중 만난 수많은 원주민과 교류하며 주변 지역 정보를 얻었어. 원주민에게 얻은 정보를 바탕으로 탐험대는 수많은 강과 호수를 발견했고, 이걸 지도로 만들어 제퍼슨 대통령에게 보고했지.

↑ 원주민 치누크족과 마주친 루이스 탐험대

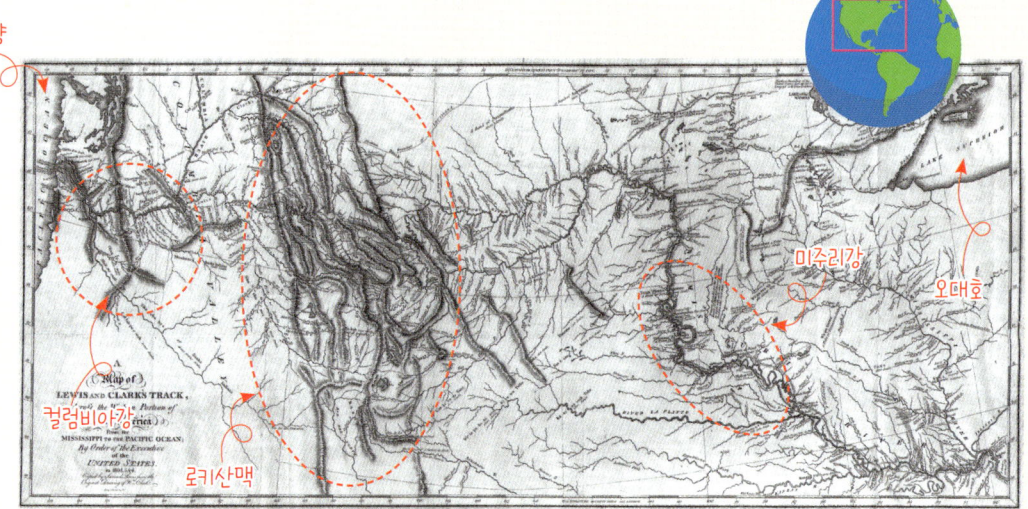

↑ 루이스, 클라크 탐험대가 작성한 지도 탐험대는 2년간 서부를 탐험한 결과를 바탕으로 컬럼비아강, 미주리강, 로키산맥 등 서부 지역을 정확히 묘사한 지도를 만들었어.

2년에 걸친 탐사 끝에 두 탐험가는 태평양 연안에 도착했어. 그동안 미국인에게 미지에 싸여 있던 북아메리카의 서부가 처음으로 모습을 드러낸 순간이었지.

이후 미국은 캐나다에서 접근해 온 영국, 베링 해협을 건너온 러시아, 캘리포니아에서 접근한 에스파냐와 국경 분쟁을 겪었지만, 최종적으로 영국과 미국이 북위 49도를 경계선으로 정하면서 오늘날 미국과 캐나다의 서부 국경이 정해졌단다.

◀ 미국의 서부 영토 확장

독립을 이룬 지 고작 100년 만에 거대한 나라가 됐네!

하고 노예제를 폐지하라는 명령을 내린 거야. 그러자 미국 출신 이주민들은 멕시코에 반발해서 텍사스의 독립을 선언하고, 뒤이어 아메리카 합중국에 하나의 주로 가입하겠다고 선언했단다."

"으엥? 멕시코는 눈 뜬 채로 땅을 빼앗긴 셈이네요."

"멕시코는 서둘러서 텍사스로 군대를 보내 독립을 막으려 했지. 그러자 미국이 끼어들면서 미국과 멕시코 사이에 전쟁이 벌어졌단다. 멕시코는 이 전쟁에서 패해 텍사스를 고스란히 미국에 넘겼어. 그뿐만 아니라 3년 뒤인 1848년에는 서쪽의 캘리포니아도 헐값에 넘길 수밖에 없었지. 이렇

▲ 샌재신토 전투 1836년 샌재신토강에서 벌어진 전투에서 텍사스군은 멕시코군에 대승을 거두며 멕시코에서 독립했어. 이후 1845년에 텍사스는 미국의 18번째 주가 됐어.

오늘날 미국은 세계에서 세 번째로 큰 나라야. 1위인 러시아와 2위인 캐나다가 영토의 대부분이 추운 북극권에 속해 있어서 사람이 살기 어려운 걸 감안하면 미국은 성장 잠재력이 가장 큰 나라라고 할 수 있지.

대표적으로 이때 미국으로 이민 온 사람들이 바로 아일랜드 사람들이야. 1845년 아일랜드의 엄청난 기근으로 전체 인구의 약 15퍼센트가 미국으로 이주했지.

게 해서 미국은 독립을 이룬 지 고작 100년 만에 북아메리카의 중심을 차지한 거대한 나라로 거듭나게 됐단다."

"근데 선생님, 저 넓은 땅에 누가 살죠?"

곽두기가 작은 목소리로 중얼거렸다.

"이제 미국에 부족한 건 땅이 아니라 사람이었어. 특히 드넓은 서부는 거의 주인 없는 땅이나 다름없었거든. 미국 정부는 서부로 이주하는 이주민에게 땅을 저렴하게 나눠 주며 개척에 열을 올렸단다. 그리고 이민을 적극적으로 환영했지. 그래서 유럽은 물론이고 남아메리카, 심지어 아시아 등 세계 각지의 이민자들이 미국으로 몰려들었어. 미국이 이민자의 나라가 된 거야."

"미국이 그렇게 매력적인 나란가? 다들 미국으로 몰려오게."

"물론이지. 세계 각국의 사람들은 툭하면 터지는 전쟁, 자기 욕심만 찾는 왕과 귀족에게 이미 질릴 만큼 질려 있었어. 이들에게 미국은 거의 꿈속의 나라처럼 보였단다. 미국에는 새롭게 개척할 땅이 무

▲ 미국행 배를 타는 유럽 이민자들 미국 정부가 이민을 장려하며 유럽을 비롯해 세계 각지에서 이민자들이 모여들었어.

궁무진했고, 무엇보다 개인의 자유와 권리를 중요시하는 민주주의가 착실히 자리를 잡아 가고 있었거든."

"흠, 민주주의가 그렇게 중요한 거군요."

"흐흐. 그래서인지, 미국의 뒤를 이어 유럽에서도 왕과 귀족을 내

쫓고 새 세상을 건설하려는 시도가 연달아 벌어지기 시작했단다. 다음 시간부터는 그 시도가 무엇인지 배울 거야. 오늘 수업은 여기까지 할까? 모두들 고생 많았어!"

용선생의 핵심 정리

미국은 프랑스에게서 루이지애나를 구입하고, 원주민을 내쫓으며 서부로 영토를 넓혀 나감. 뒤이어 멕시코와의 전쟁을 통해 텍사스와 캘리포니아를 차지하며 건국 100여년 만에 광활한 영토를 가진 나라가 됨.

나선애의 **정리노트**

1. ### 대륙회의의 독립 선언
   - 1773년 보스턴 차 사건 후 영국의 탄압이 심해짐.
     → 민병대가 영국군과 전투를 벌이며 독립 전쟁이 시작됨.
   - 13개 식민지 대표들은 대륙회의에서 독립을 논의함.
     → 대륙군 창설, 총사령관 조지 워싱턴의 활약
     → 1776년 필라델피아에서 독립 선언서 발표

2. ### 독립 전쟁과 미국의 독립
   - 미국의 새러토가 전투 승리 → 프랑스 등 유럽 열강의 미국 지원 시작
   - 미국-프랑스 연합군이 요크타운 전투에서 승리하며 영국군을 몰아냄.
     → 1783년 영국이 미국 독립 승인

3. ### 세계 최초 민주 공화국 미국의 탄생
   - 13개 주가 연합 국가 '아메리카 합중국'을 만들고 헌법을 제정함.
     → 조지 워싱턴이 투표를 통해 미국의 첫 대통령으로 선출됨.
     → 삼권 분립의 원칙을 따른 정부 구성과 상·하원으로 나눈 연방 의회
   - 헌법 추가 조항을 통해 국가 권력이 침해할 수 없는 개인의 자유와 권리 보장
   - 뉴욕에서 워싱턴 D.C.로 수도를 이전하여 남부와 북부의 조화로운 발전 추구

4. ### 미국의 영토 확장
   - 프랑스로부터 루이지애나를 헐값에 구매함.
   - 멕시코의 텍사스와 캘리포니아를 전쟁으로 획득함.
   - 원주민 이주법으로 원주민을 원주민 보호 구역으로 강제 이주시켜 땅을 빼앗음.

세계사 퀴즈 달인을 찾아라!

1 다음 설명에 알맞은 인물의 이름을 써 보자.

 미국 대륙군 총사령관으로 미국 독립 전쟁을 승리로 이끈 주역이야. 훗날 미국의 첫 대통령으로 선출됐지.

( )

3 다음 사건들을 일어난 순서대로 써 보자.

㉠ 보스턴 차 사건
㉡ 1776년 필라델피아에서 독립 선언서 발표
㉢ 파리 조약에서 영국이 미국의 독립을 승인
㉣ 미국-프랑스 연합군의 요크타운 전투 승리

(- - -)

2 다음 사진에 대한 설명으로 옳지 않은 것은? ( )

〈미국 독립 선언서〉

① 13개 식민지 대표들의 서명이 있다.
② 당대 수많은 지식인이 함께 토의하며 작성한 문서이다.
③ 계몽사상의 영향을 받아 인간의 기본권을 중시하고 있다.
④ 이 독립 선언을 통해 미국은 공식적으로 독립을 인정받았다.

4 다음 국기를 사용했던 국가에 대한 설명으로 옳지 <u>않은</u> 것은? (   )

① 13개 주가 모인 연합 국가였다.
② 의회는 상원과 하원으로 나누어 구성했다.
③ 인간의 자유와 권리를 억압하기 위해 헌법 추가 조항을 만들었다.
④ 독립된 행정부, 입법부, 사법부가 균형을 이루는 삼권 분립 국가였다.

5 다음 지도를 통해 알 수 있는 내용으로 옳은 것은? (   )

<미국의 서부 영토 확장>

① 오리건은 한때 멕시코의 영토였다.
② 미국은 독립 후 영국에 땅을 빼앗겼다.
③ 미국은 멕시코와의 전쟁을 통해 텍사스를 차지했다.
④ 미국은 프랑스와의 전쟁에서 패배해 루이지애나 영토를 잃었다.

6 다음 중 서로 관련 있는 것들을 바르게 연결해 보자.

① 앤드루 잭슨   •   • ㉠ 미국의 외교관. 독립 전쟁 시기 프랑스의 원조를 받는 데에 큰 공을 세움.

② 토머스 제퍼슨   •   • ㉡ 미국 제3대 대통령. 독립 선언서 초안 작성. 루이지애나 영토 구입을 주도함.

③ 벤저민 프랭클린   •   • ㉢ 미국 개척 정신의 상징적인 인물. 미국 제7대 대통령. 원주민 학살에 앞장서기도 함.

 정답은 261쪽에서 확인하세요!

> 용선생 세계사 카페 🔍

미국 화폐에 그려진 건국의 아버지들

현재 미국 화폐이자 국제 화폐로도 널리 쓰이는 달러에는 조지 워싱턴, 토머스 제퍼슨, 벤저민 프랭클린 등 아메리카 식민지 독립과 미국 건국에 큰 공을 세운 인물들이 그려져 있어. 달러 속 인물들이 미국을 세우는 데 어떻게 이바지했는지 잠시 살펴볼까?

1달러 - 미국의 첫 대통령 조지 워싱턴

사람들이 가장 흔하게 사용하는 1달러의 주인공은 바로 미국의 첫 대통령 조지 워싱턴이야. 이미 여러 번 접한 적 있지?

워싱턴은 버지니아의 부유한 농장 주인이었어. 노예를 3천 명 넘게 소유했을 정도야. 워싱턴은 어린 시절부터 사회를 위해 일하는 사람이 되고 싶은 꿈을 가졌다고 해. 그래서 버지니아 시민들이 결성한 민병대에 입대해 군인 생활을 시작했지. 민병대에서 차근차근 경력을 쌓아 나간 워싱턴은 잠시 영국군의 장교로 근무하기도 했어.

워싱턴은 훌륭한 인품과 뛰어난 리더십으로 부하들을 통솔하는 능력이 매우 뛰어났고, 버지니아에서는 꽤나 영향력 있는 유명 인사였지. 이런 능력 덕분에 버지니아주를 대표해 대륙회의에 참가했고, 대륙군 총사령관이 되었단다. 전쟁 초반 대륙군은 영국군에 연거푸 패

↑ 조지 워싱턴의 농장 마운트 버넌

▲ 미국 러시모어산의 대통령 조각상 미국의 위대한 대통령 4명을 조각해 두었어.

배하며 궁지에 몰렸어. 하지만 워싱턴은 끝까지 포기하지 않고 병사들을 다독이며 전쟁을 계속해 나갔지.

독립 전쟁이 승리로 끝나자 워싱턴은 총사령관 자리에서 물러나 고향인 버지니아로 돌아갔어. 하지만 곧 새롭게 소집된 연방 의회의 의장이 되었고, 뒤이어 치러진 선거에서 만장일치로 미국의 첫 대통령에 당선됐단다. 워싱턴은 대통령으로서도 훌륭한 통솔력을 발휘해 사람들로부터 엄청난 지지를 받았어.

워싱턴이 죽을 때까지 대통령으로 모시려는 사람도 있었어. 대통령과 왕을 비슷하게 여겼던 거지. 하지만 워싱턴은 두 번의 임기를 마치고 정치에서 은퇴해 곧장 고향으로 돌아갔단다. 세 번 이상 대통령 자리를 맡는 것은 민주주의를 해치는 일이라고 생각했기 때문이야. 그 덕분에 대통령을 중심으로 하는 미국의 민주주의도 안정적으로 자리를 잡을 수 있었지. 오늘날 미국 대통령의 임기를 두 번으로 제한하는 법과 제도는 이런 워싱턴의 뜻을 존중하는 의미에서 비롯되었다고 해.

▲ 워싱턴의 공식 초상화

2달러 - 독립 선언서를 쓴 토머스 제퍼슨

미국 달러에서 2달러는 '행운의 2달러'라 불러. 엄연히 국가에서 찍어 내는 화폐이지만 유통량이 매우 적어 일상생활에서 보기 힘든 화폐거든. 그래서 미국 사람들은 행운의 상징으로 2달러를 기념품으로 간직하거나 소중한 사람들에게 선물하곤 한다는구나. 이 행운의 2달러의 모델은 미국의 세 번째 대통령이자 미국 독립 선언서를 쓴 토머스 제퍼슨이야.

제퍼슨은 워싱턴과 마찬가지로 부유한 농장주의 아들로 태어나 법률을 공부하고 변호사가 되었어. 식민지에서 일어난 여러 소송을 맡으면서 제퍼슨은 식민지에 대한 영국의 불합리한 대우에 큰 불만을 품었지. 그래서 여러 번 영국의 정책을 비판하는 글을 쓰며 이름을 조금씩 알리기 시작했단다. 이후 13개 식민지가 본격적으로 독립 운동을 벌이자, 제퍼슨은 여기에 적극적으로 참여해 독립 선언서의 초안을 쓰게 됐지.

미국이 독립에 성공한 이후 제퍼슨은 버지니아 주지사, 국무장관 등 주요 공직을 맡으며 능력을 발휘했어. 1801년에는 미국의 세 번째 대통령으로 당선되었지. 임기 동안에는 드넓은 루이지애나를 사들여 미국 영토를 크게 넓혔고, 기승을 부리던 해적을 몰아내 무역로를 안전하게 만들기도 했단다. 또한 건축에도 관심이 많아서 각종 공공 건축물을 많이 지었다고 해. 가장 대표적인 건물이 바로 워싱턴 D.C.에 있는 의회 도서관이야.

▲ **토머스 제퍼슨의 동상**
워싱턴 D.C.의 토머스 제퍼슨 기념관에 있는 동상이야.

◀ **의회 도서관의 토머스 제퍼슨관**
의회 도서관의 세 개의 건물 중 가장 먼저 지어진 건물이야.

10달러 - 최초의 재무 장관 알렉산더 해밀턴

10달러 지폐의 모델인 알렉산더 해밀턴은 우리에게는 낯설지만 미국 건국에 큰 업적을 세운 사람이야. 카리브 제도 출신인 해밀턴은 일찍이 부모를 잃고 가난에 시달리며 힘든 어린 시절을 보냈다고 해. 해밀턴은 우여곡절을 겪은 끝에 학업을 끝마치고 식민지 독립 운동에 뛰어들었어. 독립 전쟁 시기에는 총사령관 워싱턴을 보좌하며 숱한 전투에 참여했지. 미국이 독립한 후에는 재무장관이 되어 나라의 살림을 관리하는 일을 맡았어.

해밀턴은 재무장관으로서 국내 산업을 육성하고 해외 무역에도 많은 관심을 기울였지. 또 해밀턴은 대표적인 연방파로 연방 정부의 권한을 강화할 것을 주장했어. 그러다가 새 수도로 워싱턴 D.C.를 건설하는 대신 연방 정부가 주 정부의 빚을 대신 갚는 절충안을 내놓아 통과시켰지. 이후로도 연방 은행을 만드는 등 연방 정부가 주도하는 미국 경제 발전에 앞장섰단다.

하지만 해밀턴은 의견을 달리하는 사람들

➡ **애런 버와 알렉산더 해밀턴의 결투 모습**
이 결투로 해밀턴은 총에 맞아 목숨을 잃었어.

125

→ **뮤지컬 <해밀턴> 공연 장면**
알렉산더 해밀턴의 일대기를 다룬 뮤지컬 <해밀턴>은 오늘날 브로드웨이에서 가장 인기 있는 작품이야. 2016년 브로드웨이의 연극상인 토니상에서 11개나 되는 상을 탔대.

로부터 임기 내내 비난을 듣고 공격받았어. 결국 사이가 극히 안 좋았던 애런 버란 사람이 해밀턴에게 결투를 신청했고, 해밀턴은 결투 도중 버의 총에 맞아 사망했단다.

100달러 - 피뢰침을 발명한 벤저민 프랭클린

가장 가치가 높은 100달러 지폐 모델은 누굴까? 바로 벤저민 프랭클린이야. 벤저민 프랭클린은 가난한 인쇄공 출신으로 여러 직업을 거치다 마침내 미국 독립에 앞장선 정치가이자 발명가로 이름을 날리게 되었지. 그래서 많은 미국인이 프랭클린을 존경하고 본받고 싶어 한대.

프랭클린은 보스턴의 가난한 양초 장수의 열다섯 번째 자식이었어. 형편이 워낙 좋지 않았던 탓에 열 살 때 학교를 그만두고 인쇄소에 들어가 일을 배웠지. 성인이 되어 필라델피아로 건너간 프랭클린은 성실과 열정을 밑천 삼아 인쇄업자로 큰 성공을 거두었단다.

형편이 나아지자 프랭클린은 평소 관심이 많았던 과학과 발명으로 눈을 돌렸어. 특히 전기에 강한 호기심을 느끼고 여러 가지 실험을 거듭하곤 했는데, 프랭클린은 비 오는 날 치는 번개가 전류의 흐름이라고 생각했단다. 프랭클린은 이 가설을 증명하기 위해 실험을 했어. 번개가 치는 날, 연 끝에 금속 열쇠를 묶어

▲ 인쇄공 시절의 벤저민 프랭클린

하늘로 날린 거지. 만약 번개가 전류의 흐름이라면 금속으로 된 열쇠에 번개가 칠 테니까 말이야. 그 결과 프랭클린은 번개가 전류의 흐름이라는 사실을 깨달았어. 그래서 피뢰침을 발명했지. 피뢰침은 높은 건물 꼭대기에 매다는 금속 침인데, 피뢰침을 땅바닥까지 연결하면 벼락이 치더라도 전류를 안전하게 땅속으로 흘려보낼 수가 있거든. 피뢰침은 사람들이 벼락에 맞아 죽거나 건물이 불타는 피해를 막는 데 큰 도움을 주었지.

독립 전쟁 시기에 프랭클린은 외교관으로 대활약했어. 특히 사절단과 함께 프랑스로 건너가 루이 16세를 설득한 끝에 프랑스의 지원을 얻어 내는 데 성공했지. 독립 이후에는 헌법 초안을 만드는 일에 참여했고, 한동안 미국의 모든 우편 업무를 관리하는 일을 맡아보기도 했단다.

프랭클린은 발명가, 사업가, 정치가로서 모두 훌륭한 성과를 남겼지. 프랭클린이 100달러 지폐 모델로 선정된 건 그가 이루어 낸 실용적인 업적을 미국인들이 존중하기 때문이야.

▲ 번개를 실험하는 벤저민 프랭클린
1816년에 제작된 그림이야. 마치 아기 요정들이 벤저민 프랭클린을 도왔던 것처럼 재치 있게 그려 놨지.

| 용선생 세계사 카페 |

미국의 독특한 대통령 선거 제도

2016년 11월 8일, 미국의 제45대 대통령을 뽑기 위한 대통령 선거가 치러졌어. 치열한 접전 끝에 공화당 후보인 도널드 트럼프가 민주당 후보인 힐러리 클린턴을 누르고 미국의 새로운 대통령으로 당선되었지.

뜻밖의 결과에 사람들은 깜짝 놀랐어. 세계의 주요 언론과 정치 평론가들은 힐러리 클린턴이 무난히 당선될 거라고 예측했거든. 선거 직전까지의 여론 조사 결과도 대부분 힐러리 클린턴이 앞서는 것으로 나와 있었지. 그런데 더욱 이상한 것은, 실제 두 후보가 유권자로부터 받은 표를 집계해 보니 힐러리 클린턴이 도널드 트럼프보다 약 23만 표가량 더 많은 표를 받았다는 거야. 표를 적게 받은 후보가 당선된 거지. 어떻게 이런 일이 벌어진 걸까?

그건 미국의 독특한 대통령 선거 제도 때문이란다. 우리나라와 달

▼ **2017년 트럼프 반대 시위** 선거 결과를 인정할 수 없었던 사람들은 시위를 벌이기도 했어.

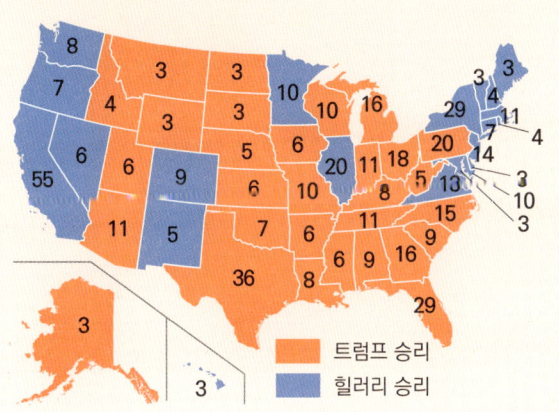

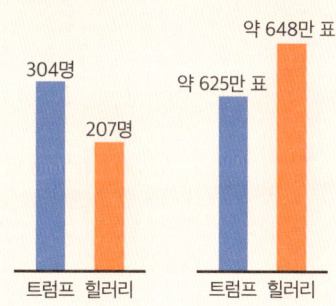

◀ 2016년 미국 대선 결과

리 미국은 유권자가 대통령을 직접 선출하지 않아. 그 대신 주의 인구에 따라 최소 3명에서 최대 55명까지 배정되는 '대통령 선거인단'이 유권자에게 선출되어 이들이 대통령을 대신 뽑는 간접 선거 제도를 택하고 있지. 이때 선거인단은 자기 마음대로 투표하는 게 아니라 자기를 뽑아 준 유권자들이 선택한 대통령 후보에게 투표해야만 해. 사실상 유권자가 대통령 후보에게 직접 표를 던지는 거나 마찬가지야.

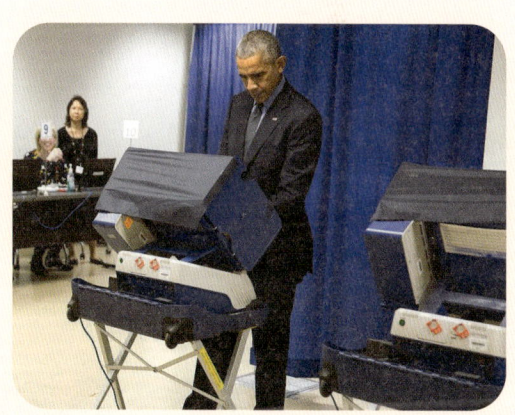

▲ 시카고에서 투표하는 버락 오바마 전 대통령

그런데 재미있는 건 선거인단의 투표 결과 각 주에서 한 표라도 더 많이 받아 승리한 후보가 그 주의 선거인단의 표를 모두 독차지하도록 되어 있는 거야. 이런 승자 독식 제도 때문에 실제로 당선된 대통령 후보와 많은 표를 받은 대통령 후보가 서로 다른 사람일 수 있는 거지.

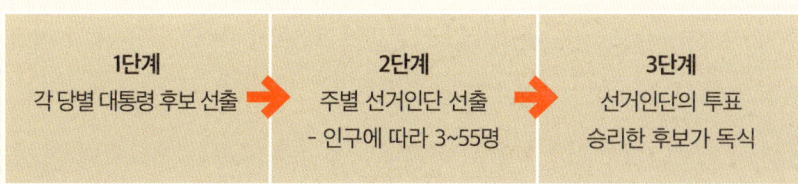

		득표 수		선거인단 확보	
		힐러리 클린턴	도널드 트럼프	힐러리 클린턴	도널드 트럼프
주요 주	캘리포니아주	870만 표	448만 표	55명	
	텍사스주	387만 표	468만 표		36명
	플로리다주	451만 표	461만 표		29명
	계	1708만 표	1377만 표	55명	65명

인구가 많은 주요 주를 실제 사례로 삼아 살펴보자. 힐러리 클린턴 후보는 캘리포니아에서 승리해 55명의 선거인단을 확보했어. 도널드 트럼프 후보는 텍사스, 플로리다에서 승리해서 모두 65명의 선거인단을 확보했지. 결과적으로는 트럼프 후보가 10명의 선거인단을 더 차지한 거야. 하지만 실제 두 후보가 받은 표를 더해 보면 힐러리 후보가 400만 표 가까이 많지.

왜 이렇게 알쏭달쏭한 선거 제도가 만들어진 걸까? 그건 미국 건국 초기의 환경과 연관이 있어. 독립 전쟁을 통해 미국을 건국한 13개 주는 저마다 고유의 권리와 권한을 침해받지 않는 것을 매우 중요하게 생각했거든. 만일 13개 주의 모든 국민이 투표를 통해 직접 대통령을 선출하는 직접 선거 제도를 도입한다면 아무래도 인구가 많은 주에서 선출한 후보가 당선될 확률이 높아지고, 인구가 적은 주는 불이익을 당할 수 있다고 생각했어. 그래서 각 주마다 인구에 비례해 선거인단을 배분하고 그 선거인단이 대통령을 뽑도록 한 거야. 또 아무리 인구가 적은 주라 하더라도 최소 3명의 선거인단은 확보할 수 있도록 해서 작은 주의 의사를 대변할 수 있도록 했단다.

물론 각 주에서 승리한 후보가 선거인단을 독차지하는 제도보다 각 후

▲ 투표하는 미국 선거인단 선거인단은 유권자가 선택한 후보를 뽑겠다고 서약을 해. 만일 서약과 다른 선택을 할 경우 벌금을 물거나 처벌하는 주도 있다는구나.

▲ 2012년 메릴랜드주 투표 증서
메릴랜드주의 선거인단이 투표에 참여했음을 증명하는 문서야.

보가 얻은 득표 수에 비례해서 선거인단을 선출하는 방식이 더 낫다는 의견도 있어. 하지만 이 방법도 문제가 없진 않아. 3명 정도로 적은 수의 선거인단을 선출하는 주의 경우, 현실적으로 후보의 득표 수에 비례해 선거인단을 나누기가 어렵거든. 그래서 건국 초기에는 여러 주에서 다양한 방식으로 대통령 선거인단을 선출했지만, 지금은 두 주를 제외한 미국의 거의 모든 주에서 승자 독식 제도를 따르고 있어.

최근 유권자 다수의 선택과 전혀 다른 결과를 낳기 쉬운 미국의 대통령 선거 제도 자체에 대해 비판의 목소리가 높아지고 있어. 2000년 대선에서도 총 득표 수에서 밀린 공화당의 조지 부시 후보가 당선된 적이 있고, 이전에도 네 번이나 같은 상황이 있었거든. 하지만 현재의 선거 제도를 유지해야 주 정부의 권한을 보호할 수 있다는 의견도 만만치 않아. 미국의 대통령 선거 제도가 그대로 유지될지, 변화할지는 앞으로 지켜보자꾸나.

3교시

프랑스 대혁명이 일어나다

미국이 독립하고 얼마 뒤, 프랑스에서도 거대한 혁명이 일어났어.
성난 시민들은 절대 권력을 자랑하던 왕과 귀족들을 몰아내고
프랑스에 공화국을 세웠지.
공화국으로 다시 태어난 프랑스는 전 유럽,
나아가 전 세계에 혁명 정신을 퍼뜨려 나가게 돼.
오늘은 세계 역사상 가장 의미가 깊은 시민 혁명인
프랑스 대혁명에 대해 알아보도록 하자.

1788년	1789년	1792년	1793년	1794년	1795년
삼부회 소집 선포	바스티유 감옥 습격	프랑스 공화국 선포	루이 16세 처형	테르미도르의 반동	총재 정부 수립

역사의 현장 지금은?

세계적인 휴양지 프랑스 남부 지역을 가다

지중해 연안의 프랑스 남부는 아름다운 자연환경과 1년 내내 온화한 지중해성 기후 덕에 니스 같은 세계적인 관광 도시가 발달했어. 이탈리아 등 지중해 연안 국가들과 쉽게 교류할 수 있는 교역 요충지로 상공업도 성황이야. 북아프리카와 가까워 프랑스에서 북아프리카 출신 이민자 비율이 가장 높은 지역이기도 해. 전통적으로 포도, 올리브 등 지중해성 작물 농업과 꽃을 키우는 화훼 농업이 발달했어. 최근엔 첨단 산업의 중심지로 발돋움 중이야.

▼ 지중해 연안의 코트다쥐르
코트다쥐르는 '쪽빛 해안'이란 뜻이야. 지중해 연안의 프랑스 남부 도시들을 한데 묶어 이르는 말이지.

프랑스 제2의 도시 마르세유

프랑스 최대이자 지중해 가장 큰 항구를 보유한 마르세유는 남프랑스 최대의 상공업 도시야. 특히 원유만 수입하는 전용 항구가 있을 정도로 석유 화학 산업이 발달했단다. 인구는 약 86만 명으로 파리 다음으로 인구가 많은 도시지. 인구의 약 25퍼센트는 북아프리카 출신 이민자로, 이슬람교를 믿는 사람들이 많아. 또 동유럽, 서아시아 등 세계 각지에서 모여든 다양한 이민자가 인구의 절반을 차지하는 다문화 도시란다.

→ 이프성 프랑스 소설 《몬테크리스토 백작》의 배경이 된 곳이야. 주인공인 에드몽 당테스가 갇혀 있었지.

↑ 노트르담 드 라 가르드 성당에서 본 마르세유 전경 기원전 600년에 세워진 마르세유에는 아름다운 문화유산이 많아.

↑ 거리에서 예배 중인 마르세유의 이슬람교도들

↑ 부야베스 각종 해산물과 마늘, 올리브 오일 등을 넣은 해물 찌개로, 프랑스 남부를 대표하는 해물 요리야.

명품 관광지로 가는 관문 니스

니스는 지중해에서 아름답기로 손꼽히는 해변을 가진 세계적인 휴양지야. 유명 화가 샤갈, 마티스, 피카소가 사랑한 도시로도 유명하지. 또 영화의 도시 '칸', 레몬 축제로 유명한 '망통', 향수의 도시 '그라스' 등 주요 관광지가 아주 가까워. 그래서 매년 니스를 찾는 관광객 수는 8백만 명이 넘는단다.

▲ **마티스 미술관** 프랑스의 위대한 화가 마티스는 노년을 니스에서 보내며 수많은 걸작을 남겼어.

▲ **니스 해변** 7킬로미터에 달하는 산책로가 유명해. 매년 2월 중순이면 이 해안가를 따라 카니발 행사도 열려.

▶ **망통의 레몬 축제** 매년 2월, 해마다 망통의 특산물인 레몬으로 다양한 구조물을 만들어 전시하는 축제야.

▲ **칸 국제 영화제** 원래는 니스에서 기차로 15분 거리에 위치한 작은 어촌이었어. 현재 국제 영화제를 포함해 매년 50여 개 이상의 국제 행사가 열리는 국제도시로 성장했지.

▲ **그라스의 향수 가게** 그라스는 전 세계 향수 원료의 70퍼센트를 생산하는 도시야. 사계절 따뜻한 기후, 풍부한 강물, 거친 바닷바람을 막아 주는 분지 지형이 맞물린 결과지.

고흐가 사랑한 로마의 옛 도시 아를

아를은 프랑스에서 가장 면적이 넓은 도시야. 화가 고흐가 이곳에서 머물며 300여 점의 작품을 남겼을 정도로 풍경이 아름다워. 아를에는 특히 로마 시대의 원형 경기장과 극장 등 고대 로마 제국의 유산이 잘 보존되어 있단다.

➔ 아를을 배경으로 한 고흐의 작품 〈밤의 카페 테라스〉

⬇ 로마 원형 경기장이 보이는 아를 전경

프랑스의 실리콘밸리 소피아 앙티폴리스

소피아 앙티폴리스는 '지혜의 전원 도시'란 뜻으로 니스 근교에 위치한 친환경 산업 단지야. 현재 인텔을 비롯한 1,500개 기업의 연구소가 이곳에 몰려 있어서 프랑스의 실리콘밸리라고 부르기도 해.

⬆ 소피아 앙티폴리스 전경 쾌적한 환경에서 연구하기 위해 전체 면적의 3분의 2는 녹지, 건물 높이도 12미터로 제한했어.

⬆ 앙티폴리스에 있는 기업들

프랑스 대혁명이 일어나기까지

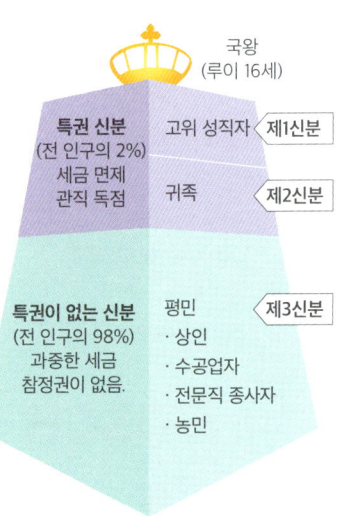

↑ 프랑스의 신분 제도

"오늘은 유럽에서 새 세상을 만들려는 노력에 대해 말씀해주신다고 했어요. 근데 왜 그런 변화가 일어난 거예요?"

곽두기가 호기심 가득한 목소리로 물었다.

"여러 가지 원인이 있지만 가장 큰 원인은 프랑스의 낡은 신분 제도였어. 법적으로 프랑스 사회는 크게 세 신분으로 나뉘어 있었지. 제1신분은 성직자, 제2신분은 귀족, 그리고 제3신분은 평민이었단다. 이 중 성직자와 귀족은 인구의 2퍼센트밖에 되지 않았지만 세금을 면제받고 온갖 관직을 독점하면서 특권을 누렸지. 반면 인구의 98퍼센트를 차지하는 제3신분은 온갖 세금을 내면서도 정치에 참여할 권리는 없었어."

"특권을 가진 귀족이 있는 거야 다른 나라도 마찬가지잖아요."

"그것도 맞는 말이지만, 문제는 프랑스 사회가 많이 변화했다는 거야. 1700년대 들어서 프랑스 경제가 빠르게 성장했고, 그 결과 큰돈을 벌고 사회적으로도 영향력이 커진 평민이 늘어났거든. 이들을 '부르주아'라고 해."

▲ **부르주아** 주로 법률가, 은행업자, 상공업자들로 1700년대 프랑스 경제 성장과 함께 세력이 매우 커졌어.

"앗, 영국에 등장한 부르주아랑 같은 건가요?"

"맞아. 부르주아는 프랑스에서도 귀족 못지않게 호화로운 생활을 했고, 돈을 주고 관직을 사서 귀족이 되기도 했어. 반대로 제아무리 뼈대 있는 귀족이라고 해도 돈이 없으면 초라한 생활을 해야 했지."

"그러니까 신분만큼이나 돈이 중요해진 거군요."

"응. 프랑스 사회에서 낡은 신분 제도는 달라진 현실을 제대로 반영하지 못했어. 여전히 부르주아는 귀족의 차별 대우를 견뎌 내야 했지. 높은 사회적 지위를 상징하는 군대의 장교 자리는 귀족에게만 허용한다는 법이 통과되기도 했고, 사소하게는 공연을 보러 극장에 가더라도 귀족에게 앞자리를 양보하고 뒷자리에서 공연을 봐야 했어. 이런 일이 쌓이고 쌓이니 불만을 가질 수밖에 없었던 거야."

> **용선생의 세계사 돋보기**
>
> 루이 14세 이후 수만 명의 부르주아가 돈으로 관직을 사서 귀족이 되었어. 이렇게 귀족이 된 부르주아가 너무 많아져서 정치·사회·경제적으로 많은 문제가 발생했단다.

◀ **프랑스의 낡은 제도** 당시 프랑스 현실을 풍자한 그림이야. 평민이 특권 계층인 귀족을 힘들게 떠받치고 있지.

프랑스 대혁명이 일어나다

"으흠, 그런 이유가 있었군요."

"게다가 귀족은 귀족대로 불만이 많았어. 이런저런 특권을 챙기긴 했어도 결국 하루하루 왕의 눈치를 보고 비위를 맞추며 살아야 하는 신세였으니까. 무거운 세금을 내 가면서 하루하루 힘겹게 사는 가난한 농민들이야 당연히 불만으로 가득했겠지?"

"한마디로 왕만 빼고 모두 다 불만이었다는 거네요."

장하다가 알겠다는 듯 고개를 끄덕였다.

"근데 이런 불만은 계몽사상 때문에 더욱 커졌단다. 프랑스의 계몽사상가인 볼테르는 귀족과 성직자의 특권을 아주 적극적으로 풍자하고 비판했어. 그리고 루소는 '국가는 모든 국민이 보편적으로 원하는 것을 실천해야 한다.'고 주장했지. 부르주아들은 이런 계몽사상의 영

절대 왕정의 걸림돌이 된 프랑스의 고등법원

프랑스의 고등법원은 원래 국왕의 명령에 따라 재판을 하는 기관이었어. 그러다 왕권이 강화되자 재판뿐 아니라 나라를 다스리는 행정 업무도 일부 맡아보게 되었고, 국왕이 법을 만드는 일을 돕는 역할도 하게 되었지. 1700년대 프랑스 전국에는 파리 고등법원을 포함해 총 14개의 고등법원이 설치되어 있었어. 왕실은 돈을 받고 고등법원의 재판관을 비롯한 관직을 팔았는데, 이 때문에 많은 돈을 가진 부르주아들이 고등법원의 관직을 차지해 신흥 귀족으로 거듭나곤 했지. 그런데 고등법원의 귀족들은 절대왕권의 걸림돌이 되었어. 이들은 국왕이 만든 법이라 해도 고등법원의 승인이 있어야 유효하다며 국왕에게 어깃장을 놓았거든. 그래서 프랑스 절대 왕권이 무너지는 출발점이 된 곳이 고등법원이라고 이야기하는 학자들도 있단다.

↑ 파리 고등법원 회의 모습 재판관은 주로 돈을 주고 자리를 산 신흥 귀족이었어. 이들을 '법복 귀족'이라고 부르기도 해.

향을 받아 왕과 귀족 중심으로 돌아가는 프랑스 사회를 몹시 불만스럽게 여겼단다."

"귀족으로서는 계몽사상이 눈엣가시였겠어요."

"꼭 그렇지만은 않아. 계몽사상 중에는 귀족의 이익을 대변할 수 있는 주장도 있었거든. 예컨대 로크는 '왕이라 해도 시민의 권리를 함부로 침해해선 안 된다.'라고 주장했잖아? 이거야말로 국왕의 절대 권력에 질린 귀족의 입맛에 딱 들어맞는 주장이었어. 그리고 몽테스키외 같은 철학자는 삼권 분립을 주장했지. 고등법원의 귀족들은 삼권 분립의 원리를 들먹이며 왕의 명령에 어깃장을 놓곤 했단다."

"오호라, 계몽사상이 귀족에게도 도움이 될 줄 몰랐어요."

영심이가 고개를 연신 끄덕였다.

용선생의 핵심 정리

프랑스는 소수의 귀족과 성직자가 특권을 누리는 낡은 신분 제도를 유지했는데, 이 신분 제도는 1700년대 들어 부르주아 세력이 급성장한 이후 현실과 걸맞지 않았음. 이때 계몽사상가들의 여러 이론이 사람들의 불만을 키우게 됨.

삼부회가 소집되고 국민 의회가 탄생하다

"여기에 결정적으로 문제가 된 게 나라의 살림살이였어. 사실 프랑스의 국고는 루이 14세 시절에 이미 바닥났어. 프랑스는 수십 년 동안 유럽의 전쟁이란 전쟁에는 다 끼어들었고, 그동안 왕실도 있는 대로 사치를 부렸으니 당연한 결과였지. 돈이 궁해진 프랑스는 국채를

허영심의 상식 사전

국채 나라의 빚. 보통 일정 기간 후에 이자와 함께 돈을 갚기로 약속하고 증서를 판매해서 돈을 빌려.

프랑스 대혁명이 일어나다 **143**

▲ 프랑스 대혁명 직전 프랑스 재정 지출 현황

▲ 루이 16세
(1754년~1793년) 대혁명 당시 프랑스의 국왕. 미국 독립 전쟁에 무리하게 끼어들어 나라 빚을 키웠어.

발행하거나, 돈 많은 부르주아와 귀족에게 관직을 팔고 세금 거둘 권리까지 팔며 돈을 마련하는 식으로 근근이 살림을 꾸렸단다. 이 와중에 루이 16세가 미국 독립 전쟁에 뛰어들었다 어마어마한 빚을 지는 바람에 프랑스는 파산 직전에 놓였어. 이미 진 빚의 이자만 갚으려고 해도 일 년 수입이 거덜 날 지경이었거든."

"그러게 남의 나라 독립에 쓸데없이 돈을 쓴다 싶더니만."

"엎친 데 덮친 격으로 가뭄과 홍수 같은 자연재해도 잇따라 닥쳤어. 농사는 엉망이 되었고 농민들은 굶주릴 수밖에 없었지. 하지만 세금 거둘 권리를 가진 귀족들은 농민의 사정은 아랑곳 않고 세금을 거둬 자기 잇속만 채웠단다. 결국 전국적으로 반란과 폭동이 연이어 터졌어. 특히 1788년에 기록적인 흉년이 들면서 프랑스 사회는 그야말로 폭발 직전까지 치달았지."

"그때까지 프랑스 국왕은 아무 대책도 없이 뭘 하고 있었어요?"

"국고가 텅 비어 있어서 아무 일도 할 수 없었단다. 일단 돈이 있어야 무슨 일이든 할 수 있으니까. 루이 16세는 그동안 세금을 면제 받

← 삼부회에 참석한 세 신분

↑ 삼부회 루이 16세는 베르사유 궁전에 제1, 2, 3신분 대표 1,200명을 불러 놓고 삼부회 개최를 선언했어.

앉던 귀족과 성직자에게서 세금을 거두어 국고를 채워 보려 했지만, 귀족들이 즉각 반발했지. 귀족들은 세금을 거두려면 먼저 '삼부회'를 열어서 모든 신분 대표의 동의를 받으라고 요구했어."

"삼부회요? 그게 뭔데요?"

"국왕이 제1신분부터 제3신분까지 모든 신분의 대표를 소집해 의견을 듣는 회의를 말해. 영국으로 치면 의회쯤 되는 기구라고 할 수 있겠지. 그런데 프랑스에서는 1614년 이후 170년 넘게 단 한 번도 삼부회가 열린 적이 없었어. 왕의 권한이 워낙 막강해서 다른 사람들의 의견 같은 건 들을 필요도 없었거든. 하지만 당장 돈이 급했던 루이 16세는 귀족들의 주장에 무릎을 꿇고 삼부회를 열 수밖에 없었지."

 용선생의 세계사 돋보기

서로 다른 세 신분의 회의라는 의미에서 '삼부회'란 이름이 붙었어. 좀 더 명확하게 '전국 신분회'란 말을 쓰기도 해.

↑ 자크 네케르
(1732년~1804년) 대혁명 당시 프랑스의 재무장관. 심각한 재정 문제를 해결하기 위해 왕에게 삼부회 소집을 건의했어.

"국왕 자신이 아쉬웠으니 어쩔 수가 없었던 거군요."

"1789년 5월 1일, 베르사유 궁전에서 삼부회가 개최되었어. '나라 살림이 어려우니 세금을 거두어 달라'는 왕의 요청에 귀족들은 '알겠으니 표결로 결정하자'며 잔뜩 거드름을 피웠단다. 귀족들은 이 기회에 왕의 손발을 꽁꽁 묶어 놓고 권력을 되찾으려고 했어. 그런데 귀족들이 미처 예상치 못한 문제가 생겼단다. 제3신분을 대표하는 부르주아들이 삼부회의 표결 방식에 동의할 수 없다고 반발한 거야."

"표결 방식이 왜요?"

"삼부회의 표결 방식은 대표 한 명당 한 표씩이 아니라 신분별로 한 표씩 행사하는 방식이었어. 제1신분 전체가 한 표, 제2신분 전체가 한 표, 제3신분 전체가 한 표, 이런 식으로. 말하자면 성직자와 귀족이 힘을 합치면 2 대 1이 되니까 평민들이 무슨 결정을 내리든 무시할 수 있었던 거지."

"아하, 당연히 부르주아들은 불만이 많았겠네요."

"그래. 부르주아들은 루이 16세에게 1인당 1표씩 행사하게 해 달라고 요구했단다. 성직자와 귀족 대표는 각각 300명인데 평민 대표는 600명이었거든. 프랑스 인구의 98퍼센트가 평민이니만큼, 최소한 평민에게 일방적으로 불리하지 않도록 표결 방식을 바꿔 달라고 한 거지."

> 용선생의 세계사 돋보기
> 원래는 제3신분 대표도 300명이었어. 삼부회 소집 직전 부르주아들의 항의 때문에 600명으로 늘었지.

"그래서 표결 방식이 바뀌었나요?"

"아니, 귀족과 성직자들이 결사적으로 반대해서 무산되고 말았어. 그러자 제3신분 대표들은 강력히 반발하며 독자적으로 모임을 만들어, 자신들이야말로 98퍼센트의 프랑스 국민을 대표하는 '국민 의회'라고 선언하기에 이른단다. 이로써 프랑스 대혁명의 불씨가 댕겨진 거야."

용선생의 비장한 말투에 아이들이 침을 꿀꺽 삼켰다.

"루이 16세는 삼부회 회의장을 폐쇄하고 국민 의회를 해산시키려

◀ 테니스 코트의 서약
삼부회에 참석했던 제3신분 대표들이 테니스장에 따로 모여 헌법을 만들기로 결의했어. 이 사건을 '테니스 코트의 서약'이라고 해.

고 했지. 그러자 국민 의회는 베르사유 궁전의 테니스장에 모여 '앞으로 프랑스를 통치할 헌법을 만들 때까지 해산하지 않겠다'며 맹세를 했어. 며칠 후에는 평소 왕에게 불만을 가지고 있거나, 평민과 사이가 좋았던 일부 귀족과 성직자들도 국민 의회에 참여했지."

"이야, 국민 의회 세력이 점점 커졌군요."

"결국 루이 16세는 군대를 동원해 국민 의회를 해산시키기로 했어. 그런데 군대가 움직이자 국왕이 제3신분 대표들을 잡아들이려 한다는 소식이 프랑스 전역에 금세 퍼져 나갔지. 굶어 죽을 지경에서도 삼부회에서 내려질 결론에 한 가닥 희망을 걸었던 평민들은 크게 분노했어. 특히 파리의 시민들은 국민 의회를 지키기 위해 직접 무기를 들고 행동에 나섰단다."

"헉, 그럼 혁명이 시작된 건가요?"

"응. 국민 의회에서 피어난 혁명의 불씨가 거대한 불꽃을 만들어 낸 거야."

> **용선생의 핵심 정리**
>
> 프랑스는 과도한 전쟁과 왕실의 사치 때문에 파산 위기에 놓임. 루이 16세는 세금을 걷기 위해 삼부회를 소집했고, 이 자리에서 제3신분 대표인 부르주아들이 자신들에게 불리한 표결 방식을 문제 삼으며 국민 의회를 탄생시킴.

혁명의 불길이 번져 나가다

"파리 시민들은 우선 시내의 무기고를 털어서 무기와 화약을 챙겼

 ▲ 파리 시민의 바스티유 감옥 습격 무장한 시민들은 감옥을 점령하고 죄수들을 풀어 줬어. 프랑스 대혁명의 시작을 알리는 사건이었지.

 ▲ 파리의 바스티유 광장 옛 바스티유 감옥이 있던 곳이야. 혁명 이후 바스티유 감옥은 완전히 철거돼서 자취를 감추었고, 그 자리에는 '바스티유 오페라 극장'이 들어섰지. 사진 오른쪽의 큰 건물이 오페라 극장이야.

어. 그리고 뒤이어 파리 시내에 있는 바스티유 감옥을 습격했단다."

"감옥? 감옥은 왜 습격해요?"

"바스티유 감옥은 예전에 프랑스 사회를 비판하는 사람들을 잡아 가두던 곳이었어. 한마디로 절대 왕정을 상징하는 곳이었기 때문에 분노한 시민들의 첫 타깃이 된 거야. 시민들은 뒤이어 파리 시청을 습격해 점령했고, 그 뒤로 사흘 동안 파리는 그야말로 아수라장이 되었어. 파리 시장을 비롯해 그동안 시민들에게 밉보인 귀족들은 즉석에서 재판을 받아 사형당했지. 시민들은 자기들끼리 새 시장을 뽑고 민병대를 꾸려서 도시를 운영하기 시작했단다."

"그럼 왕은 그걸 그냥 보고만 있었어요?"

"물론 깜짝 놀랐지. 하지만 수십만 명에 이르는 사람들의 반감을 살까 봐 군대를 동원하지도 못했어. 결국 루이 16세는 파리로 찾아가서 시민이 뽑은 시장과 민병대를 그대로 인정해 주었고, 국민 의회를 강제

 용선생의 세계사 돋보기

사실 루이 16세는 바스티유 습격 사건을 꽤 늦게 알았던 것 같아. 바스티유 습격이 일어났던 날 일기에 '아무 일도 없었다'는 한마디만 적어 놓았거든.

↑ 혁명 기념일 불꽃놀이 프랑스에서는 프랑스 대혁명의 발단이 된 바스티유 감옥 습격이 있었던 7월 14일을 혁명 기념일로 삼아 매년 불꽃놀이 축제를 열어.

해산시키려는 시도도 중단할 수밖에 없었지."

"왕이 시민들한테 항복한 거네요?"

"그런 셈이야. 이 소식은 순식간에 전국으로 퍼져 나갔지. 평민들은 이제야말로 세상이 바뀔지도 모른다는 기대감을 가지게 됐단다. 그런데 갑자기 이상한 소문이 돌기 시작했어. 외국 군대가 루이 16세와 귀족을 돕기 위해 프랑스로 쳐들어왔고, 곧 프랑스 농민들을 마구잡이로 죽일 거라는 소문이."

"정말이에요?"

"아니, 헛소문이었어. 하지만 프랑스 농민들은 두려움에 사로잡혀 영주의 성과 교회, 지방 관청을 닥치는 대로 공격했어. 그리고 땅문서와 집문서를 비롯한 각종 서류를 불태우고 수많은 귀족과 성직자, 관리들을 죽였지. 살아남은 귀족들은 헐레벌떡 외국으로 도망가기 바빴단다. 프랑스는 삽시간에 걷잡을 수 없는 공포의 도가니에 빠지

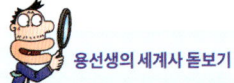

용선생의 세계사 돋보기

프랑스 대혁명 당시 이 상황을 '대공포' 현상이라고 불러. 당시 프랑스 전역에 폭동이 일어나며 엄청난 공포 분위기가 조성되었기 때문에 붙은 말이야.

고 말았어."

"아이고, 어떻게 그런 헛소문이 퍼진 거죠?"

영심이가 발을 동동 굴렀다.

"그만큼 평민이 귀족을 믿을 수 없었기 때문이었던 거 아닐까? 사태가 심각해지자 국민 의회는 군대를 동원해 폭동을 진압하려 했어. 국민 의회에는 귀족의 영지를 사서 지방에 농장을 운영하는 부르주아도 꽤 많았거든. 이들은 폭동 때문에 귀족 못지않게 큰 피해를 입었지. 게다가 국민 의회에는 귀족들도 제법 많이 참여하고 있었어."

▲ 폭동을 피해 도망가는 귀족들

"정말요? 귀족은 다 쫓겨나거나 도망친 거 아니었어요?"

"혁명의 뜻에 동감하는 귀족들도 있었거든. 특히 국민 방위대 총사령관이었던 라파예트 후작이나 미라보 백작은 국민 의회를 주도하는 인물이었지. 하지만 국민 의회도 수많은 농민을 전부 적으로 돌릴 수는 없었단다. 그래서 폭동을 진정시키기 위해 정말 획기적인 발표를 했어."

"어떤 내용인데요?"

"지금껏 농민을 괴롭혀 온 귀족과 성직자의 특권을 모조리 폐지한 거야. 이른바 봉건제 폐지 선언이지. 봉건제 폐지 선언으로 이제 프랑스에서는 귀족이니, 평민이니 하는 구분이 완전히 사라졌단다."

나선애의 세계사 사전

국민 방위대 바스티유 습격 이후 혼란을 수습하기 위해 시민들의 참여로 조직된 민병대야.

장하다의 인물 사전

미라보 백작 프랑스의 학자이자 정치가야. 귀족 출신이지만 제3신분 대표로 삼부회에 참가해 국민 의회 성립에 큰 몫을 한 인물이지.

프랑스 대혁명이 일어나다

↑ 프랑스 인권 선언문
프랑스 인권 선언문에는 개인의 자유와 권리를 중시하는 계몽사상의 핵심이 잘 녹아 있어.

"우아, 정말 혁명이 일어났네요."

"국민 의회는 뒤이어 〈인간과 시민의 권리 선언〉이라는 문서를 만들어 발표했어. 보통 '프랑스 인권 선언문'이라고 부르기도 하지. 이 문서는 혁명을 주도한 사람들이 바라는 게 무엇인지를 잘 보여 주지. 그리고 앞으로 만들어질 프랑스 헌법의 기초가 된다는 점에서도 큰 의미를 갖는단다. 한번 같이 읽어 볼까?"

용선생은 목을 가다듬고 종이 한 장을 펼쳐 읽어 내려갔다.

> 제1조. 인간은 자유롭고 평등하게 살아갈 권리가 있다.
> 제2조. 자유, 재산, 안전에 대한 권리와 압제에 저항할 권리는 누구도 침해할 수 없다.
> 제3조. 모든 주권은 국민으로부터 나온다. 어떤 개인과 단체도 국민에게서 나오지 않은 권력을 행사할 수 없다.
> (……)
> 제11조. 사상과 의견을 자유롭게 나누는 것은 인간의 가장 중요한 권리 중 하나다.
> 제17조. 재산권은 누구도 침해할 수 없는 신성한 권리다.

"음, 미국 독립 선언문의 내용이랑 비슷한 거 같아요."

나선애의 말에 용선생이 고개를 끄덕였다.

"맞아. 프랑스 대혁명이 앞서 일어난 미국 독립 혁명의 영향을 받았다는 걸 알 수 있지. 다행히 봉건제 폐지 선언 이후 전국의 폭동은 서서히 사그라졌어. 하지만 혁명은 이제부터 시작이었단다."

용선생의 핵심 정리

바스티유 감옥 습격 사건으로 국왕은 국민 의회를 인정함. 그러나 프랑스 전역에서 농민 반란이 일어났고, 국민 의회는 봉건제를 폐지하고 인권 선언을 발표함.

점점 과격해지는 혁명

"하긴, 아직 국왕도 그대로 있잖아요?"

"맞아. 루이 16세는 베르사유 궁전에 머물며 위기를 모면할 궁리만 했어. 그래서 남들 시선을 피해 베르사유로 은밀히 군대를 불러들였단다. 군대를 동원해 국민 의회를 해산시키고 혁명을 무산시킬 계획이었지."

"시민들의 눈을 피해서 군대를 움직일 수 있을까요?"

"흐흐, 국왕이 음모를 꾸민다는 소식은 이번에도 금세 새어 나갔어. 그러자 파리 시민들이 다시 한 번 들고일어났단다. 이번에는 2만여 명의 여성들이 국민 방위대를 앞세워서 한밤중에 베르사유 궁전으로 쳐들어갔어. 여성들은 왕비의 침실까지 밀고 들어가 왕에게 엉뚱한 생각일랑 말고, 제대로 된 식량 대책이나 내놓으라고 요구했지. 이때 심한 기근으로 굶주린 사람들이 많았거든. 또 루이 16세에게 베르사유 궁전을 떠나 같이 파리로 돌아가자고 했어."

"그게 다예요? 당장 왕을 자리에서 끌어내리려고 하지 않았나요?"

나선애가 신기하다는 듯 물었다.

▲ 라파예트 후작
(1757년~1834년) 귀족 신분이지만 국민 방위대 사령관을 맡으며 혁명 초기 국민 의회를 주도했던 인물이야. 프랑스 인권 선언문 초안을 썼고, 젊었을 때에는 미국 독립 전쟁에 참가해 워싱턴 장군 밑에서 활약하기도 했대.

➜ **파리 시민의 베르사유 행진** 여성이 중심이 된 시위대는 국왕 루이 16세가 있는 베르사유 궁전을 포위하고, '빵을 달라'고 소리 높여 외쳤지.

"아직 프랑스 시민들은 왕을 몰아낼 맘이 없었어. 지금이라도 루이 16세가 마음을 고쳐먹는다면 프랑스를 바로잡을 수 있다고 믿었기 때문이야. 루이 16세에게 파리로 돌아오라고 한 것도 파리 시민들이 어떻게 먹고사는지 곁에서 지켜보고 신경 써 달라는 뜻이었어."

"그래서 루이 16세가 파리로 돌아왔어요?"

"선택의 여지가 없었어. 시위대와 국민 방위대는 겁에 질린 왕을 마차에 태우고 '국왕 폐하 만세!'를 외치며 파리까지 호위했지. 하지만 밖에서 보기에 루이 16세는 영락없이 시위대에게 붙잡혀 가는 포로 신세였단다."

"우아, 그럼 이제 프랑스는 누가 다스리는 거예요?"

"공식적으로는 루이 16세지만, 사실상 국민 의회가 프랑스를 이끌어 나갔어. 국민 의회는 엉망이 된 프랑스를 바로잡기 위해 팔을 걷어붙였단다."

"그런데 제아무리 국민 의회라고 해도 뾰족한 수가 있을까요? 루이 16세도 돈이 없어서 아무 일도 못 했던 거잖아요."

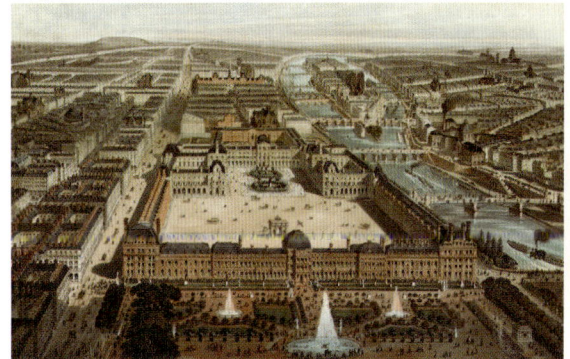
↑ **튈르리 궁전** 파리로 돌아온 루이 16세가 머문 궁전이야. 1871년에 불타 버려서 오늘날엔 남아 있지 않아.

↑ **튈르리 공원** 튈르리 궁전이 있던 자리에 만들어진 공원이야.

왕수재의 말에 용선생은 고개를 끄덕였다.

"좋은 지적이야. 그래서 국민 의회는 일단 가톨릭교회가 가지고 있는 땅과 건물을 전부 빼앗은 뒤, 그 땅을 담보로 지폐를 발행해서 국가의 재정으로 사용했어."

"성직자들이 반발하지 않았나요?"

"국민 의회는 성직자의 반발을 막기 위해 성직자들에게 교황 대신 국가에 충성 맹세를 하도록 강요했단다. 거부하는 성직자는 내쫓으며 교회를 완전히 통제하려 했지."

"교황청은 난리 났겠네요."

"물론이야. 하지만 국민 의회는 별 신경 쓰지 않았단다. 일단 재정이 안정되자, 국민 의회는 그동안 혼란스러웠던 프랑스의 행정 체계를 정리했어. 프랑스의 행정 구역은 아직 중세 봉건 제도의 영향이 남은 탓에 ○○ 공작령, △△△ 백작령, □□ 남작령 등으로 쪼개져서 복잡하기 짝이 없었거든. 또 각 영지마다 도량형도 다르고 법체계

↑ **아시냐** 혁명 정부가 빼앗은 교회의 땅을 담보 삼아 발행한 돈이야. 나중에는 너무 남발돼서 물가 인상의 원인이 되었단다.

프랑스 대혁명이 일어나다 **155**

도 달라서 하나의 나라라고 하기가 어려울 지경이었지. 그래서 국민 의회는 전국을 83개 도로 나누고 도량형을 말끔하게 하나로 통일했단다. 이렇게 하자 예전보다 세금 걷기도 훨씬 쉬워졌어."

"크, 국민 의회가 프랑스를 살리는군요!"

장하다가 흐뭇하게 미소를 지었다.

"그렇게 보이니? 하지만 대다수 프랑스 국민은 루이 16세가 마음을 고쳐먹고 개혁 정책을 펴는 줄 알고 있었단다. 1790년에 바스티유 감옥 습격 1주년을 기념하는 행사가 열렸는데, 이 자리에 모인 시민들이 '국왕 폐하 만세!'라고 목이 찢어져라 소리를 질렀다니까."

"그렇게 사람들이 믿어 주는데, 정말 달라졌으면 좋겠네요."

↑ **프랑스 삼색기**
1790년에 만들어진 프랑스의 새 국기야. 원래 파랑과 빨강은 파리, 하양은 왕실을 상징하는 색이었어. 나중에 빨강은 형제애, 하양은 평등, 파랑은 자유를 상징하게 돼. 1794년에는 오늘날 국기처럼 파랑-하양-빨강으로 색 순서를 바꿨어.

→ **대혁명 1주년 기념 축제** 바스티유 감옥을 습격한 지 1년이 되는 1790년 7월 14일 대규모 기념 행사가 열렸어. 이 행사에는 루이 16세도 참석해 시민들의 환호를 받았지.

영심이의 말에 용선생은 고개를 가로저었다.

"하지만 루이 16세는 어떻게든 이 상황에서 벗어날 방법만 궁리했어. 처음에는 국내의 왕당파를 은밀히 지원해서 반란을 일으키려 했다가, 그게 실패하자 아예 외국으로 도망치려고 했지."

"네? 왕이 나라를 버리고 도망을 간다고요?"

"응. 이미 프랑스의 수많은 왕당파 귀족들이 폭동을 피해서 이웃 나라로 도망간 상태였거든. 게다가 루이 16세의 왕비인 마리 앙투아네트는 오스트리아 황제의 여동생이었어. 루이 16세는 일단 오스트리아로 도망간 뒤 왕당파 귀족과 오스트리아의 도움을 받아 혁명을 막아 보려는 계획을 짰지. 하지만 국경을 넘지도 못하고 바렌이라는 마을에서 시민들에게 발각됐고, 꼼짝없이 붙잡혀서 파리로 돌아와야 했지. 이걸 바렌 사건이라고 해."

"시민들이 엄청 실망했겠어요."

"물론이야. 이때부터 국왕을 아예 없애 버리고 프랑스를 공화정으

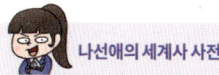

나선애의 세계사 사전

왕당파 왕권을 유지하려는 사람들의 무리를 말해.

왕수재의 지리 사전

바렌 파리에서 동쪽으로 약 200킬로미터 떨어진 곳에 있는 마을이야. 조금만 더 이동하면 국경을 넘어 벨기에와 프로이센으로 갈 수 있지.

◀ **파리로 잡혀 온 루이 16세**
1791년, 바렌에서 붙잡혀 파리로 돌아오는 루이 16세의 모습. 이때 파리 시내에는 '누구든 루이를 환영하는 자는 목을 매달 것이다.'라고 쓰인 살벌한 전단지가 나돌았대.

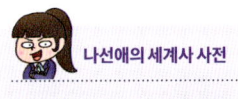

나선애의 세계사 사전

자코뱅 파리의 자코뱅 수도원을 본거지로 삼아 만들어진 정치 클럽이야. 프랑스 혁명기에 혁명을 주도했지.

로 만들어야 한다는 목소리가 커지기 시작했단다. 특히 자코뱅이라고 불리던 급진파가 앞장서서 왕정 폐지를 주장했지. 하지만 아직은 안정적으로 개혁을 진행하자는 온건파 목소리가 더 컸어. 그래서 라파예트 후작이 이끄는 국민 의회는 국왕을 그대로 둔 채 프랑스를 영국 같은 나라로 바꾸려고 했단다."

"왕을 그대로 둔 채로라면…… 입헌 군주제인가요?"

나선애가 필기를 멈추며 되물었다.

"맞아. 국민 의회는 1791년, 국왕을 국가의 대표로 모시되 법에 의해 국왕의 권력을 제한하고 의회가 모든 권력을 장악한다는 내용의 헌법을 공포했어. 이로써 프랑스는 입헌 군주국이 되었고, 국왕은 사실상 허수아비로 전락했지."

"그 정도는 반대하는 사람이 없었나 봐요?"

"바렌 사건 이후 국왕의 인기가 너무 떨어졌기 때문에 모두들 큰 이견이 없었단다. 새 헌법에는 철저히 국민들의 뜻에 따라 나라를 이끌어 간다는 내용이 담겨 있어. 그래서 지방에도 지방의 일을 의논하는 지방 의회가 탄생했고, 도지사와 군수까지 전부 다 시민들의 투표를 통해 선출하도록 했지. 심지어 재판을 맡는 판사까지 투표를 거쳐 선출할 정도였어."

곽두기의 국어 사전

이견 다를 이(異) 볼 견(見). 어떤 의견에 대해 다른 의견을 가리켜.

"이야, 그럼 이제 프랑스도 미국처럼 민주주의 국가가 된 거네요."

"이제 막 한 발을 내디뎠을 뿐이야. 왜냐하면 모든 시민에게 투표권을 준 게 아니라, 일정 수준 이상의 재산을 가진 사람에게만 투표권을 주었거든. 이 기준에 따

↑ **자코뱅 수도원** 파리 시내의 수도원이야. 프랑스 대혁명으로 문을 닫은 뒤 왕정을 폐지하고 공화정을 세우려던 정치인의 본거지가 되었어.

르면 여전히 절반 가까운 프랑스 시민이 투표권을 가질 수가 없었어. 말하자면 프랑스의 첫 헌법은 돈은 많은데 정치에는 참여할 수 없었던 일부 부르주아를 위한 헌법이었던 셈이야."

"핏! 그럼 가난한 대다수 사람에게는 사실 별 도움이 되지 않았네요."

영심이가 입술을 내밀자 용선생은 어깨를 으쓱했다.

"어쨌든 국민 의회를 주도했던 라파예트 후작은 이 정도면 충분하다고 생각했어. 혁명을 마무리 지은 국민 의회는 자연스럽게 해산했지. 그리고 새로운 헌법에 따라 투표를 거쳐서 새로운 의회가 탄생했단다. 이 의회를 '입법 의회'라고 해. 근데 새로운 의회는 그만 뜻밖의 복병을 만나 1년도 채 유지되지 못했어."

 **용선생의 핵심 정리**

시민들은 루이 16세를 베르사유에서 파리로 끌고 옴. 국민 의회는 교회 재산을 몰수해 국가 재정을 마련하며 개혁을 진행함. 루이 16세는 외국으로 탈출하려다 실패하고, 국민 의회는 입헌 군주제 헌법을 만들어 혁명을 마무리 지음.

공화정이 수립되고 루이 16세가 처형되다

↑ 마리 앙투아네트
(1755년~1793년) 프랑스의 왕비 마리 앙투아네트는 오스트리아 황제의 막내 여동생이었어.

"복병이라고요?"

"이웃한 프로이센과 오스트리아의 낌새가 심상치 않았어. 이 두 나라는 혹시라도 프랑스 대혁명의 영향으로 자기 나라에서도 혁명이 일어날까 봐 전전긍긍했지. 그래서 프랑스 국왕 부부를 구한다는 구실을 내세워 동맹을 맺고 프랑스 혁명 정부를 압박했단다."

"그럼 전쟁이 나는 건가요?"

"응. 근데 정작 전쟁을 시작한 건 프랑스였어."

"엥? 프랑스가 왜요?"

"오스트리아와 프로이센의 동맹 소식이 전해지자 그동안 숨죽이고 있던 왕당파 귀족과 성직자들이 프랑스 곳곳에서 반란을 일으켰거든. 또 이웃 나라로 도망간 귀족들도 오스트리아, 프로이센과 힘을 합쳐 프랑스로 쳐들어올 채비를 했지. 그래서 프랑스 입법 의회는 오스트리아와 프로이센을 먼저 꺾어서 혼란의 싹을 자르려고 했던 거야. 또 전쟁을 먼저 시작해도 충분히 승산이 있다고 봤고."

"암만 그래도 프로이센, 오스트리아랑 동시에 싸워 이긴다고요? 어려울 텐데."

장하다가 고개를 갸우뚱했다.

"오스트리아와 프로이센은 불과 얼마 전까지 7년 전쟁에서 치열하게 싸운 앙숙이었어. 그러니 두 나라가 손을 잡아 봤자 오

↑ 동맹을 맺은 오스트리아 황제와 프로이센 왕
오스트리아 황제와 프로이센 왕은 독일 필니츠성에서 만나 프랑스 왕과 왕비를 혁명 세력으로부터 구출하겠다고 선언했어.

래가지 못할 거라고 본 거지. 게다가 일단 전쟁이 터지면 두 나라에서도 프랑스처럼 혁명이 일어나서 전쟁을 오래 끌 수 없을 거라고 생각했단다. 그래서 프랑스는 당당하게 먼저 선전 포고를 했어. 이렇게 1792년부터 시작된 전쟁을 '프랑스 혁명 전쟁'이라고 불러."

"그래서 그 예상대로 됐나요?"

"전혀 아니야. 1792년, 막상 전쟁이 시작되자 프랑스군은 패배를 거듭했어. 그도 그럴 게 프랑스군의 상태가 엉망이었어. 무엇보다 군대를 지휘할 유능한 인재가 모자랐지. 프랑스군의 장교는 대부분 귀족 출신이었는데, 혁명이 일어나면서 귀족들이 대부분 외국으로 도망쳤거나 쫓겨났거든. 그래서 지휘관이 터무니없이 부족했어."

"어휴, 그러면 이길 수가 없죠."

장하다가 한숨을 내쉬었다.

"급기야 오스트리아군이 프랑스 국경을 넘어 파리로 다가오자, 흉흉한 소문이 돌았어. 국왕과 왕당파의 앞잡이들이 외국군에게 일부러 져 주고 있다는 거야. 심지어 파리 시민 중에는 루이 16세가 적과 내통하고 있을 거라고 생각하는 사람도 있었어."

"에이, 아무리 그래도 자기 나라가 전쟁에서 지길 바라는 왕이 어디 있겠어요?"

"입법 의회는 일단 의심스러운 국왕의 근위병을 해산하고 전국에서 혁명을 지지하는 시민들로 의용군을 조직했단다. '조국이 위기에 빠졌다'는 호소에 삽시간에 수만 명의 시민이 의용군으로 몰려들었어. 파리에서만 며칠 만에 1만 5,000명의 의용군이 모였지."

"이제 괜한 의심은 버리고 입법 의회를 중심으로 다들 힘을 합쳐

곽두기의 국어사전
내통 안 내(內) 통할 통(通). 외부의 조직이나 사람과 남몰래 관계를 가지고 연락하는 것을 말해.

나선애의 세계사 사전
의용군 전쟁 중에 뜻이 있는 시민들이 자발적으로 참여해 만든 군대를 말해. 우리나라의 의병도 의용군의 일종이라고 할 수 있지.

▲ **파리에서 행진하는 의용군** 길가에서 병사들을 환영하는 시민들의 모습이 보여. 의용군은 프랑스 혁명 전쟁 초기 프랑스를 지키는 데에 큰 역할을 했지.

곽두기의 국어사전

성명 소리 성(聲) 밝을 명(明). 어떤 일에 대해 자신의 입장이나 견해를 공개적으로 밝히는 것을 말해.

용선생의 세계사 돋보기

국민 공회에서 의장석 왼쪽에 앉은 사람들은 대개 급진적인 개혁을 주장했고, 오른쪽에 앉은 사람들은 온건하고 점진적인 개혁을 주장했어. 그래서 이때부터 한 사회의 급진파를 좌파(左派), 보수파를 우파(右派)라고 부르게 되었지.

싸우면 되겠네요."

영심이가 손을 꼭 모으며 말했다.

"근데 뜻하지 않은 변수가 생겼어. 파리 시민들이 프로이센군 지휘관이 발표한 성명 때문에 완전히 폭발하고 말았거든."

"성명? 대체 어떤 내용이었는데 그런 일이 벌어졌죠?"

"대략 '반란군들은 루이 16세에게 모든 권한을 돌려주고 저항을 중지하라.', '루이 16세가 털끝 하나라도 다치는 날엔 파리는 피로 물들 것이다.'라는 내용이었어. 파리 시민들은 이 성명을 듣고는 루이 16세가 적군과 손잡은 게 틀림없다고 여겼단다."

"아! 그러니까 외국군 지휘관이 프랑스 왕을 걱정해 주는 걸 보니 분명 뭔가가 있다고 생각한 거네요."

"맞아. 1792년 8월 10일, 분노한 파리 시민들은 루이 16세가 머물던 튈르리 궁전으로 쳐들어갔어. 그리고 왕과 왕비를 붙잡아 감옥에 가둬 버렸지. 입법 의회도 지금까지 패전의 책임을 물어서 해산시켰단다."

"그럼 나라는 누가 다스려요?"

"파리 시민들은 새 의회인 '국민 공회'를 만들었어. 국민 공회는 입법 의회와 달리, 의원을 뽑을 때에 재산에 따른 투표권 제한이 없었어. 의회에 평민들의 뜻을 더욱 잘 반영할 수 있도록 한 거지."

▲ 튈르리 궁전을 습격하는 파리 시민
파리 시민은 튈르리 궁전을 습격해 경비병들을 물리치고 루이 16세와 왕비를 붙잡아 가두었어.

"더 많은 시민들이 바라는 방향대로 혁명이 진행되는 거네요."

"그래. 그러자 자연스레 급진파인 자코뱅이 주도권을 쥐었고, 지금까지 개혁을 주도해 왔던 라파예트 후작 같은 귀족 출신이나 온건파는 점차 설 자리를 잃게 되었지."

"근데 외국과의 전쟁은 어떻게 되나요?"

"애국심으로 똘똘 뭉친 의용군이 합류하면서 프랑스군은 서서히 힘을 내기 시작했단다. 때마침 기쁜 소식이 날아들었어. 연전연패를 거듭하던 프랑스군이 발

▶ 상퀼로트 상퀼로트는 대혁명의 주역이었던 프랑스의 평민을 가리키는 말이야. 주로 중하층 수공업자와 상인이었는데, 바스티유 습격과 루이 16세 폐위 등 프랑스 대혁명의 고비마다 중요한 역할을 했지.

▲ 프리기아 모자
프랑스 혁명기에 시민들이 자유의 상징으로 쓰던 모자야. 원래는 고대 로마 시대에 해방 노예에게 씌워 주던 모자에서 유래했대. 2024년 파리 올림픽의 마스코트가 바로 프리기아 모자야.

프랑스 대혁명이 일어나다 **163**

→ **발미 전투**
프랑스가 혁명 전쟁에서 첫 승리를 거둔 전투야. 발미에서의 승리 이후 프랑스는 기적처럼 승리를 거두며 외국 군을 프랑스에서 모두 몰아냈어.

미에서 프로이센을 상대로 첫 승리를 거뒀다는 소식이었단다. 이날은 마침 새로운 의회인 국민 공회가 소집된 첫날이기도 했지."

"이야, 시민들은 엄청 기분이 좋았겠네요."

"물론이지. 승전 소식이 전해진 다음 날, 국민 공회는 왕정을 폐지하고 프랑스는 공화국이 되었노라고 선언했단다. 그리고 이틀 뒤에는 관직에 있는 모든 관리를 몰아내고 그 자리에 혁명 정신으로 무장한 새로운 인물을 앉혔어. 혹시라도 있을지 모를 왕당파를 몰아내기 위해서 화끈하게 물갈이를 해 버린 거지."

"세상에, 일이 엄청 급박하게 돌아가네요."

"그리고 때마침 궁전의 비밀 벽장에서 루이 16세의 편지가 무더기로 발견됐어. 대부분 국왕이 혁명을 방해하기 위해 국내외 왕당파 귀족 및 성직자들과 은밀히 주고받은 편지였지."

↑ **루이 16세의 처형 장면** 1793년 1월 21일, 루이 16세는 광장의 단두대에서 목이 잘려 처형당했어.

프랑스의 국가가 군가였다고?

프랑스 대혁명이 진행되는 동안 전국에서 시민 수십만 명이 의용군으로 자원해 전쟁에 뛰어들었어. 그중에서도 특히 프랑스 남부 마르세유 출신의 의용병이 용맹하기로 이름 높았는데, 이들이 파리에 입성하며 부른 〈라 마르세예즈〉라는 노래는 오늘날 프랑스의 국가가 되었지. 가사를 한번 볼까?

> 가자, 조국의 아들들아 / 영광의 날이 다가왔다!
> 우리의 적인 폭군이 / 살육의 깃발을 올렸다.
> 저 들판에서 짖어 대는 흉악한 적군의 함성이 들리는가!
> 그들은 우리 처자식의 목을 노리고 우리 턱밑까지 다가왔다!
> 무장하라, 시민들이여. 대오를 정렬하라!
> 전진하라! 전진하라! 저들의 더러운 피가 우리의 고랑을 적시도록!

↑ 파리 개선문에 있는 마르세유 의용군의 모습

가사가 살벌하지? 전장에서 병사들의 사기를 높이기 위해 만들어진 군가라 그럴 거야. 하지만 프랑스 대혁명의 역사적 의미와 혁명 정신을 지키기 위한 의용군의 용기를 생각하면 그저 무시무시한 노래라고만 생각할 수는 없겠지?

"헉, 그동안 왕을 의심한 게 사실로 드러난 거네요!"

장하다가 침을 삼켰다.

"결국 루이 16세는 국가를 배반한 죄로 재판을 받아 처형당하고 말았지. 프랑스 국왕이 시민들에게 처형당했다는 소식은 금세 국내외로 퍼져 나가 전 유럽을 충격으로 몰고 갔단다. 이제는 프로이센과 오스트리아뿐 아니라 전 유럽의 국가들이 프랑스의 혁명 소식에 신경을 곤두세웠어. 자칫 잘못하다간 자기 나라에서도 비슷한 혁명이

터질지 모를 일이니까 말이야. 그래서 다른 나라들은 공화국이 된 프랑스를 어떻게든 무너뜨리려고 했어. 영국, 프로이센, 오스트리아, 네덜란드, 에스파냐…… 우리가 알고 있는 유럽의 나라들이 전부 다 프랑스와 전쟁을 시작했다고 생각하면 돼."

"아이고, 프랑스의 앞길이 막막하네요."

용선생의 핵심 정리

프랑스는 프로이센-오스트리아 동맹과 전쟁을 시작했으나 패배를 거듭함. 시민들은 국왕이 적과 내통한다고 생각해 궁전을 습격함. 입법 의회의 뒤를 이은 국민 공회는 공화국 수립을 선언하고 루이 16세를 처형함.

혁명과 반혁명의 갈등이 심해지며 공포 정치가 시작되다

"온 유럽을 상대해야 했던 프랑스는 다시 연전연패의 수렁에 빠졌어. 바다에선 영국 해군이 프랑스의 항구를 봉쇄해 물자가 오가는 걸 막았고, 육지에선 프로이센과 오스트리아 군대가 프랑스군을 격파했지. 이 와중에 프랑스 서부의 방데라는 지역에서는 큰 반란이 일어났어."

"외국과 전쟁 중인데 왜 반란이 일어난 거죠?"

"방데 지역은 원래 프랑스의 다른 지역보다 낙후한 곳이었어. 농민들은 주로 교회를 중심으로 공동체를 이루어 살았지. 그래서 다른 지역에 비해 귀족, 특히 성직자의 영향력이 컸단다. 근데 혁명 정부가 가톨릭 교회의 재산을 몰수해 부르주아에게 넘기자 농민들이 반감을 가진 거야. 새로 땅 주인이 된 부르주아가 소작료를 크게 올렸거든. 더구나 혁명 이후 농민들의 생활은 나아지기는커녕 더욱 어려워졌지. 전쟁 때문에 생필품 물가가 급등하고 세금까지 늘어났으니까."

"흠, 혁명을 좋지 않게 생각한 사람들도 있었군요."

"응. 하지만 혁명 정부는 의용군이 필요하다며 농민들을 반강제로 전쟁터로 내몰았어. 그러자 그만 분노가 크게 폭발하고 만 거란다."

"암만 그래도 전쟁 중에 반란이라니……."

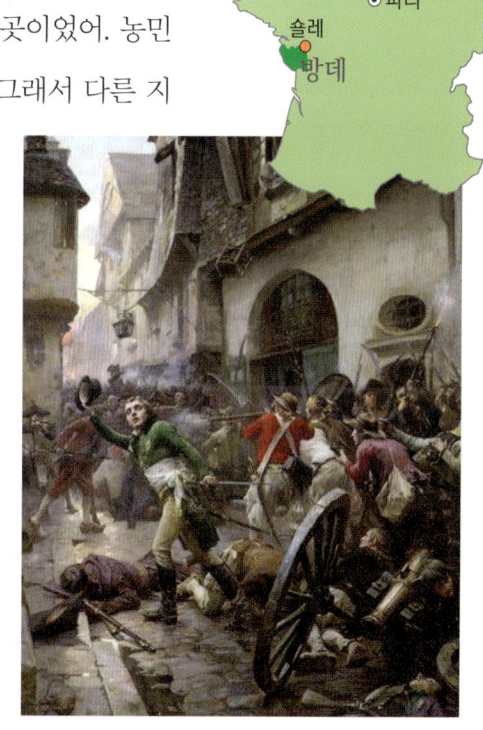

▲ 숄레 전투 방데 전쟁의 시작이 된 전투야. 숄레 전투를 시작으로 수십만 명의 농민이 반란에 참여했지.

▲ 〈마라의 죽음〉 목욕 중에 암살당한 급진파의 대표 마라의 모습을 그린 작품이야. 이 그림은 마라를 혁명의 투사로 미화해 온건파였던 지롱드파를 탄압하는 데 이용되었어.

> 용선생의 세계사 돋보기
>
> 자코뱅의 급진파를 산악파, 몽테뉴파라고 불러. 이들이 계단식으로 되어 있던 국민 공회 의원석 자리에서 맨 높은 쪽에 앉아 있기 때문에 붙은 이름이야. 이들 반대편에는 온건파가 앉아 있었어. 이들을 지롱드파라고도 해.

"국민 공회는 방데 반란군을 '혁명을 방해하는 반역자'라고 낙인찍고 강경하게 진압했어. 그래서 12만 명 이상이 목숨을 잃었지."

"왜 그렇게 강경하게 진압한 거죠?"

"이번 기회에 혁명을 방해하는 사람들을 완전히 없애 버려야 혁명을 이어 갈 수 있다는 목소리가 높았거든. 그래서 방데 전쟁 이후 국민 공회에서는 자코뱅, 자코뱅 중에서도 온건파보다 급진파 사람들이 전면에 나서게 돼. 급진파의 대표적 인물이었던 장 폴 마라는 혁명을 방해하는 사람은 모두 죽여야 한다며 수많은 사람을 사형에 처했지. 그러자 온건파는 앙심을 품고 마라를 암살해 버렸단다. 여기서 그치지 않고 프랑스 전역에서 반란을 일으켜 혼란을 더했지."

"으아…… 혼란이 점점 심해지네요."

곽두기가 몸을 파르르 떨었다.

"갈등은 점점 더 심해졌어. 그러다 결국 자코뱅의 지도자였던 로베스피에르가 국민 공회를 완전히 장악하고, 혼란 중에서도 혁명을 반드시 성공시키겠다는 사명감으로 개혁 정책을 더욱 강력하게 밀어붙였지. 먼저 국외로 도망간 귀족의 재산을 모두 팔아 국고를 채웠고, 농민에게는 과거 영주의 소유였던 땅을 무료로 나누어 주기로 했단다. 사실 이건 이미 실시됐어야 하는 개혁인데, 무료로 줄 것인지 유료로 줄 것인지를 두고 오랫동안 결론이 내려지지 않은 상태였거든."

"그럼 이제 농민들도 먹고살 만해지겠네요."

"또 로베스피에르는 새로운 헌법을 통과시켜 모든 프랑스 성인 남성에게 정식으로 투표권을 줬어. 이 외에도 의무 교육을 실시했고, 오래된 달력을 폐지하고 혁명력이라는 새 달력을 만들기도 했지. 또 식량 부족 문제가 계속되자, 빵을 비롯한 생필품에 최고 가격을 정해 국가가 정한 가격보다 비싸게 파는 상인을 처벌했어."

"우아, 국민들에게 인기 짱이었겠어요."

"그건 아니야. 로베스피에르는 오히려 두려움의 대상이었단다."

"아니, 왜요?"

"혁명 재판소 때문이란다. 혁명 재판소는 국민 공회가 설치한 특별 재판소야. 원래는 외국과 손을 잡고 프랑스를 배신하거나, 혁명을 위험에 빠트린 사람을 처벌하는 재판소였지. 로베스피에르는 이 재판소를 아주 적극적으로 이용했어. 조금이라도 혁명에 반대하는 기미가 보이면 잡아다 재판대에 세웠지. 딱 1년 동안 30만 명이 혁명 재판소에서 재판을 받았고, 그중 1만 7,000명이나 되는 사람이 사형을 선고 받았어. 정말 무시무시한 공포 정치였지."

"이거 무서워서 어디 살 수 있겠어요."

아이들이 입을 딱 벌렸다.

"처형된 사람 중에는 얼마 전까지 국민 공회 의원이었던 사람도 있고, 루이 16세가 죽은 이후 홀로 남았던 왕비 마

> **용선생의 세계사 돋보기**
>
> 로베스피에르는 공화정을 수립한 9월 22일을 1년의 시작으로, 일주일을 10일로, 달 이름을 계절의 특성에 맞게 맞추어 새로운 달력을 만들었어. 예컨대 혁명력으로 첫달인 9월 22일~10월 22일을 포도를 수확하는 달이라며 '방데미에르(포도의 달)'라고 불렀지.

프랑스 대혁명이 일어나다

↑ **혁명 재판소에서 재판받는 마리 앙투아네트**
루이 16세의 왕비 마리 앙투아네트는 적과 내통해 혁명을 방해한 죄로 혁명 재판소에서 사형을 선고받았어.

리 앙투아네트도 있었단다. 그야말로 조금이라도 혁명에 걸리적거리는 사람이라면 모조리 죽인 셈이지."

"그렇게까지 해야 혁명이 성공하나요?"

영심이가 입술을 깨물며 말했다.

"일단, 공포 정치 덕분에 개혁 정책이 과감히 추진될 수 있었던 건 사실이야. 하지만 정작 치솟는 물가는 제대로 잡히지 않았고, 전쟁도 계속돼서 젊은이들은 전장에서 살아야 했지. 이런 식으로 1년이 흐르자 결국 숨죽이고 지내던 사람들의 불만이 터져 나왔단다. 국민 공회 내부에서 로베스피에르에 반대하는 세력들은 힘을 합쳐서 삽시간에 로베스피에르를 체포하고 국민 공회까지 장악해 버렸지. 이 사건을 '테르미도르의 반동'이라고 해. 이 일로 그동안 국민 공회를 주도해 온 자코뱅은 몰락했어. 공포 정치도 함께 막을 내렸단다."

"휴, 그럼 개혁은 어떻게 되는 건가요?"

"뒷걸음질 쳤지. 농민에게 땅을 무료로 나누어 주려는 계획은 무산됐고, 투표권도 다시

용선생의 세계사 돋보기

로베스피에르는 1794년 7월 27일에 체포됐어. 이날을 프랑스 혁명력으로 바꾸면 11번째 달인 '테르미도르'의 9일이지. 테르미도르의 달에 혁명의 흐름을 거스르는 사건이 일어났다고 해서 테르미도르의 반동이라고 하는 거야.

→ **기요틴** 프랑스 대혁명 기간에 널리 사용된 처형 기구야. 단두대라고도 해. 목을 칼로 자르거나 매다는 처형 방법보다 훨씬 빠르고 고통 없이 사형수를 죽일 수 있었지.

'부패할 수 없는 자' 로베스피에르

공포 정치를 주도한 로베스피에르는 오늘날까지도 평가가 엇갈리는 문제적 인물이야. 원래 능력 있는 법률가였던 그는 삼부회에 제3신분 대표로 참여해 테니스 코트의 서약에 이름을 올렸고, 이후 국민 의회 의원이 되어 활발히 활동하며 서서히 급진파 자코뱅을 주도하는 인물로 성장했어.

로베스피에르는 겉으로 보기엔 목소리도 작고 부드러워 보이는 인물이었다고 해. 하지만 무서울 정도로 청렴하고 강직한 인물로 유명했단다. 함께 활동했던 동료 의원이 대부분 돈 욕심 많은 부르주아였다는 걸 생각하면 놀랄 만한 일이지. 오직 의원 월급으로 나오는 수입 이외에는 어떤 욕심도 부리지 않았고, 국민 의회 의원 자리를 잠시 쉬고 있을 때에는 허름한 목수의 집에 방 하나를 얻어 하숙 생활을 할 정도였대. 사생활이 너무나 깨끗하고 소박했던 탓에 사람들은 그에게 '부패할 수 없는 사람'이라는 별명을 붙일 정도였어.

▲ 로베스피에르
(1758년~1794년) 공포 정치를 통해 프랑스를 안정시키고 혁명을 이끌어 나갔던 인물이야.

로베스피에르의 혁명 정신도 아마 자신의 깨끗한 생활과 비슷했던 것 같아. 로베스피에르는 모든 시민이 욕심을 버리고 공동의 이익을 위해 헌신해야 혁명이 이루어질 수 있다고 여겼어. 그리고 지금까지 혁명을 방해해 온 사람들을 철저히 제거해야 정의를 세울 수 있다고 믿었지. 로베스피에르의 생각에는 살벌했던 공포 정치가 혁명을 완성하는 유일한 방법이었던 거야.

◀ 로베스피에르의 처형 장면
공포 정치를 주도했던 로베스피에르는 루이 16세와 마찬가지로 '반혁명주의자'란 혐의를 받고 광장에서 공개 처형되었어.

↑ 콩코르드 광장 프랑스 대혁명 시기에는 '혁명 광장'으로 불리며 루이 16세, 로베스피에르를 비롯한 주요 인물들의 사형 집행이 이루어진 곳이기도 해. 로베스피에르가 처형된 이후 혁명 정부는 이곳의 이름을 화합을 뜻하는 콩코르드 광장으로 바꾸었단다.

프랑스 혁명의 축소판, 콩코르드 광장

재산을 기준으로 부여했단다. 혼란한 틈을 타서 왕당파 귀족과 반혁명파도 다시 활동을 시작했어. 이렇게 혁명파와 반혁명파의 갈등이 계속되면서 프랑스의 혼란은 좀처럼 그치지 않았단다."

"혁명이라고 해서 그냥 왕만 내쫓고 행복하게 잘 살 줄 알았는데 그게 아니네요."

"그래. 고작 5년 사이에 너무 엄청난 일을 겪은 프랑스 시민들은 혁명에 조금씩 지쳐 갔어. 이때 프랑스에는 이 모든 혼란을 정리하고, 나아가 온 유럽을 무릎 꿇리는 사람이 등장하게 되는데……. 그 이야기는 다음 시간에 해 줄게. 오늘은 여기까지."

용선생의 핵심 정리

전쟁과 혼란이 계속되며 반혁명파의 힘이 커지고, 이에 대응하는 과정에서 공포 정치가 시작됨. 자코뱅의 수장 로베스피에르는 각종 개혁 정책을 펼쳐 시민의 지지를 펼쳤지만 테르미도르의 반동으로 체포되어 처형당함.

나선애의 **정리노트**

1. 국민 의회 수립과 봉건제 폐지
- 부르주아의 성장과 계몽사상의 확산으로 옛 체제가 흔들림.
- 루이 16세는 성직자와 귀족에게도 세금을 거두려고 삼부회 소집
  → 표결 방식에 불만 가진 제3신분 대표들이 국민 의회 창설
- 왕이 국민 의회를 무시하자 시민들이 바스티유 감옥을 습격하고 전국에서 봉기
  → 국민 의회는 봉건제를 폐지하고 프랑스 인권 선언문 발표

2. 국민 의회의 개혁과 헌법 제정
- 시민들이 루이 16세를 베르사유에서 파리로 끌고 옴.
- 국민 의회의 개혁
  → 교회 재산 몰수, 행정 구역 정비와 도량형 통일, 입법 의회 설립
  → 1791년 프랑스 헌법 제정: 입헌 군주국으로 재탄생한 프랑스

3. 공화정 수립과 루이 16세 처형
- 오스트리아-프로이센과의 전쟁에서 거듭 패배
  → 파리 시민들은 루이 16세가 적과 내통한다고 생각해 잡아 가두고 입법 의회를 해산시킴.
- 전국에서 의용군이 모집되고 국민 공회가 설립됨.
  → 공화정 선포, 루이 16세 처형

4. 로베스피에르의 공포 정치
- 반혁명파의 방데 전쟁 후 급진파 자코뱅이 국민 공회를 장악함.
- 자코뱅의 지도자 로베스피에르가 권력을 잡음.
  → 각종 개혁 정책을 펼쳤으나 가혹한 공포 정치를 실시
  → 테르미도르의 반동으로 로베스피에르가 처형되고, 자코뱅은 몰락

세계사 퀴즈 달인을 찾아라!

1 다음 그림이 나타내는 프랑스의 사회 모습에 대한 설명으로 옳지 <u>않은</u> 것은? （　　）

① 부르주아는 귀족들처럼 각종 특권을 모두 누렸다.
② 성직자와 귀족, 평민으로 구성된 신분제 사회였다.
③ 당시 프랑스 사회의 특권층은 세금을 내지 않았다.
④ 그림은 프랑스 대혁명 이전의 사회 모습을 나타내고 있다.

2 루이 16세가 개최한 삼부회에 대해 바르게 설명한 친구는?　（　　）

 ① 삼부회는 매년 열렸던 중요한 국가 회의였어.

 ② 각 신분 대표들은 1인당 1표씩 투표할 수 있었어.

 ③ 국가 재정이 어려워져 성직자에게만 세금을 더 걷기 위해 개최했어.

 ④ 제3신분 대표들은 삼부회의 표결 방식을 거부하고 국민 의회를 세웠어.

3 프랑스 대혁명에 대한 설명으로 알맞은 것에 ○표, 알맞지 않은 것에 X표 해 보자.

○ 국민 의회는 교회의 재산을 몰수하고 행정 구역을 정비했다. (   )

○ 루이 16세는 봉건제를 폐지하고 프랑스 인권 선언문을 발표했다. (   )

○ 국민 의회가 만든 헌법으로 프랑스는 입헌 군주제 국가로 다시 태어났다. (   )

4 루이 16세 처형 당시의 프랑스 사회에 대한 설명으로 옳지 않은 것은? (   )

① 국민 공회가 설립되었다.
② 루이 16세의 처형은 입법 의회 시기 이루어졌다.
③ 루이 16세는 외국과 내통하며 혁명을 방해한 죄로 처형되었다.
④ 이 시기 프로이센과 오스트리아는 동맹을 맺고 프랑스를 공격했다.

5 빈칸에 공통으로 들어갈 알맞은 이름을 써 보자.

○○○○○○는 국민 공회의 급신적인 개혁 정책을 주도한 정치 지도자이다.
○○○○○○는 몰수한 귀족의 땅을 농민에게 무상으로 나눠 주는 등 개혁 정책을 펼쳤으나, 반혁명의 기미를 보이는 사람들을 모두 잡아 죽이는 공포 정치로 악명을 떨쳤다.

(   )

6 다음 사건들을 일어난 순서대로 써 보자.

㉠ 공화정 수립
㉡ 국민 의회 설립
㉢ 바스티유 감옥 습격
㉣ 프랑스 인권 선언문 발표

(-   -   -   )

정답은 261쪽에서 확인하세요!

용선생 세계사 카페

비운의 왕비 마리 앙투아네트

루이 16세의 왕비인 마리 앙투아네트는 혁명 당시 프랑스인에게 크게 미움받았던 인물이야. 특히 프랑스 대혁명 당시 굶주린 시민들이 빵을 요구한다는 말을 듣고 "빵이 없으면 케이크를 먹으면 되지 않는가?"라고 되물었다는 헛소문까지 퍼지며 최근까지도 '나쁜 왕비'라는 낙인이 찍혀 있지. 실제로 마리 앙투아네트는 어떤 인물이었을까?

▲ 마리 앙투아네트의 가족 초상화
마리아 테레지아와 남편 프란츠 1세, 그리고 두 부부의 자식을 그린 초상화야. 그림 중앙의 가장 작은 아이가 마리 앙투아네트란다.

여군주의 딸로 태어나 프랑스의 왕비가 되다

마리 앙투아네트는 오스트리아의 통치자인 마리아 테레지아의 막내딸이야. 오스트리아 왕위 계승 전쟁을 겪은 끝에 왕위에 오른 마리아 테레지아는 프랑스와 동맹을 맺었고, 이후 프랑스와의 동맹 관계를 확고히 하기 위해 자신의 딸을 모두 프랑스로 시집보냈지. 앙투아네트는 열다섯 살 때 왕태자 루이 오귀스트와 결혼해 프랑스로 떠났어. 그리고 5년 뒤 루이 오귀스트가 루이 16세로 프랑스의 왕위에 오르자 스무 살의 나이로 프랑스의 왕비가 되었지.

하지만 원래 오스트리아와 앙숙이었던 프랑스인은 오스트리아 출신인 마리 앙투아네트를 환영하지 않았어. 머지않아 왕비가 사치를 부리고 바람을 피운다는 등 온갖 안 좋은 소문이 퍼져 나갔지. 게다가 더 큰 문제는 앙투아네트가 결혼 후 11년이 지나도록 아이를 낳지 못했다는 거야. 당시 왕비에게는 후계자를 낳는 게 가장 중요한 일이었거든.

사람들의 눈을 피해 세상을 등진 왕비

평범한 프랑스 시민은 물론 궁전을 오가는 귀족들마저 왕비를 곱지 않게 바라보자, 마리 앙투아네트는 사람들의 눈을 피해 베르사유 궁전에

◀ 프티 트리아농
베르사유 궁전 구석에 위치한 작은 별장이야. 원래는 루이 15세가 자신의 애인을 위해 지은 건물이었지.

'프티 트리아농'이라는 작은 별장을 마련하고 그곳에 틀어박혀 지냈어. 마리 앙투아네트는 프티 트리아농을 소박한 미술품과 정원으로 아기자기하게 꾸몄고, 친한 사람만을 불러 파티를 열거나 음악회를 열곤 했지. 이곳은 오직 왕비의 공간으로, 들어오려면 왕이라 해도 허락을 받아야 했어.

이렇게 왕비가 세상을 등지자 소문은 더더욱 악랄하게 변해 갔어. 프티 트리아농이 다이아몬드로 치장된 초호화 궁전이라는 둥, 마리 앙투아네트가 이곳에서 아무도 모르게 애인을 만난다는 둥……. 그래도 1778년, 마리 앙투아네트가 드디어 아이를 낳자 왕비의 생활에도 안정이 찾아오는 것 같았지. 루이 16세와의 관계도 많이 좋아졌고, 이후로도 아이를 계속 낳아서 모두 2남 2녀를 얻게 돼.

▲ 편안한 옷을 입은 마리 앙투아네트
별장에서 마리 앙투아네트는 거추장스러운 예복을 벗고 편안한 옷을 즐겨 입었어.

프랑스 시민들을 분노하게 한 목걸이 사건

이러는 와중에도 프랑스의 혼란은 계속되었어. 루이 16세는 미국 독립 전쟁에 무리하게 뛰어들었다가 큰 손해를 보았고, 계속되는 흉년으로 백성들은 죽을 맛이었지. 그런데 이때 '다이아몬드 목걸이' 사건이 프랑스 국민들을 들썩이게 했단다.

↑ 다이아몬드 목걸이
남아 있는 스케치에 따라 복원한 문제의 다이아몬드 목걸이야. 모두 600개나 되는 값비싼 다이아몬드를 엮어 만들었대.

↑ 라모트 백작 부인
목걸이 사기 사건을 벌여 마리 앙투아네트의 이미지를 크게 떨어뜨린 인물이야.

이 사건은 라모트라는 귀족 부인이 벌인 사기 사건이었어. 라모트 부인은 자신이 마리 앙투아네트와 친하다며, 왕실에 뇌물을 바칠 연줄을 찾고 있던 한 추기경에게 접근해 왕비와 만날 자리를 마련해 주겠다고 했지. 그리고 왕비가 파리의 보석상에 있는 값비싼 다이아몬드 목걸이를 갖고 싶어 하니 그 목걸이를 살 수 있는 돈을 달라고 했단다. 추기경에게서 돈을 받은 라모트 부인은 다이아몬드 목걸이를 왕실에 팔아 주겠다고 보석상에 거짓말을 한 뒤 목걸이를 받아 냈어. 그리고 돈과 목걸이를 모두 챙겨서 도망쳐 버렸지.

이 사기 사건은 보석상에서 왕실에 목걸이 대금을 청구하면서 세상에 널리 알려졌어. 목걸이라고는 구경도 한 적 없는 왕비는 화를 내며 철저한 조사를 지시했지만, 프랑스 국민들은 오히려 왕비를 비난했지. 왕비가 사실은 목걸이를 받아 챙기고 거짓말을 하고 있다고 생각했거든. 게다가 사기꾼인 라모트 부인도 영국으로 도망간 이후 '왕비가 목걸이를 챙기고 거짓말을 한다'고 주장하며 마리 앙투아네트를 악녀로 몰아갔단다. 이 사건은 훗날 알렉산드로 뒤마의 소설 《삼총사》의 소재가 되기도 했지.

진실이야 어찌 됐든, 당장 먹을 빵이 없어 굶어 죽을 지경인 프랑스 시민들은 왕비와 귀족들이 상상을 초월하는 가격의 목걸이를 뇌물로 주고받았다는 소문만 두고도 크게 분노했어. 이때부터 마리 앙투아네트는 시민들이 두려워 파리 시내에 나갈 수조차 없게 되었대.

혁명에 휘말려 세상을 떠나다

삼부회가 한창 진행 중일 때 앙투아네트의 일곱 살짜리 첫째 아들이 세상을 떠났어. 마리 앙투아네트는 슬픔에 잠겼지만, 이후 혁명이 진행되며 더더욱 엄청난 시련이 왕비를 덮쳤지.

혁명이 시작된 1789년에는 분노한 파리 시민들이 베르사유를 포위하더니 왕과 왕비를 파리로 끌고 갔어. 1791년에 왕과 왕비가 변장한 채 프랑스를 탈출하려다가 발각된 이후 마리 앙투아네트는 튈르리 궁전에 갇힌 채 허수아비나 다름없는 신세가 되었단다. 그리고 남편 루이 16세가 사형을 당한 이후로는 혁명파에게 붙잡힌 채 언제 죽을지 모르는 불안한 세월을 보내야 했지.

결국 공포 정치가 한창이었던 1793년, 마리 앙투아네트는 적국 오스트리아와 내통했다는 혐의로 혁명 재판을 받아 사형을 선고받았어.

전해오는 바에 따르면 마리 앙투아네트는 광장에 설치된 단두대 앞으로 가는 도중 실수로 사형 집행인의 발을 밟았는데, 이때 정중하게 허리를 숙이며 "죄송합니다."라고 인사했대. 죽기 직전까지도 몸에 밴 궁중 예법을 버릴 수 없었던 마리 앙투아네트의 일생이 어땠는지를 보여 주는 일화라고 할 수 있겠지.

▲ 말년의 마리 앙투아네트
세상을 떠날 무렵 그려진 초상화야.

◀ 마리 앙투아네트의 감옥 방 재현 모습
마리 앙투아네트는 처형 당하기 직전 이런 독방에서 머물렀대.

용선생 세계사 카페

프랑스 대혁명의 그늘, 방데 전쟁

방데 전쟁은 프랑스 대혁명 도중 프랑스 서부를 중심으로 일어났던 반혁명파의 대규모 반란 때문에 일어난 내전이야. 반혁명파는 '가톨릭과 국왕의 군대'를 조직해 프랑스 서부 전역에서 혁명 정부를 상대로 치열하게 싸웠지. 그런데 방데 전쟁에 참여했던 건 귀족이나 성직자가 아니라, 주로 가난한 농민들이었어. 평민들의 뜻에 따라 공화국을 선포하고 개혁 작업을 진행해 나가던 혁명 정부는 큰 충격을 받았단다. 농민들은 대체 왜 혁명에 반기를 들었던 것일까?

↑ **방데 반란군의 상징물**
아래에 쓰여 있는 문구는 '신과 왕'이란 뜻이야.

혁명 이후 계속되는 혼란

방데 전쟁이 일어난 건 1793년이야. 바스티유 습격 사건 이후 혁명이 급속도로 진행되고, '봉건제를 폐지한다'는 선언이 나온 지도 벌써 4년이 지났어. 하지만 평범한 농민들의 삶은 별로 나아진 게 없었지. 오히려 혁명 전쟁이 시작되면서 식량을 비롯한 생필품의 물가가 치솟는 바람에 굶주림은 더욱 심해졌어. 빈민들은 떼를 지어 부유한 사람들을 약탈하기도 했지. 그런데 혁명을 주도하는 사람 중 일부는 오히려 이런 약탈 행위가 '민중의 정당한 권리'라며 옹호했어. 이렇게 혼란이 계속될수록 혁명에 저항하는 사람들도 늘어날 수밖에 없었지.

특히 방데를 비롯한 프랑스 서부 지역 농민들은 가톨릭 신앙이 독실한 지역으로 귀족이나 성직자들

↓ **방데 지역 농촌 모습**
방데 지역을 비롯한 프랑스 서부 지역은 비교적 영지 규모도 작고 영세한 편이었어.

을 향한 반감이 적었어. 프랑스 서부에는 강력한 귀족이나 성직자가 많지 않았기 때문에, 이 지역 귀족들은 멀리 베르사유로 떠나 왕 곁에서 호화로운 생활을 하는 게 아니라 자신의 영지에 머물며 농민과 자주 얼굴을 맞대는 경우가 많았거든. 특히 가톨릭교회의 재산은 성직자 개인 소유가 아니라 한 마을의 공동 재산으로 취급되는 경우가 많았지. 그렇다 보니 혁명 정부가 귀족과 성직자를 몰아내고 교회의 재산을 빼앗아 판매하는 과정에 불만을 가진 사람도 많았단다.

↑ 방데 반란군의 모습
반란군은 대부분 특별한 훈련을 받은 적 없는 평범한 농민이었어.

솔레 반란, 그리고 반란의 확대

농민의 반감에 불을 붙인 건 혁명 전쟁이었어. 전쟁에서 계속 패배하자 혁명 정부는 '조국이 위기에 처했다'며 농민들을 군대로 소집하려 했거든. 특히 1793년 혁명 정부는 전국에서 30만 명을 모집하겠다고 했어. 나라를 지키겠다며 의욕적으로 나서는 사람도 많았지만, 사실상 농삿일을 포기하고 강제로 끌려가야 하는 사람도 많았지. 프랑스 서부에서는 소집에 반대하며 산발적으로 반란이 일어났고, 1793년 3월에 1만 5,000명의 반란군이 솔레라는 도시를 장악하며 방데 전쟁의 막이 올랐어. 추방당한 왕당파 귀족 장교들이 반란군에 가세하며 반란군은 어엿한 군대의 모습을 갖추기에 이르렀지. 혁명 정부는 순진한 농민들이 왕당파 귀족과 성직자에게 선동당했다며, 이들을 반역자로 규정하고 모두 다

↗ 자크 카텔리노
솔레 반란 이후 반란군의 총사령관을 맡았던 인물이야. 평범한 장사꾼 출신이었는데, 특히 웅변술이 훌륭해서 많은 농민의 지지를 얻었대.

↑ 앙리 로슈자클랭
방데 전쟁에 앞장섰던 인물이야. 원래는 루이 16세의 근위병이었는데, 왕이 처형된 이후 고향으로 돌아와 반란을 이끌었지. 반란 당시 20세의 청년이었대.

◀ 솔레
방데 전쟁의 시작점이자 반란군의 본거지였던 도시야.

사형에 처하겠다고 엄포를 놓았어. 하지만 대부분의 군대가 국경에서 외국군과 싸우고 있었기 때문에 당장 반란을 수습하기는 쉽지 않았지. 반란군은 그해 7월까지 기세를 올리며 프랑스 서부 일대를 장악했단다.

놀란 혁명 정부는 8월부터 본격적인 진압에 나섰어. 이때부터 민간인과 군인을 가리지 않는 대규모 학살이 진행되었지. 같은 해 12월이면 사실상 큰 반란은 모두 진압되었지만, 프랑스 서부 곳곳에서는 그 후로도 3년 동안이나 농민과 정부군 사이에 산발적인 전투가 계속됐단다.

> 비슷한 시기에 자코뱅이 국민 공회를 장악하고 로베스피에르가 공포 정치를 시작했어.

'지옥 부대'의 잔인한 진압

이듬해, 혁명 정부는 '지옥 부대'라고 이름 붙인 부대를 보내서 반란을 주도한 인물에 대해 철저히 진압하라고 명령했단다. 그 결과 어른은 물론이고 아이들까지도 잔혹한 방법으로 살해하는 일이 심심치 않게

▶ 농민들을 학살하는 정부군 '지옥 부대'

발생했어. 오늘날 학자들은 최소한 12만 명 이상이 목숨을 잃었을 것으로 보고 있어. 당시 프랑스 서부 인구의 10퍼센트가 넘는 사람들이 학살당한 거야.

잔인한 진압은 1년이 지난 1795년 여름 무렵에야 겨우 잦아들기 시작했어. 농민들에게 신앙의 자유를 보장하고 재산 피해를 보상하는 등 여러 가지 회유책이 제시되었지. 결국 1796년 여름, 혁명 정부는 공식적으로 방데 전쟁이 끝났다고 선언했단다. 물론 그 후로도 산발적인 반란이 일어났지만, 1801년 나폴레옹이 가톨릭교회와 화해하고 '방데 부흥 계획'을 발표한 이후로 예전처럼 큰 반란은 일어나지 않았지.

잊혔던 방데 전쟁

프랑스 사람들은 아직까지도 방데 전쟁에 대해 이야기하기를 꺼린단다. 시민을 위한 공화국을 만들려 했던 혁명 정부가 이토록 잔인한 학살을 벌였다는 것이 너무나도 믿기 힘든 일이었기 때문이지. 그래서 방데 전쟁은 오랫동안 '왕당파 귀족들이 농민을 선동해 벌였던 반혁명 반란'으로 취급됐고, 진압 때 발생한 인명 피해도 잘 알려지지 않았단다.

방데 전쟁의 진실은 1960년대 이후에야 세상에 조금씩 알려졌어. 오늘날 프랑스에서는 정부가 국가 폭력에 희생당한 방데 전쟁 피해자들에게 공식적으로 사과해야 한다는 요구가 이어지고 있다고 하는구나.

▲ 강물에 강제로 던져지는 반란군
반란 진압군은 방데 지역의 젊은 남녀를 강물 속에 빠트려 죽이고 이를 '수중 결혼식'이라고 부르기도 했어. 이런 식으로 잔인하게 목숨을 잃은 사람만 수천 명에 이르지.

나폴레옹의 등장과 유럽 대륙을 휩쓴 자유주의

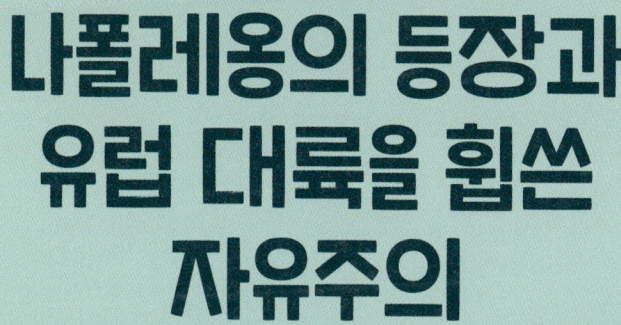

로베스피에르가 처형된 뒤로도 프랑스의 혼란은 그칠 줄 몰랐어.
이때 나폴레옹이라는 군인이 쿠데타를 일으켜
프랑스의 권력을 한 손에 거머쥐었지.
황제가 된 나폴레옹은 전쟁을 벌여 온 유럽을 무릎 꿇렸어.
오늘은 나폴레옹의 화려한 등장과
나폴레옹의 정복 전쟁이 세계사에 가져온 충격을 살펴보자.

1799년	1806년	1792년	1815년	1830년	1848년
나폴레옹의 쿠데타	대륙 봉쇄령 발령	나폴레옹, 러시아 원정 개시	워털루 전투	프랑스에서 7월 혁명 발발	1848년 혁명 발발, 빈 체제 붕괴

역사의 현장 지금은?

아름다운 혁명의 도시 파리

프랑스의 수도 파리는 국토 중북부, 센강 중류에 자리하고 있어. 면적은 서울의 6분의 1, 인구는 210만 정도지만 우리나라의 수도권과 같이 '그랑 파리'로 묶이는 인근 지역까지 합치면 서울의 4배 크기에, 인구는 1,300만 명이야. 프랑스 전체 인구의 약 6분의 1이나 되지. 위도는 한반도보다 높지만 북대서양 난류의 영향으로 기온은 온화한 편이야. 파리는 1800년대 내내 숱한 혁명의 중심지로 격동의 시간을 겪었어. 하지만 오늘날엔 유럽을 대표하는 아름다움의 도시가 되었지. 파리 시민을 의미하는 말인 '파리지앵'은 우아한 멋의 상징으로 통해.

↑ **옛 풍경이 그대로 남은 파리** 고풍스러운 건물들이 인상적인 파리의 풍경이야. 멀리 보이는 탑은 파리를 상징하는 건축물인 에펠 탑. 에펠 탑은 높이 324미터의 철탑으로 만국 박람회 개최를 기념하기 위해 1889년에 세워졌어.

역사가 예술이 된 도시

파리는 지반이 약해서 고층 건물을 짓기가 어려워. 그래서 오래된 옛 건물들을 내부만 고쳐 쓰고 있지. 그 결과 오늘날 파리는 옛 건축물의 고풍스러움과 현대 파리지앵의 감각이 섞여 세상에서 가장 아름다운 도시라는 별명을 얻었어.

↑ **방사형 도시 파리** 에투알 개선문을 중심으로 12개의 대로가 방사형으로 뻗어 있어. 이 아름다운 도시 구조는 1800년대 중반 나폴레옹 3세 때 완성됐지.

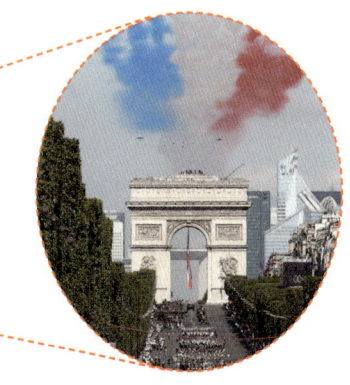

↑ **에투알 개선문과 샹젤리제 거리** 에투알 개선문은 나폴레옹의 승전을 기념하는 건축물이야. 개선문 앞으로 곧게 뻗은 거리는 파리 최대의 번화가인 샹젤리제 거리지.

역사와 정치의 중심지

오랫동안 프랑스의 수도였던 파리에는 다양한 정치 중심지가 모여 있어. 대통령의 집무실인 엘리제궁과 나폴레옹의 황제 대관식, 대통령의 장례식 같은 중요한 국가 행사가 열렸던 노트르담 대성당 등이 대표적이지. 또 프랑스 대혁명이 시작된 바스티유 광장은 오페라 극장이 들어서며 문화 공간으로 변신했고, 처형장으로 이용됐던 콩코르드 광장은 오늘날 파리에서 가장 넓은 광장이자 만남의 장소로 사랑받아.

↑ 엘리제궁

↑ 파리의 상징 노트르담 대성당

↑ 만남의 장소 콩코르드 광장

↑ 오페라 극장이 들어선 바스티유 광장

프랑스 지성의 중심 라탱 지구

파리 라탱 지구는 소르본 대학교라고도 부르는 '파리 대학교', 사회 엘리트를 양성하는 교육 기관 '그랑제콜' 등 명문 학교들이 자리한 곳이야. '라탱'이라는 이름은 교수와 학생들 모두 라틴어(Latin)로 대화하는 것을 즐겼기 때문에 붙었대. 프랑스를 빛낸 지성들이 잠든 팡테옹 사원도 이곳에 있어. 팡테옹엔 작가 빅토르 위고, 사상가 장 자크 루소, 과학자 마리 퀴리 등 프랑스를 빛낸 위인 80여 명이 안장돼 있단다.

↑ 마리 퀴리와 빅토르 위고

↑ 파리 제1대학 팡테옹 소르본

→ 국립묘지 팡테옹 사원

현대식 고층 건물이 가득한 라 데팡스

라 데팡스는 파리 도심이 문화재 보호 구역으로 지정돼 개발이 불가능하자 1958년부터 파리 서부 외곽에 만들기 시작한 상업 지구야. 1989년에는 이곳에 프랑스 대혁명 200주년을 기념하여 새로운 개선문인 '라 그 랑드 아르슈'를 건설했어. 이 개선문은 35층짜리 빌딩으로 설계됐고 내부에는 전시장과 회의장이 있단다. 라 데팡스 거리에는 유명 현대 미술가들의 야외 조각들이 설치돼 볼거리도 풍부해. 모든 차들이 지하 차도를 지나가도록 만들어져서 보행자들은 편하게 걸으며 감상할 수 있지.

↑ 라 데팡스 전경

→ 새로운 개선문 라 그랑드 아르슈

← 차 없는 라 데팡스 거리에서 예술 작품을 감상하며 휴식을 취하는 시민들

↑ **나폴레옹 보나파르트** (1769년~1821년) 젊은 시절의 나폴레옹 모습이야.

코르시카섬은 산이 많고 척박해서 주민들은 가난했지. 그리고 1768년까지만 해도 프랑스의 영토가 아니었기 때문에, 코르시카 출신 귀족들은 프랑스에서 제대로 대접을 받지 못했어.

나폴레옹이 등장하다

"내 사전에 불가능은 없다! 오늘은 나폴레옹에 대해 배우는 거죠?"
"나폴레옹이 누구예요?"

왕수재의 말에 장하다는 처음 듣는 이름이라는 듯이 고개를 갸웃했다.

"수재가 나폴레옹에 대해 좀 아는 모양이구나. 나폴레옹은 프랑스 남동쪽, 지중해의 코르시카섬에서 태어난 하급 귀족 출신 군인이야. 코르시카섬은 지중해에서 네 번째로 큰 섬이지만, 프랑스에서 멀리 떨어져 있는 데다가 주민들이 가난한 지역이라 사회적으로 차별을 받았지. 그래서 나폴레옹은 어린 시절부터 섬을 떠나 사관 학교에 진학해서 군인의 길을 걸었어."

"아하, 군대에서 공을 쌓아 출세하려고 한 거로군요."

"맞아, 나폴레옹은 젊은 나이에 뛰어난 지휘관으로 두각을 드러냈단다. 1793년 육군 포병 장교로 복무하고 있을 때였어. 당시 왕당파가 프랑스 남부의 툴롱에서 반란을 일으켰는데, 나폴레옹은 이 반란을 진압하는 데 결정적인 공을 세웠지."

"어떻게요?"

"나폴레옹은 지리를 잘 이용해 작전 계획을 세웠어. 도시가 내려다보이는 요새를 점령해 대포로 도시를 공격한 거야. 나폴레옹의 작전은 보기 좋게 성공했고, 반란은 성공적으로 진압되었단다."

"이야, 이제 나폴레옹은 꽃길만 걷겠네요."

↑ **툴롱 포위전** 나폴레옹이 이끄는 진압군이 언덕 위에서 툴롱에 포격을 가하고 있어.

↓ **나폴레옹 생가**

↓ **코르시카섬의 중심 도시 아작시오** 나폴레옹의 고향이야. 오늘날엔 인구 약 5만 명의 작은 도시이지.

↑ **파리 시위대를 진압하는 나폴레옹** 나폴레옹은 왕당파 시위대를 대포로 강경 진압했고, 그 공을 인정받아 사령관으로 승진했어.

용선생의 세계사 돋보기

로베스피에르와 친하게 지내던 나폴레옹은 로베스피에르가 처형당하자 한패로 몰려 감옥에 갇혔어. 다행히 풀려났지만 한동안 군대에서 푸대접을 받았지.

"꼭 그렇지는 않아. 나폴레옹은 혁명 세력 간의 권력 다툼에 휘말려 잠시 감옥에 갇힌 적도 있었거든. 하지만 1795년에 파리 한복판에서 일어난 왕당파 시위를 진압하면서 이름을 확실히 날렸단다. 나폴레옹은 이번에도 대포를 이용했어. 파리 시내 한복판에서 대포를 쏘아 대며 시위대를 무자비하게 진압했거든."

"으악! 시내 한복판에서 대포를 쏘며 진압을 했다고요?"

"강경한 진압 방식 때문에 수백 명의 사상자가 발생했지만, 반혁명 시위는 삽시간에 진압됐어. 나폴레옹은 이 공을 인정받아서 사령관으로 승진했고, 곧 오스트리아군과 맞서 싸우게 되었지."

용선생은 지도를 가리키며 설명을 이어 나갔다.

↑ 나폴레옹의 제1차 이탈리아 원정

"나폴레옹은 당시 이탈리아를 장악하고 있던 오스트리아군을 상대로 승승장구했어. 프랑스 남부에서부터 이탈리아 북부의 주요 도시들을 차례로 정복하더니, 급기야 알프스를 넘어 오스트리아의 수도 빈을 위협하기에 이르렀지. 궁지에 몰린 오스트리아는 프랑스와 평화 협상에 나설 수밖에 없었단다. 나폴레옹의 활약 덕에 길고 힘겨운 프랑스 혁명 전쟁은 일단락되었어."

"우아, 나폴레옹이 혁혁한 공을 세운 거네요."

"나폴레옹은 일약 영웅으로 떠올랐지. 근데 나폴레옹은 여기서 만족하지 않았어. 아직 바다 건너 영국이 건재했으니까. 나폴레옹은 영국의 힘을 빼기 위해 이집트 정복에 나섰단다."

"이집트? 영국이랑 이집트가 무슨 상관인데요?"

곽두기가 고개를 갸웃거렸다.

곽두기의 국어사전

승승장구 탈 승(乘) 이길 승(勝) 길 장(長) 말탈 구(驅). 싸움에서 이긴 기세를 계속 몰아붙이는 모습을 가리켜.

용선생의 세계사 돋보기

프랑스군은 1793년 말부터 승리를 거두기 시작해 1795년에는 네덜란드를 점령했고, 같은 해 프로이센, 에스파냐와 평화 조약을 맺었어. 1797년 나폴레옹의 이탈리아 원정 승리로 오스트리아와 평화 조약을 맺자, 프랑스에게 남은 적은 바다 건너에 있는 영국뿐이었지. 사실상 유럽 대륙에서 프랑스 혁명 전쟁은 끝을 맺은 셈이었어.

↑ 나폴레옹이 차지하려고 한 인도 무역로

"당시 인도 무역을 독점하던 영국은 주로 이집트를 경유해 인도와 연락을 주고받았어. 만일 프랑스가 이집트를 차지하면 영국과 인도와의 연결을 끊을 뿐 아니라 훗날 인도를 공격하는 발판이 될 수도 있었지. 지리에 밝은 나폴레옹은 이걸 알고 이집트에 쳐들어간 거란다."

"흠, 그래서 성공했어요?"

"그럼~. 나폴레옹은 이집트의 알렉산드리아에 상륙한 뒤 딱 두 달 만에 이집트 군대를 상대로 대승을 거두고 이집트의 수도 카이로를 정복했어."

"우아, 두 달 만에요?"

"뜻밖의 소식에 온 유럽이 놀랐어. 하지만 영국이 즉각 반격에 나서면서 일이 꼬이기 시작했단다. 호레이쇼 넬슨 제독이 이끄는 영국 해군이 지중해로 달려와 프랑스 해군을 격파하고 나폴레옹의 퇴로를 막아 버린 거야. 이제 나폴레옹과 프랑스군은 이집트에 갇힌 채 오도

↓ 피라미드 전투 기병을 앞세운 이집트 군대는 먼발치에 피라미드가 보이는 벌판에서 프랑스군과 전투를 벌였어. 이집트 군대의 규모는 프랑스군의 두 배가 넘었지만, 수천 명의 전사자를 남기며 참패했지.

가도 못하는 처지가 되어 버렸지. 거기다 느닷없이 공격을 받은 오스만 제국도 프랑스를 상대로 전쟁을 시작했어. 사실 이집트는 엄연히 오스만 제국 땅이었거든."

"어휴, 오스만 제국까지요? 큰일 났네요."

"그게 끝이 아니었어. 러시아까지 이탈리아의 나폴리 왕국과 동맹을 맺고 프랑스에 맞섰거든."

"러시아는 왜요?"

"러시아는 흑해에서 지중해로 나갈 길을 호시탐탐 노리고 있었어. 그런데 만일 프랑스가 이집트를 점령해 동지중해를 차지해 버리면 그 길이 영영 막혀 버릴 수도 있었기 때문이야. 이렇게 프랑스의 적이 늘어나자 1799년에는 오스트리아가 전쟁을 선포하고 이탈리아로 쳐들어왔단다. 프랑스가 또다시 궁지에 몰린 거지. 이 소식을 들은 나폴레옹은 작은 배에 몸을 싣고 몰래 이집트를 탈출해 프랑스로 돌아왔어."

"와, 나폴레옹이 괜한 욕심을 부려서 프랑스를 궁지에 몬 거 아녜요?"

장하다가 딱하다는 표정을 지었다.

↑ 호레이쇼 넬슨
(1758년~1805년) 나폴레옹을 상대한 영국의 해군 제독. 영국 역사상 가장 위대한 해군 영웅으로 손꼽히는 인물이야.

용선생의 핵심 정리

코르시카섬 출신인 나폴레옹은 왕당파 반란과 파리 시위를 강경 진압하며 이름을 날렸고, 이탈리아 원정에서 오스트리아를 물리치며 영웅으로 부상. 이후 이집트 원정에 나섰지만 영국과 주변 나라의 반격으로 궁지에 몰림.

프랑스의 황제가 된 나폴레옹

↑ **쿠데타를 일으킨 나폴레옹** 쿠데타를 일으킨 나폴레옹이 국민 공회의 반대파 의원들에게 가로막혀 있어. 이때 나폴레옹은 무슨 일이 있어도 공화국을 지키겠다고 맹세하며 의원들을 설득했대.

장하다의 인물 사전

시에예스 (1748년~1836년) 프랑스의 정치가. 성직자 출신으로 라파예트 후작 등 여러 인물과 함께 혁명 초기부터 핵심적인 역할을 했던 인물이야.

허영심의 상식 사전

쿠데타 정부를 뒤집는다는 뜻의 프랑스어. 군대를 동원해 무력으로 권력을 빼앗는 것을 말해.

"프랑스 국민들은 그렇게 생각하지 않았어. 프랑스에 다시 위기가 닥쳐온 건 무능한 혁명 정부 탓이라고 생각했거든. 로베스피에르가 처형된 이후로도 혁명 정부는 온건파와 급진파, 왕당파 사이의 권력 투쟁으로 단 하루도 조용할 날이 없었어. 반면 나폴레옹은 뛰어난 전략으로 오스트리아를 물리치고 삽시간에 이집트까지 정복한 전쟁 영웅이었지. 시민들 눈에 누가 더 믿음직해 보였을까?"

"흠, 아무래도 나폴레옹이었겠네요."

"그래서 프랑스로 돌아온 나폴레옹은 다시 한 번 영웅 대접을 받았단다. 나폴레옹의 인기가 치솟자, 혁명 정부 내 온건파의 수장이었던 시에예스가 나폴레옹에게 은밀하게 접근해 솔깃한 제안을 했어."

"어떤 제안인데요?"

"같이 쿠데타를 일으켜서 권력을 잡자는 제안이었어. 시민들에게 인기가 높은 나폴레옹을 국가 지도자로 내세우면 쿠데타에 성공할 확률이 크다고 생각했던 거지. 나폴레옹은 흔쾌히 시에예스와 손을 잡았어."

"시에예스 계획대로 성공했어요?"

곽두기의 말에 용선생은 고개를 끄덕였다.

"응, 나폴레옹 덕분에 쿠데타에 성공은 했어. 하지만 일단 쿠데타가 성공하자마자, 나폴레옹은 시에예스를 포함한 다른 정치인을 모

두 밀어내고 제1통령이 되어 프랑스의 권력을 한 손에 쥐 단다."

"시에예스는 뒤통수를 맞은 거네요."

"프랑스 시민들은 쿠데타를 가만 두고 봤어요?"

"뜻밖에도 프랑스 시민들은 잠잠했어. 무능한 정치인들에게 나라를 맡기는 것보다는 전쟁 영웅인 나폴레옹이 독재를 하는 편이 낫다고 생각한 거야."

"에이, 그런 게 어디 있어요."

영심이가 입을 삐죽 내밀었다.

"물론 프랑스 시민 중에도 나폴레옹을 못마땅하게 여기는 사람이 많았단다. 나폴레옹이 공화정에 위협이 된다고 암살하려는 시도까지 있었는걸. 하지만 나폴레옹을 반대하는 목소리는 점점 가라앉았어. 전쟁에 나선 나폴레옹의 활약이 워낙 눈부셨거든."

"활약이 얼마나 대단했는데요?"

"나폴레옹은 오스트리아에 맞서기 위해 이탈리아를 향해 두 번째 원정에 나섰어. 원정 한 달 만에 오스트리아군을 크게 무찔렀고, 1년 뒤에는 오스트리아를 완전히 궁지에 몰아넣으며 유리한 조건으로 평

↑ 쿠데타를 통해 등장한 3명의 통령
가운데가 제1통령 나폴레옹, 양옆이 제2, 제3통령이야. 두 명의 통령 임명권은 나폴레옹이 가지고 있었고, 권한도 나폴레옹이 가장 강했어. 사실상 나폴레옹의 1인 독재였지.

나선애의 세계사 사전

통령 국가의 지도자를 뜻하는 말. 고대 로마의 집정관과 같은 뜻이야.

→ 나폴레옹이 썼던 이각모
모자 중앙에 달린 장식의 흰색, 청색, 적색은 각각 자유, 평등, 우애를 나타내.

→ 알프스를 넘는 나폴레옹 제2차 이탈리아 원정 당시 그려진 초상화야.

화 조약을 맺었지. 이 조약으로 프랑스는 막대한 전쟁 보상금을 얻었고, 교황령과 이탈리아 북부 지역을 완전히 차지하게 돼."

"우아, 그야말로 싸웠다 하면 승리네요!"

"나폴레옹은 1802년에는 영국과도 평화 조약을 맺었어. 러시아와 오스만 제국도 흐지부지 전쟁을 중단했지. 이로써 프랑스에는 완전한 평화가 찾아왔단다. 1792년에 혁명 전쟁이 시작된 이후 꼬박 10년 만에 맞이하는 평화였지. 평화가 찾아오자 나폴레옹은 내부로 눈길을 돌려 혁명 이후 프랑스 사회의 깊은 갈등을 봉합하려 했단다."

"어떻게요?"

"먼저 교황을 만나 화해했어. 예전에 혁명 정부가 가톨릭교회의 재산을 모조리 빼앗고, 성직자에게 충성 맹세를 강요한 뒤로 프랑스와 가톨릭교회 사이의 관계는 줄곧 최악이었거든. 이 점 때문에 가톨릭 신자들의 반란이 일어나기도 했지. 하지만 나폴레옹이 교황과 평화 조약을 체결하자 성직자와 가톨릭 신자들도 나폴레옹의 지지자로 돌아섰지. 나폴레옹은 혁명 도중 부서진 교회를 재건하며 가톨릭 신자들의 지지를 얻으려 했어. 그 덕에 프랑스에서는 더 이상 종교 때문에 충돌이 생기지 않게 되었지."

"혁명으로 많은 사람이 죽었는데 정말 잘됐어요."

"자신감을 얻은 나폴레옹은 왕당파에게도 손을 내밀었어. 새로운 프랑스의 헌법을 지킬 것만 맹세한다면, 해외로 도망간 귀족들을 모두 용서하고 재산도 돌려주겠다고 약속한 거야. 이로써 호시탐탐 혁명을 뒤집으려던 왕당파의 불만도 잠재울 수 있었지. 프랑스 사회는 한층 더 안정됐고, 나폴레옹의 인기는 하늘을 찔렀단다."

봉합 봉할 봉(封) 합할 합(合). 벌어진 상처를 꿰매어 낫게 한다는 뜻이야.

교황과의 정교 조약은 나폴레옹에게 전적으로 유리한 조건으로 체결되었어. 교황은 프랑스에서 신앙의 자유를 보장받는 것으로 만족해야 했지.

↑ **퐁텐블로 궁전** 원래는 프랑스 왕들이 사냥에 나설 때 숙소로 사용하던 곳이었어. 하지만 나폴레옹이 황제에 오른 뒤 왕궁으로 사용했지.

↑ **황제 나폴레옹 1세**
과거 프랑스 왕 못지않게 화려하게 꾸민 모습이 눈에 띄지.

"전쟁만 잘하는 줄 알았더니 정치 능력도 뛰어나네요."

"응. 나폴레옹은 알고 보니 유능한 정치인이었던 거야. 인기를 굳힌 나폴레옹은 본격적으로 독재의 길을 닦아 나갔어. 1802년에는 국민 투표를 통해 종신 통령 자리에 올랐고, 그로부터 2년 후인 1804년에는 역시 국민 투표를 통해 프랑스의 황제가 되었단다. 나폴레옹은 이제 나폴레옹 1세라고 불리게 됐지."

"황제라고요? 아니, 혁명을 시작해서 기껏 왕을 몰아냈더니 도루묵이 됐잖아요."

나선애가 황당한 표정을 짓자 용선생은 어깨를 으쓱했다.

▲ **나폴레옹 법전** 혁명 이후 프랑스의 개혁 법률을 정리해 편찬한 법전이야. 나폴레옹 법전의 도입으로 명확한 법률에 따라 프랑스 전체 국민들을 다스릴 수 있게 됐지.

"생각해 보면 어이없는 일이었지. 하지만 나폴레옹이 황제가 됐다고 해서 혁명을 통해 이루려던 개혁이 전부 중단된 건 아니야. 나폴레옹은 그동안 혁명 정부가 실시한 개혁 정책을 대부분 그대로 이어받았거든. 1804년에는 그동안 너무 남발돼서 정신이 없었던 개혁 법률을 잘 정리해서 하나의 법전으로 통일시키기도 했지. 이 법전을 '나폴레옹 법전'이라고 불러. 나폴레옹 법전은 이후 근대 법전의 모범이 되었고, 유럽 각국에 큰 영향을 미친단다."

"그러니까 나폴레옹이 황제가 된 뒤에도 혁명 정책은 계속되었다

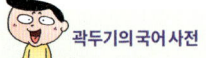 **곽두기의 국어사전**

남발 넘칠 남(濫) 드러낼 발(發). 법이나 증서 따위를 마구 발표하거나 발행하는 것을 가리켜.

나폴레옹 1세의 대관식은 뭐가 달랐을까?

나폴레옹은 자신이 먼 옛날 유럽을 호령했던 프랑크 왕국 카롤루스 대제의 뒤를 이어 황제 자리에 오른다고 선언했어. 카롤루스 대제를 서로마의 황제로 임명한 게 다름 아닌 교황이니만큼, 자신 역시 로마의 교황 앞에서 대관식을 치르려 했지. 그래서 교황을 대관식이 열리는 파리로 초청했단다.

교황은 이 요구에 흔쾌히 응했어. 나폴레옹이 교황 앞에서 무릎을 꿇고, 교황이 황제 관을 씌워 주는 모습만으로도 대혁명 때 잃어버린 교회의 권위를 되찾을 수 있을 거라 생각했기 때문이야. 하지만 정작 파리에서 열린 대관식의 모습은 교황의 상상과는 전혀 딴판이었지.

나폴레옹은 교황의 손에서 황제 관을 건네받아 자기 손으로 직접 자기 머리에 얹었어. 그리고 그대로 뒤돌아서 자기 손으로 황후 조제핀에게 황후 관을 씌워 주기까지 했단다. 누구의 힘도 빌리지 않고, 자기 힘으로 황제 자리에 올랐다는 것을 분명히 보여 준 행동이었지.

↑ **나폴레옹 1세의 대관식** 1804년 파리 노트르담 대성당에서 열린 대관식의 모습이야. 나폴레옹이 황제에 오른 뒤 황후 조제핀에게도 관을 씌워 주고 있어.

위의 그림이 바로 나폴레옹 1세의 대관식 장면을 묘사한 그림이야. 나폴레옹 뒤편에서 손을 들어 두 사람을 축복하고 있는 사람이 교황인데, 자세히 보면 표정이 꽤나 어둡다는 걸 알 수 있지.

이 그림이 완성되기까지는 여러 우여곡절이 있었어. 원래는 나폴레옹이 직접 관을 쓰는 장면을 그리려고 했지만 교황청의 항의로 무산됐고, 그 대신 황후가 관을 쓰는 장면을 그리기로 했어. 그리고 원래 교황은 힘없이 손을 늘어뜨리고 나폴레옹을 쳐다보는 모습이었어. 하지만 나폴레옹은 "내 대관식을 힘없이 구경이나 하라고 교황을 모셔 왔는 줄 아느냐!"라며 화가를 다그쳤대. 그래서 지금처럼 손을 들어 두 사람을 축복하는 모습이 됐다고 하는구나.

그거네요?"

"그렇지. 나폴레옹이 황제가 되긴 했지만, 일부 귀족과 성직자만 온갖 특권을 누렸던 과거로 돌아가지는 않았던 거야. 이 정도 변화만으로도 대부분의 국민들은 만족했단다. 무엇보다도 나폴레옹은 망하기 일보 직전이었던 프랑스 경제를 되살렸어. 나폴레옹 때 프랑스의 나라 살림살이가 드디어 흑자로 돌아선 거야."

"우아, 빚이 그렇게 많던데 어떻게요?"

아이들이 눈을 동그랗게 떴다.

"그동안 혁명 정부는 필요할 때마다 화폐를 마구 찍어 내서 쓰곤 했어. 이러면 당장은 돈을 쓸 수 있지만 화폐 가치가 떨어져서 물가가 치솟고, 국민들의 삶은 힘들어지기 마련이지. 그래서 나폴레옹은 우선 화폐 남발을 중지하고 프랑스 중앙은행을 만들어서 화폐 발행을 엄격하게 통제했단다. 그리고 나라 살림에 필요한 돈을 정직하게 마련했어."

"정직하게 마련하다니…… 그게 무슨 말이에요?"

"그야 세금을 더 걷는 거지. 그래서 혁명 이전에 거두었던 담배세나 소금세 같은 세금들이 부활했단다. 한편으로 해외 식민지를 다른 나라에 팔기도 했어. 미국에 루이지애나를 팔았던 게 바로 나폴레옹이 종신 통령 자리에 있었던 시기의 일이었지."

"아하! 미국이 프랑스에게 샀다는 그 식민지요?"

"그래. 그런데 뭐니 뭐니 해도 가장 큰 도움이 된 건 전쟁이었단다. 나폴레옹은 전쟁에 승리할 때마다 점령지를 약탈하고 어마어마한 액수의 전쟁 배상금까지 받아 냈거든. 프랑스 중앙은행을 만들 수 있었

허영심의 상식 사전

흑자 수입이 지출보다 많아서 이득이 생기는 상태를 말해. 반대말은 적자.

용선생의 세계사 돋보기

주로 몰수한 교회 재산을 담보로 발행한 화폐 '아시냐'를 많이 찍어 냈어. 아시냐는 가치가 계속 폭락해서 결국 1796년에 발행이 중단됐지.

→ **나폴레옹 금화** 나폴레옹이 권력을 잡은 1803년에 발행한 금화야. 나폴레옹의 얼굴이 새겨져 있지.

넌 것도 알고 보면 다 오스트리아가 지불한 전쟁 배상금 덕택이었어. 말하자면 나폴레옹은 전쟁 덕분에 인기를 유지하고, 전쟁 덕분에 나라 경제도 살려 낼 수 있었던 거야."

"그럼 계속 전쟁을 해야겠네요."

장하다의 말에 용선생은 고개를 끄덕였다.

"나폴레옹도 자신의 인기와 권력이 어디에서 나오는지 잘 알고 있었지. 그래서 1803년에 프랑스는 다시 한 번 전쟁을 벌이게 된단다. 이번에도 상대는 오스트리아와 영국이었어."

"어휴, 또 그 나라들이랑 싸워요?"

↑ **프랑스 은행** 나폴레옹은 프랑스의 중앙은행인 프랑스 은행을 설립해 화폐를 통일하고 물가를 안정시켰어.

용선생의 핵심 정리

나폴레옹은 쿠데타로 프랑스의 권력을 쥔 뒤, 제2차 이탈리아 원정을 승리로 이끌며 황제 자리에 오름. 황제가 된 후에도 개혁 법률들을 정리해 나폴레옹 법전을 만들고, 재정 개혁을 통해 프랑스의 경제를 살리는 등 개혁을 계속해 나감.

나폴레옹의 등장과 유럽 대륙을 휩쓴 자유주의 **205**

나폴레옹이 온 유럽을 무릎 꿇리다

"하지만 프랑스에게 영국은 몹시 까다로운 적이었어. 영국은 바다 건너에 있는데, 최강의 해군이 그 바다를 지키고 있으니 접근조차 할 수가 없었거든. 육지라면 천하무적인 나폴레옹도 영국에게 당장 전쟁을 선포한 게 아니라 다른 방법을 동원할 수밖에 없었지."

"어떤 방법인데요?"

"영국 경제를 압박하기로 한 거야. 나폴레옹은 프랑스와 프랑스의 식민지에서 영국 제품을 쓰지 못하도록 했단다. 영국 제품 수입을 금지한 거지."

"에이, 그게 무슨 큰 효과가 있겠어요?"

왕수재가 팔짱을 낀 채로 고개를 갸우뚱했다.

"아냐, 이건 아주 효과적인 방법이었단다. 인구가 많은 프랑스는 원래 영국 상인들이 물건을 파는 주요 시장이었거든. 이때 영국에서는 산업 혁명이 한창 진행 중이었어. 공장에서 대량으로 생산한 물건을 프랑스에 내다 팔아야 하는데, 나폴레옹이 이걸 딱 막은 거지. 나폴레옹의 조치로 프랑스로의 수출이 막히자 영국 경제는 크게 흔들렸단다. 결국 견디다 못한 영국은 프랑스와 싸울 수밖에 없었지."

"매번 그렇듯 이번에도 다른 나라들과 서로 손잡고 싸웠겠죠?"

"맞아. 영국은 오스트리아와 러시아, 스웨덴 등과 동맹을 맺었고, 영국과 적대 관계에 있던 에스파냐와 덴마크는 프랑스 편을 들었어."

"근데 나폴레옹은 바다 건너 있는 영국을 상대로 어떻게 싸우려고 한 거죠? 영국 해군과 맞서 싸우긴 힘들다면서요."

▲ **트라팔가르 해전** 트라팔가르 해전에서 승리하며 영국은 프랑스 육군의 상륙 작전을 막을 수 있었어. 하지만 영국의 호레이쇼 넬슨 제독은 이 전투에서 전사하고 말았어.

"나폴레옹은 어떻게든 바다를 뚫고 영국에 상륙하기만 하면 이길 자신이 있었어. 그래서 프랑스 해군에, 동맹국인 에스파냐 해군까지 총동원해 영국 상륙 작전을 짰지. 근데 나폴레옹이 이렇게 해군을 모으는 사이 동쪽에서 오스트리아와 러시아 연합군이 움직인다는 소식이 들린 거야. 나폴레옹은 일단 오스트리아를 상대하기 위해 군대를 동쪽으로 돌렸어."

"그럼 영국은 어쩌고요?"

"일단 급한 불을 끄려고 했던 거야. 영국이야 나중에 쳐들어가면 된다고 생각한 거지. 근데 그사이에 호레이쇼 넬슨 제독이 이끄는 영국 해군이 프랑스와 에스파냐 함대를 공격해서 완전히 박살 내 버렸

▲ **넬슨 제독 기념비** 영국 해군이 트라팔가르 해전에서 승리한 기념으로 세운 높이 51미터의 기념비야. 영국의 수도 런던 중심지에 세워져 있지.

▲ 아우스터리츠 전투 위풍당당한 자세로 부하들의 승전 보고를 듣는 나폴레옹의 모습이야. 그 뒤로는 포로로 잡힌 오스트리아 병사들의 모습도 그려져 있네.

◀ 에투알 개선문 나폴레옹이 아우스터리츠에서 거둔 승리를 기념하여 세운 건축물이야.

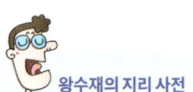

나폴레옹의 승리를 기념하는 에투알 개선문?!

왕수재의 지리 사전

아우스터리츠 오늘날 체코 동남부에 있는 슬라브코프 우브르나. 프랑스에서 빈으로 가는 길목에 위치한 작은 도시야.

단다. 이로써 결국 영국 상륙 작전은 수포로 돌아가고 말았지."

"영국으로선 한숨 돌렸네요."

"하지만 나폴레옹이 직접 지휘하는 프랑스 육군은 연신 승리를 거두며 오스트리아와 러시아 연합군을 궁지에 몰아넣었지. 나폴레옹은 전쟁을 시작한 지 석 달 만에 오스트리아의 수도 빈을 점령했고, 아우스터리츠 전투에서 완벽에 가까운 대승을 거두며 오스트리아를 완전히 무릎 꿇렸어."

"역시 육지에서는 천하무적이네요. 대단하다, 진짜."

"대단한 활약이었지. 나폴레옹은 오스트리아로부터 거액의 전쟁 배상금을 챙기고 이탈리아반도의 모든 영토를 넘겨받았어. 그걸로도

◀ 나폴레옹 전성기의 유럽

모자라 독일 남부 지역의 제후국을 중심으로 '라인 동맹'이라는 연방 국가를 만들어 자신이 보호자를 자처했어."

"라인 동맹? 그런 나라는 왜 만들었나요?"

"오스트리아를 견제하기 위해서였어. 독일 한복판에 자기 말을 잘 듣는 꼭두각시 나라를 만들어 오스트리아와 프랑스 사이의 완충 지대 역할을 하게끔 한 거야. 더 나아가 라인 동맹을 이용해 독일 지역의 여러 제후국이 오스트리아를 중심으로 뭉치는 것도 막을 생각이었지. 나폴레옹은 같은 목적으로 오스트리아의 황제를 압박해 신성 로마 제국도 해체하도록 했어."

허영심의 상식 사전

완충 지대 대립하는 나라들 사이의 충돌을 막기 위해 나라와 나라 사이에 두는 중립 지역을 말해.

나폴레옹의 등장과 유럽 대륙을 휩쓴 자유주의 **209**

"어, 예전에 30년 전쟁 이후로 신성 로마 제국은 거의 해체되었다고 하셨잖아요."

곽두기가 기억을 더듬으며 말했다.

"맞아. 하지만 여전히 독일 지역을 지배하는 제국이라는 상징적 의미는 가지고 있었어. 신성 로마 제국을 그냥 둔다면 훗날 독일의 제후국들이 단합하는 구실이 될 수도 있었지. 나폴레옹의 압박에 못 이긴 오스트리아는 황제 자리를 포기했고, 이로써 신성 로마 제국은 완전히 사라지게 되었단다."

"오스트리아가 완전히 굴욕을 당한 거네요."

"나폴레옹은 여기서 그치지 않았어. 네덜란드에 셋째 동생, 이탈리아 남부의 나폴리 왕국에는 자기 큰형을 왕으로 앉혀 사실상 프랑스의 세력 안에 집어넣었지. 이쯤 되자 독일의 신흥 강국인 프로이센은

위기감을 느꼈단다. 나폴레옹을 그대로 두었다간 프로이센도 어떻게 될지 몰랐거든. 그래서 영국, 러시아, 스웨덴 등과 손을 잡고 프랑스에 선전 포고를 했어."

"이번에는 프로이센이군요!"

"하지만 승리의 여신은 여전히 나폴레옹의 손을 들어 주었어. 나폴레옹은 프로이센을 공격해서 수도 베를린을 점령하고, 동쪽으로 진군을 계속해서 옛 폴란드 영토까지 모조리 손에 넣었지. 프로이센은 국토의 절반 가까이를 빼앗기고 백기를 들어야 했단다."

"프로이센도 나폴레옹의 상대가 되지 못했네요."

↑ 베를린에 입성하는 나폴레옹 나폴레옹은 프로이센의 번영을 상징하는 브란덴부르크 문 앞에서 개선식을 치렀어.

용선생의 세계사 돋보기

폴란드는 오스트리아와 러시아, 프로이센의 침략을 받아서 1795년 완전히 멸망했어.

"나폴레옹은 폴란드를 부활시키고, 그 자리에 '바르샤바 대공국'을 세워 라인 동맹처럼 꼭두각시 국가로 이용하려고 했단다. 나폴레옹의 기세에 놀란 러시아와 스웨덴은 제대로 싸우기도 전에 항복했어. 이로써 나폴레옹은 사실상 영국을 제외한 전 유럽을 굴복시킨 거야. 놀라운 건 이 모든 일을 고작 7년 만에 해냈다는 거지."

"와, 나폴레옹은 진짜 전쟁 천재인가 봐요. 근데 선생님, 나폴레옹이 그렇게 승승장구할 수 있었던 비결이 뭐죠?"

장하다가 혀를 내두르며 물었다.

"흠, 가장 큰 요인은 뭐니 뭐니 해도 바로 나폴레옹의 창의적이고 신속한 전술이었지. 포병 장교 출신인 나폴레옹은 당시에 주로 방어용으로 쓰이던 대포를 전장에서 자유롭게 끌고 다니며 주요 공격 무기로 사용했어. 게다가 굉장히 신속한 속도

↑ **나폴레옹 시대의 야포** 비교적 작고 기동성이 좋아서 전장에 끌고 다닐 수 있는 대포를 야포라고 해. 나폴레옹 시대부터 이렇게 바퀴가 달린 야포가 주요 무기로 사용되었단다.

→ **전열 보병** 나폴레옹 시대 전장에서 주로 활약한 병사들의 모습이야.

로 군대를 움직이며 아무도 예측하지 못한 순간에 적을 공격하곤 했단다. 나폴레옹의 전술은 200여 년이 지난 오늘날까지도 계속 연구되고 있을 정도야."

"그래서 매번 승리를 거뒀군요."

"하지만 나폴레옹의 승리에는 프랑스 대혁명의 정신에 공감한 각국 국민들이 프랑스군을 은근히 응원했던 덕도 커."

"각국 국민들이 프랑스군을 응원하다니, 그게 무슨 말씀이시죠?"

"당시 대다수의 유럽 국가들은 대혁명 이전 프랑스와 마찬가지로 낡은 신분 제도를 가지고 있었어. 극소수의 귀족만이 특권을 누리고, 부르주아와 대다수의 평민은 차별을 받는 제도 말이야. 그런데 프랑스의 지배를 받게 된 뒤로는 프랑스처럼 나폴레옹 법전에 따라 모든 시민이 평등한 대우를 받게 됐거든."

"아하, 그럼 나폴레옹을 지지하는 사람들이 많을 수밖에 없겠네요."

"그렇지. 특히 귀족들의 간섭에서 벗어나게 된 부르주아들이 나폴레옹을 열렬히 환영했단다. 그 덕분에 프랑스 대혁명의 정신도 프랑스를 벗어나 전 유럽으로 퍼져 나가게 되었지."

"이제 보니 나폴레옹이 정말 큰일을 했네요."

 **용선생의 핵심 정리**

프랑스 해군은 영국 해군에게 패배했지만, 나폴레옹이 이끄는 육군은 오스트리아와 프로이센을 차례로 격파하며 온 유럽을 정복함. 나폴레옹 전쟁을 거치며 전 유럽에 프랑스 대혁명의 정신이 퍼짐.

포병대
이전까지 대포는 너무 크고 무거워서 주로 한곳에 고정해 놓고 싸웠어. 하지만 이 시기에는 대포의 크기가 작고 가벼워져서 전장에 자유롭게 끌고 다니며 주요 공격 무기로 사용할 수 있게 되었지.

기병대
중세 시대까지 기병은 중무장한 기사를 태우고 전장의 맨 앞에서 적을 향해 돌진하는 역할을 맡았어. 하지만 이제 기병은 가벼운 무장을 한 채 아군의 보병이 공격을 쉽게 할 수 있도록 지원하는 역할을 맡았단다. 또 재빠른 속도를 활용해 적 보병 대열의 옆을 공격해 대형을 무너뜨리고, 후퇴하는 적을 추격하는 역할도 했어.

군악대
전쟁터에서는 주로 군인들의 사기를 북돋아 주는 역할을 해서 보병이 자리를 지키고 싸울 수 있도록 했어. 1800년대 초에는 보병끼리의 정면 대결이 늘어나면서 군악대의 중요성도 커졌지.

나폴레옹이 몰락하다

↑ 성문에서 영국 상품을 들여오는지 검사하는 프랑스 군인

"그런데 이렇게 잘나가던 나폴레옹도 끝까지 어쩌지 못한 나라가 있었어."

"저 알 거 같아요. 영국이죠?"

나선애가 손을 번쩍 들며 말하자 용선생은 고개를 끄덕였다.

"맞아. 유럽 대륙은 완전히 정복했지만 여전히 바다 건너 영국을 공격할 뾰족한 수가 없었거든. 나폴레옹은 고민 끝에 다시 영국의 경제를 압박하기로 했어."

"예전처럼 프랑스에서 영국 물건을 수입 금지시켰나 보죠?"

"이번에는 한 걸음 더 들어갔어. 프랑스뿐 아니라 자신에게 무릎을 꿇은 오스트리아, 프로이센, 러시아 같은 나라들에도 똑같이 영국과의 거래를 금지시켰지. 유럽 대륙의 문을 꽁꽁 닫아서 영국을 완전히 고립시키려 한 거야. 이걸 '대륙 봉쇄령'이라고 해."

허영심의 상식 사전

불황 경제 활동이 침체되는 상태를 말해. 물건이 잘 팔리지 않으니, 임금이 떨어지고 실업률은 크게 증가해서 나라의 살림살이가 몹시 힘들어지지.

"우아, 그 정도면 영국이 전보다 더 큰 타격을 입었겠네요?"

"맞아. 영국에는 엄청난 불황이 닥쳤고, 곡물 수입이 막히는 바람에 식량값이 폭등했지. 굶주린 노동자들이 폭동을 일으켜서 나라 곳곳에 군대가 출동해야 할 지경이었어. 하지만 영국은 그야말로 이를 악물고 버텼단다. 상인들은 세계 곳곳을 돌아다니며 유럽을 대신할 만한 새로운 시장을 개척해 나갔지. 그런데 따지고 보면 대륙 봉쇄령 때문에 곤란하게 된 건 유럽도 마찬가지였어."

"그건 왜죠?"

"산업 혁명 이후 유럽 국가들은 영국에 곡물과 목재 같은 원자재를 수출하고 영국의 값싼 공산품을 수입해 왔거든. 그런데 영국과의 무역이 금지되자, 영국의 공산품 수입이 중단돼서 공산품 가격이 폭등한 거야. 반대로 곡물이나 목재 같은 원자재는 수출할 곳이 없어서 가격이 폭락했지. 그래서 유럽의 여러 나라들이 대륙 봉쇄령에 크게 반발했단다. 특히 영국과 교역이 많던 스웨덴과 포르투갈은 공개적으로 대륙 봉쇄령을 거부했지."

"물론 나폴레옹이 가만있지 않았겠죠?"

"그럼~. 나폴레옹은 러시아를 동원해서 스웨덴을 굴복시켰고, 뒤이어 포르투갈이 있는 이베리아반도로 군대를 보냈어. 겁을 먹은 포르투갈 왕실이 맞서 싸우지 않고 대서양 건너 남아메리카로 도망가 버리는 바람에 포르투갈 원정은 싱겁게 끝났지. 그런데 나폴레옹은 이 참에 포르투갈뿐 아니라 에스파냐도 확실히 장악하기로 마음먹었어. 그래서 에스파냐 국왕을 내쫓고 대신 자기 큰형을 에스파냐의 새 왕으로 임명했단다."

"헉, 에스파냐 국민들로서는 마른하늘에 날벼락을 맞은 셈이었네요."

"반발이 어마어마했단다. 나폴레옹은 봉건제를 폐지하고 개혁을 실시할 거라고 에스파냐 국민들을 달랬어. 하지만 오히려 분노만 키웠을 뿐이었지. 1808년부터 에스파냐 전역에서 반대 시위가 벌어졌

공산품 장인 공(工) 날 산(産) 물건 품(品). 나무나 금속 같은 원자재를 가공해서 만들어 내는 물건을 말해.

▲ 조제프 보나파르트
(1768년~1844년) 나폴레옹의 큰형이야. 동생의 뜻에 따라 나폴리 국왕과 에스파냐 국왕에 등극하여 나폴레옹의 유럽 지배를 도왔지.

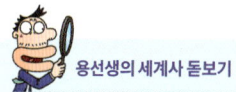

비슷한 시기에 나폴레옹은 교황령을 프랑스에 강제로 합병시켜 버렸는데, 이 때문에 에스파냐 국민들은 더 큰 충격을 받았다고 해. 에스파냐는 유럽에서도 유달리 독실한 가톨릭 신자가 많은 나라였거든.

▲ 에스파냐 화가 고야의 〈1808년 5월 3일〉
이베리아 전쟁 당시 프랑스군이 에스파냐의 민중을 학살하는 장면을 생생하게 담아낸 그림이야.

나선애의 세계사 사전

게릴라 원래는 에스파냐어로 '작은 전쟁'을 뜻하는 말이었어. 그런데 이베리아반도 전쟁을 거치며 '비정규군이 산발적으로 펼치는 전투'를 뜻하는 말로 굳어져서 지금까지 널리 쓰이고 있지.

고, 프랑스군은 본때를 보여 주겠다며 시위를 잔혹하게 진압했단다. 여기에 에스파냐 국민들이 더욱 강경하게 맞서며 '이베리아반도 전쟁'이 터졌어."

"전쟁이라고요? 에스파냐도 프랑스에 맞서 싸우긴 힘들었을 텐데요."

"에스파냐인은 정면 승부 대신 소규모 부대를 꾸리고 사방에서 치고 빠지는 식의 게릴라전을 펼쳐 나갔어. 제아무리 나폴레옹이라고 해도 이런 식으로 싸워서는 쉽게 승리를 거둘 수가 없었어. 사실상 거의 모든 에스파냐 국민이 프랑스의 적이나 다름없었기 때문이야. 더군다나 영국도 에스파냐에서 전쟁이 일어난 걸 알아채고 이베리아반도로 군대를 보내서 에스파냐를 돕기 시작했거든. 여기에 얼마 뒤에는 러시아마저 등을 돌리는 바람에 나폴레옹은 더욱 골머리를 썩게 됐어."

"러시아는 왜요?"

"그동안 러시아는 영국에 목재와 곡물을 수출해서 많은 이득을 보았어. 그런데 나폴레옹이 영국과 교역을 금지시켰으니 피해가 막심했지. 러시아 상인들은 나폴레옹의 눈을 피해 영국과 밀무역을 하며 근근이 버텨 오다가, 나폴레옹이 이베리아반도 전쟁으로 곤란해지자 대놓고 영국과 교역을 하기 시작했지. 성난 나폴레옹은 60만 대군을 이끌고 위풍당당하게 러시아로 원정을 떠났어."

"헉, 러시아는 이제 큰일 났네, 큰일 났어."

 "러시아군은 자신들이 나폴레옹의 상대가 될 수 없다는 걸 너무나 잘 알았어. 그래서 일부러 후퇴를 거듭하면서 프랑스군을 러시아 깊숙한 곳까지 끌어들였단다."

 "일부러 후퇴했다고요?"

 "나폴레옹에게 치명적인 약점이 있었어. 60만 명이나 되는 대군을 유지하려면 식량을 비롯한 각종 보급품이 많이 필요했거든. 러시아군은 이 점을 파고들었어. 프랑스군이 점령하게 될 도시에 불을 지르고 우물을 메워 버려서 프랑스군이 아무것도 얻을 수 없게 만든 거야. 나폴레옹은 넉 달 만에 러시아의 중심 도시인 모스크바를 점령했지만, 모스크바는 이미 잿더미가 되어 버려서 먹을 것은 물론이고 병사들이 잠을 잘 건물조차 찾을 수가 없었어."

"에이, 그래도 모스크바까지 내줬는데, 러시아도 오래 버티긴 힘들지 않을까요?"

장하다의 말에 용선생이 씩 웃음을 지었다.

"프랑스군에게는 또 다른 복병이 기다리고 있었지. 바로 영하 10도 밑으로 떨어지는 러시아의 매서운 겨울 날씨야. 게다가 프랑스군에게는 제대로 된 겨울옷도 없었어. 나폴레옹은 러시아 원정이 몇 달 안에 끝날 거라고 생각해서 월동 준비를 전혀 해 오질 않았거든. 제아무리 날고 기는 전쟁 영웅이라고 해도, 계속 러시아에 있었다가는 그대로 얼어 죽을 지경이었어. 결국 나폴레옹은 모스크바에서 한 달 만에 퇴각 명령을 내릴 수밖에 없었단다."

곽두기의 국어 사전

월동 넘을 월(越) 겨울 동(冬). 겨울을 나는 것을 말해.

"우아, 러시아군은 제대로 싸우지도 않고 나폴레옹을 물리쳤네요."

"그래. 프랑스로 돌아가는 도중 수많은 병사들이 굶주림과 추위로 목숨을 잃었어. 러시아군은 후퇴하는 프랑스군을 기습하기도 했지. 두 달 뒤 나폴레옹이 파리로 돌아왔을 때 60만 명의 병사 중 무사히 귀환한 건 고작 10만 명뿐이었대."

"세상에, 어마어마한 실패였네요."

↑ **러시아에서 퇴각하는 나폴레옹과 프랑스군**
초라한 모습으로 귀환하는 나폴레옹의 모습. 이렇게 퇴각하는 길에 수십만 명의 병사가 목숨을 잃었어.

"실패도 이런 실패가 없었지. 결국 러시아 원정을 계기로 나폴레옹의 몰락이 시작됐어. 러시아가 오스트리아, 프로이센과 다시 한 번 동맹을 맺고 힘 빠진 프랑스를 벼랑 끝까지 몰아붙였거든. 나폴레옹은 끝까지 저항했지만 결국 수도 파리까지 빼앗기고 연합군에 항복하고 말았지. 프랑스 의회는 나폴레옹을 폐위하고, 그 대신 옛 국왕 루이 16세의 동생을 새로운 국왕으로 즉위시켰단다."

"그럼 이제 나폴레옹은 어떻게 되는데요?"

"연합군은 나폴레옹을 함부로 대할 수가 없었어. 나폴레옹이 패장이긴 해도 프랑스 국민들에게는 여전히 영웅이었거든. 그래서 나폴레옹에게 이탈리아 앞바다의 '엘바'라는 작은 섬을 내주고 그곳에서 평생 살도록 했어."

▼ **엘바섬** 나폴레옹이 유배당했던 섬이야. 인천 영종도의 두 배쯤 되는 크기야.

▲ 나폴레옹의 유배지

▲ 세인트헬레나섬 남대서양 한복판의 세인트헬레나섬은 인천 영종도와 비슷한 크기의 바위섬이야.

"정말요? 천하의 나폴레옹이 외딴섬으로 쫓겨나다니……."

"하지만 나폴레옹은 보란 듯이 재기했어. 연합군의 감시가 느슨해진 틈을 타 고작 9개월 뒤 엘바섬을 탈출해서 프랑스로 돌아왔거든. 프랑스 국민들 모두가 나폴레옹을 환영했단다. 이때 새로운 국왕이 군대를 보내 나폴레옹을 체포하려고 했는데, 나폴레옹이 '나는 프랑스의 황제다. 알겠느냐.'라고 말하자 단숨에 태도를 바꿔서 '황제 폐하 만세!'라고 외치며 나폴레옹의 명령을 따르기 시작했대. 나폴레옹은 다시 프랑스의 황제 자리에 올랐고, 새로운 국왕은 속절없이 이웃 나라로 도망가야 했지."

"어머, 그럼 다시 나폴레옹의 시대가 열리는 거예요?"

"하지만 오래가진 못했어. 화들짝 놀란 영국이 신속하게 연합군을

▲ **워털루 전투** 벨기에의 워털루 평원에서 펼쳐진 전투야. 나폴레옹 전쟁은 워털루 전투로 막을 내렸단다. 나폴레옹이 엘바섬을 탈출한 지 꼭 백 일 만이었지.

꾸려서 나폴레옹 앞을 막아섰거든. 나폴레옹은 벨기에의 워털루에서 영국과 프로이센 연합군을 상대로 전력을 다해 싸웠어. 하지만 다시 패배하고 이번에는 훨씬 더 먼 남대서양 한복판의 외딴섬 세인트헬레나로 추방당했단다. 그리고 다시는 유럽에 발을 딛지 못한 채 쓸쓸하게 최후를 맞이했지."

"어휴~. 정말 파란만장하게 살았던 사람이네요."

▲ **나폴레옹의 관** 파리의 앵발리드 교회 지하에 있어.

▲ **아서 웰즐리** (1769년~1852년) 워털루 전투를 승리로 이끈 영국 장군이야. 그 공으로 유명세를 얻어 영국의 총리가 되기도 했어.

 **용선생의 핵심 정리**

나폴레옹은 대륙 봉쇄령을 내려 영국을 고립시키려 함. 그러나 이베리아반도 전쟁에서 에스파냐인의 거센 저항에 부딪혔고, 러시아 원정에 크게 실패한 이후 다시 결성된 연합군에 패배해 황제 자리에서 물러나 쓸쓸한 최후를 맞이함.

빈 체제, 대혁명 이전으로 유럽을 되돌리려 하다

↑ **오스트리아 수상 집무실**
1814년 빈 회의가 열린 곳으로, 지금은 오스트리아 수상 집무실로 쓰여.

↑ **클레멘스 폰 메테르니히**
(1773년~1859년) 오스트리아의 외무 장관. 빈 회의를 주도했고, 이후 빈 체제를 유지하는 데 가장 큰 역할을 했어.

> **용선생의 세계사 돋보기**
>
> 특히 러시아와 영국의 의견 대립이 심했어. 이 두 나라는 나폴레옹을 무찌르는 데 아주 큰 역할을 한 나라였지. 러시아는 이 기회에 폴란드를 통째로 집어삼키며 발트해와 북해로 진출하려고 했고, 영국은 그걸 결사 반대했거든.

"유럽을 뒤흔든 나폴레옹이 사라지자 유럽 각국의 대표들이 오스트리아의 수도 빈에 모였어. 그간 나폴레옹 때문에 생긴 문제를 시급히 해결하기 위해서였지."

"나폴레옹도 사라졌는데 무슨 문제가 또 생겼나요?"

"그동안 나폴레옹이 전 유럽을 떡 주무르듯 주물러 왔기 때문에 해결해야 할 문제가 한두 가지가 아니었어. 일단 나폴레옹의 정복 전쟁으로 엉망이 된 각국의 국경을 다시 정리해야 했지. 그리고 나폴레옹 같은 괴물이 다시 나타나지 않도록 대책도 마련해야 했어. 그래서 각국의 대표가 머리를 맞대고 회의를 한 거야. 이걸 빈 회의라고 해. 오스트리아의 외무 장관 메테르니히가 빈 회의를 주도했지."

"그럼 프랑스가 크게 손해를 봤겠네요."

"그건 아냐. 막상 회의가 시작되자 국경 문제 때문에 여러 나라 사이에 의견이 치열하게 엇갈렸거든. 오랜 시간 회의를 거친 끝에 유럽 각국은 크게 세 가지 원칙에 따라 유럽 문제를 풀어 나가기로 결정했지."

용선생은 스크린에 크게 세 문장을 띄웠다.

첫째, 유럽을 프랑스 대혁명 이전으로 되돌린다.

둘째, 나폴레옹의 프랑스처럼 어느 한 나라가 지나치게 강해져서 유럽의 평화를 깨는 일이 없도록 서로 협조한다.

셋째, 유럽 어딘가에서 또다시 프랑스처럼 혁명이 일어날 경우 모두가 힘을 합쳐서 막는다.

"대혁명 이전이라니? 이게 무슨 뜻이에요?"

나선애가 눈을 가늘게 뜨며 물었다.

"나폴레옹이 멸망시킨 나라는 다시 세워서 옛날 왕족들이 다스리게 하고, 혁명을 피해 도망갔던 귀족에게는 자기 영지를 되찾아 주고, 국경선도 프랑스 혁명 전쟁이 벌어지기 전으로 되돌리는 거지.

↑ 빈 회의 유럽 여러 나라의 대표들이 오스트리아의 수도 빈에 모였어. 회의 결과 이들은 유럽을 프랑스 대혁명 이전 상태로 되돌리기로 결정했지.

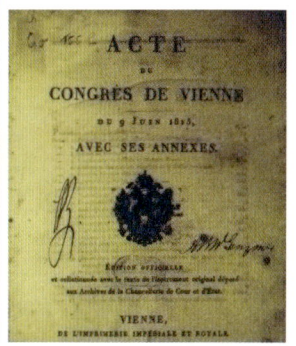

← 1814년 빈 회의 기념주화 빈 회의에 참여한 각국의 수장들이 그려져 있어.

↑ 빈 회의 조약문

나폴레옹의 등장과 유럽 대륙을 휩쓴 자유주의 **225**

그리고 행여나 다시 혁명이 일어나지 않도록 모두가 힘을 합쳐서 막아 내자는 거야. 물론 나폴레옹 법전도 모두 폐기해 버렸지."

"어머, 그럼 혁명으로 이룬 성과가 모두 사라지는 거잖아요!"

영심이가 깜짝 놀란 듯 눈을 동그랗게 떴다.

"맞아. 그게 바로 빈 회의에 모인 각국 대표들이 바라는 점이었거든. 이렇게 크게 세 가지 원칙 아래 유럽에 자리 잡은 새로운 국제 질서를 '빈 체제'라고 해. 빈 체제에 의해 다시 그려진 유럽의 국경을 보자."

용선생이 지도를 펼쳐 보이며 설명을 이어 갔다.

↑ 빈 체제 아래의 유럽

"빈 회의 전후의 가장 큰 차이라면 역시 나폴레옹이 유럽 곳곳에 만들었던 꼭두각시 국가들이 모두 사라지고 옛 나라들이 되살아났다는 점이지. 독일에서는 라인 동맹이 사라졌고, 북이탈리아의 여러 도시 국가도 부활했어. 네덜란드도 벨기에까지 더해서 네덜란드 왕국으로 다시 태어났단다."

"신성 로마 제국도 다시 부활했어요?"

"아니. 옛 신성 로마 제국의 여러 제후국들은 신성 로마 제국 대신 '독일 연방'이란 걸 만들었단다. 옛 황제국이었던 오스트리아도 프로이센, 바이에른처럼 평등한 자격으로 독일 연방에 참여했지."

"그럼 신성 로마 제국 비슷한 게 다시 생긴 건 맞네요."

"흐흐. 그건 그래. 독일 연방은 각 지역에서 대표를 뽑아서 연방 의회를 만들었는데, 결국엔 오스트리아가 연방 의회의 의장을 맡아서 연방을 주도했거든. 독일 연방에서는 거의 300여 개에 이르던 제후국들이 38개로 말끔히 정리돼 예전보다는 의견 일치를 보기가 쉬웠어. 그래도 통일된 법이나 제도도 없고, 연방 정부 같은 것도 없으니 여전히 한 나라라고 할 수는 없었지. 그래서 독일 연방 설립에 불만을 가진 사람도 많았어."

"그럼 완전히 한 나라를 만들기 원했던 건가요?"

"맞아. 많은 독일인은 독일 연방처럼 어정쩡한 연합을 만들 게 아니라, 프랑스 같은 강력한 통일 국가를 원했거든. 나폴레옹 전쟁 이후 '독일도 프랑스처럼 강력한 국가를 세워야 외국의 침략을 막고 평

▲ 프랑크푸르트의 투른 탁시스궁
1816년부터 1866년까지 독일 연방의 연방 의회가 이곳에서 열렸어. 제2차 세계 대전 중 파괴되었다가 2010년 지금 모습으로 복원했어.

 용선생의 세계사 돋보기

신성 로마 제국의 마지막 황제였던 프란츠 2세가 의장을 맡았어.

나선애의 세계사 사전

민족주의 비슷한 언어, 문화를 공유하거나 혈연적으로 뿌리가 같은 사람들이 하나로 뭉쳐서 자유와 독립을 이루어야 한다는 생각을 말해.

▼ **루이 18세**
(1755년~1824년) 대혁명으로 목숨을 잃은 루이 16세의 동생이야. 외국으로 도망갔다가 나폴레옹이 쫓겨난 후 돌아와 프랑스 국왕이 되었지.

화를 지킬 수 있다.'고 생각하게 된 사람들이 늘어났기 때문이지. 이 생각은 곧 같은 민족끼리 하나로 뭉치자는 민족주의로 자라났어. 민족주의는 독일뿐 아니라 유럽 전역으로 퍼져 나가서 빈 체제에 큰 위협이 되었단다."

"민족주의가 빈 체제에 위협이 되다니요?"

장하다가 눈을 끔뻑거렸다.

"그동안 오스트리아나 오스만 제국의 지배를 받아 온 여러 민족들 역시 민족주의의 영향을 받아 저마다 독립 국가를 세우겠다고 나섰기 때문이야. 그 결과 유럽에는 새로운 나라들이 건설되지. 그 이야기는 다음 시간에 자세히 다룰 테니 기대하렴."

"흠, 그럼 프랑스는 어떻게 됐는데요? 프랑스도 대혁명 이전으로 돌아갔어요?"

곽두기의 질문에 용선생은 고개를 끄덕였다.

"루이 16세의 동생인 루이 18세가 다시 프랑스 국왕이 되었으니 옛날로 되돌아가긴 했지. 하지만 이제는 왕이라 해도 옛날처럼 나라를 마구잡이로 다스릴 수는 없었어. 루이 18세는 영국을 모델로 삼아 입헌 군주제를 실시하고 의회의 뜻을 존중하며 나라를 다스렸단다. 혁명기에 진행됐던 개혁도 대부분 인정했고, 부르주아들이 신문이나 잡지를 통해 여러 가지 주장을 펼치고 사회 활동도 마음껏 할 수 있도록 보장했지."

"역시 역사를 거꾸로 돌릴 수는 없었던 거군요."

나선애가 손바닥을 주먹으로 치며 말했다.

"그래. 프랑스뿐 아니라 한때 나폴레옹에 점령당했던 다른 나라들

↑ **함바흐 축제** 1832년 독일의 바이에른에서 열린 자유주의자의 축제야. 훗날 독일의 국기가 된 삼색기가 이 축제에서 처음 쓰였어.

↑ **프랑크푸르트 경비대 습격** 1833년에 독일 프랑크푸르트에서 일어난 자유주의자의 반란이야. 결국 실패로 끝났지만, 이후 1848년 혁명에 영향을 미쳤지.

도 마찬가지였어. 한번 왕과 귀족의 굴레에서 벗어나 자유를 맛본 사람들은 자유를 지키기 위해 저항해 싸우기 시작했지. 이들이 가지고 있던 생각을 자유주의라고 해. 주로 지식인과 돈 많은 부르주아들이 자유주의 운동에 앞장섰고, 민족주의 운동을 같이 펼치기도 했어."

"자유주의와 민족주의 운동을 같이 펼쳤다고요?"

"민족주의자든 자유주의자든 어차피 싸워야 하는 적은 같았거든. 옛날로 돌아가려는 왕과 귀족들이었지. 특히 빈 회의를 주도했던 오스트리아의 외무 장관 메테르니히는 민족주의자와 자유주의자 공통의 적이었어. 빈 체제를 지키기 위해 민족주의와 자유주의 운동에 앞장서는 지식인들을 무력으로 탄압했기 때문이야."

"그럼 민족주의 운동과 자유주의 운동도 메테르니히 때문에 실패했어요?"

"아니. 메테르니히는 자유주의, 민족주의의 큰 흐름을 막을 수 없

나선애의 세계사 사전

자유주의 인간 개개인의 자유와 권리를 무엇보다 소중하게 여기는 생각을 말해.

↑ 에스파냐 혁명 에스파냐의 자유주의자들은 새 헌법을 통과시켰지만, 프랑스의 개입으로 실패했어.

었어. 더구나 메테르니히와 힘을 합쳐 빈 체제를 지켜야 할 유럽 각국도 정작 결정적인 순간에는 등을 돌리곤 했거든."

"왜요? 무슨 일이 있었는데요?"

"여러 가지 사건이 있었지. 예컨대 1820년에는 에스파냐에서 시민들이 혁명을 일으켜 왕정을 뒤집고 새로운 헌법을 만들었어. 빈 체제의 원칙에 따르면 유럽의 모든 나라가 힘을 합쳐서 진압에 나서야 했지. 러시아는 원칙대로 공동 진압군을 보내자고 했지만, 영국은 온갖 핑계를 대며 반대하고 나섰어."

"영국이 왜요?"

"영국은 러시아가 이 일을 빌미로 북아메리카에 있는 에스파냐 식민지를 노릴 거라고 생각했거든. 실제로 영국의 반대 때문에 공동 진압이 무산되자, 프랑스가 단독으로 진압군을 보내 혁명을 좌절시키고 에스파냐에 영향력을 넓히려 했지."

"결국 다들 빈 체제 유지보다는 자기 나라 이익이 우선이었군요."

"그래. 몇 년 뒤에는 그리스가 오스만 제국을 상대로 독립 전쟁을 벌였는데, 이때는 영국과 러시아를 비롯한 여러 나라가 그리스를 도와 전쟁에 뛰어들었어. 모두들 이 기회에 동지중해로 세력을 넓히려

자유주의와 민족주의 바람을 탄 그리스의 독립

그리스는 오랫동안 오스만 제국의 지배를 받아 왔어. 나폴레옹 전쟁을 계기로 유럽 각국에 민족주의 바람이 불기 시작하자, 그 영향으로 1821년부터 본격적으로 독립 전쟁을 시작했지. 그리스는 영국, 프랑스, 러시아 등 유럽 강국들의 지원을 받아 결국 1828년 독립에 성공했단다.

유럽 사람들은 그리스 독립 전쟁을 여러 가지 의미로 받아들였어. 우선 그리스 민족만의 독립 국가를 세우기 위한 전쟁이니, 당연히 민족주의적인 전쟁이었지. 한편으로는 자유를 억압하는 오스만 제국의 귀족과 술탄을 몰아내고 혁명을 이루기 위한 자유주의적인 전쟁이기도 했어. 또 이슬람 세력에 대항하는 크리스트교 세력의 종교 전쟁이기도 했고, '서양 문명의 뿌리'인 그리스를 서아시아 문명으로부터 해방시키기 위한 문명 대 문명의 전쟁으로 받아들이기도 했단다.

↑ 그리스 독립군을 축복하는 그리스 정교 성직자 그리스 독립 전쟁은 크리스트교 세력이 이슬람교에 맞서는 종교 전쟁이기도 했어.

한 건데, 자유주의의 물결을 막겠다는 빈 회의의 결정을 정면으로 무시하는 행동이었지."

"다들 그런 식이면 빈 체제가 오래가기는 어렵겠네요."

왕수재가 중얼거리듯 말했다.

"그래. 이렇게 흔들거리던 빈 체제는 유럽 곳곳에서 혁명의 물결이 거세게 일면서 결국 무너지고 말았단다."

용선생의 핵심 정리

유럽의 여러 나라는 빈 회의를 통해 혁명 이전으로 유럽을 되돌리고 힘을 합쳐 이를 지키기로 함. 그러나 독일에서는 민족주의가 싹을 틔우고 유럽 전역에 자유주의가 퍼져 나가며 빈 체제는 곧 흔들리게 됨.

유럽 여러 나라에서 혁명이 일어나다

↑ **샤를 10세**
(1757년~1836년) 루이 16세와 루이 18세의 동생이야. 7월 혁명으로 쫓겨났지.

"유럽 곳곳에서 혁명이 일어나요?"

"시작은 프랑스였어. 루이 18세의 뒤를 이은 샤를 10세가 저 옛날 루이 14세처럼 프랑스에 절대 왕정을 되살리려고 했거든."

"이제 와서 절대 왕정을 되살려요?"

나선애가 어이없다는 표정을 지었다.

"응. 샤를 10세는 의회를 해산하고, 신문 발행을 금지해 언론의 자유를 빼앗았어. 그리고 귀족들이 대혁명 시기에 빼앗기고 손해 본 재산을 보상해 주기까지 했지. 참다못한 프랑스 시민들은 다시 봉기했어. 공장 노동자에서 대학생에 이르기까지 숱한 시민들이 거리로 뛰쳐나와 '샤를 10세는 물러가라'며 목소리를 높였지."

"다시 혁명이 일어난 거군요."

왕수재가 팔짱을 낀 채 말했다.

"결국 샤를 10세는 왕위에서 쫓겨나 영국으로 도망가고 말았어. 이 일이 1830년 7월에 일어났기 때문에 '7월 혁명'이라고 해. 7월 혁명의 결과 프랑스에는 새로운 국왕 루이 필리프가 즉위하게 됐단다."

▲ 〈민중을 이끄는 자유의 여신〉 프랑스의 화가 외젠 들라크루아가 7월 혁명을 기념하기 위해 그린 그림이야. 가운데 있는 여성이 바로 자유의 여신으로, 한 손에는 프랑스 국기를, 다른 한 손에는 총검을 들고 사람들을 이끌고 있지.

"어, 혁명을 일으켜 왕을 쫓아냈는데, 또 왕이라고요?"

"프랑스 시민들은 급진적 개혁보다 안정적인 개혁을 선택한 거야. 공화국이었던 시기에 프랑스가 얼마나 큰 혼란을 겪었는지 아직도 기억이 생생했거든. 그래서 다시 공화국을 세우기보다 시민들의 입장을 이해하고 시민들의 자유를 보장해 줄 사람을 왕으로 세우는 편이 낫다고 생각했던 거지. 거기다 루이 필리프의 가문은 프랑스 왕족이었지만, 대혁명 당시에는 평민 편에 서 있었던 혁명파였어."

"아하, 그래서 왕이 될 수 있었던 거군요."

"근데 시민들 생각대로 루이 필리프는 시민 편이었어요?"

나선애가 미심쩍은 듯 눈을 가늘게 떴다.

"응. 루이 필리프는 투표를 할 수 있는 나이와 재산 자격을 낮춰서 더 많은 사람이 투표권을 가질 수 있도록 선거 제도를 개혁했어. 또 언론의 자유를 인정한 것은 물론이고, 나라의 주요 관직에서 왕당파

▲ 루이 필리프 (1773년~1850년) 7월 혁명으로 프랑스 국왕이 됐어. 인품이 온화하고 선량해서 즉위 초반에는 '국민의 왕'이라고 불리기도 했어.

를 모두 쫓아내고 자유주의자를 적극 임명했단다."

"와, 그 정도면 프랑스 국민들도 만족했겠네요?"

"100년 전에 루이 필리프 같은 왕이 있었더라면 아마 인기 최고였을 거야. 하지만 그사이 세상은 너무 많이 변했단다. 이제 프랑스에서도 영국처럼 산업 혁명이 진행되면서 수많은 공장 노동자들이 나타났어. 노동자들은 단체로 뭉쳐서 '임금을 올려 달라', '일자리를 달라'며 시위를 벌였지만, 루이 필리프는 일방적으로 부르주아의 편에서서 노동자들을 무자비하게 탄압했지. 게다가 선거 제도를 개혁했다 하더라도 재산 자격 때문에 대다수 국민들은 여전히 투표할 수도 없어서 큰 불만이었어."

"그러니까 그 정도 개혁으로는 국민들을 만족시킬 수 없었다는 거네요."

"그래. 게다가 쫓겨난 왕당파들은 루이 필리프를 '가짜 왕'이라며 비판했어. 또 나폴레옹 시절의 강력했던 프랑스를 그리워하며 나폴레옹의 후손들을 다시 황제로 모셔야 한다는 사람들도 있었지. 그 때문에 루이 필리프가 통치하는 동안 프랑스는 내내 시끄러웠어. 결국 1848년 2월, 다시 혁명이 일어났단다. 루이 필리프는 왕위를 내놓았고, 프랑스는 왕을 모시지 않는 공화국이 되었지."

"또다시 공화국? 정말 프랑스는 긴박하게 돌아가네요."

장하다의 말에 용선생이 미소를 살짝 지었다.

"그런데 혁명은 프랑스에서 그치지 않았어. 1848년에는 독일과 오스트리아, 이탈리아 등 유럽 전역에서 동시 다발적으로 혁명이 일어났지. 1848년에 일어났던 혁명을 통틀어 '1848년 혁명'이라고 불러."

7월 왕정을 배경으로 한 소설 《레 미제라블》

《레 미제라블》은 프랑스의 작가 빅토르 위고가 1862년에 쓴 소설이야. 주인공 장 발장은 빵 하나 훔친 죄로 19년 동안 감옥에 갇혔다 사회에 나왔어. 하지만 전과자라는 이유로 차별받다가 한 신부의 도움을 받아 선한 사람으로 살게 됐지. 이후 장 발장은 의붓딸 코제트를 만나 파리에서 일어난 봉기에 엮이기도 하는 등 파란만장한 삶을 살게 돼.

이 소설은 장 발장이라는 한 남자의 일생을 통해 혁명 이후 혼란스러웠던 1800년대 프랑스 사회를 잘 보여 준단다. 특히 소설의 절정인 파리 봉기는 7월 혁명 직후인 1832년 6월에 실제로 일어났던 사건을 배경으로 하고 있어.

7월 혁명이 일어난 이후, 프랑스가 또 왕을 모시게 된 것에 불만을 가진 사람들은 다시 혁명을 일으켜 공화정을 만들고자 했어. 이들은 당시 큰 인기를 모았던 정치인 라마르틴의 장례식 때 반란을 일으켰지. 하지만 예상과 달리 파리 시민의 지지와 참여는 적었고, 군대에 의해 하루 만에 진압당하고 말았단다.

《레 미제라블》에는 반란의 주동자인 마리우스가 친구들과 함께 반란을 계획하는 장면, 주인공 장 발장이 바리케이드에서 반란의 주동자인 마리우스를 구해 내기 위해 좌충우돌하는 장면이 생생하게 그려져 있어 당시 혁명의 긴박한 상황을 잘 느낄 수 있단다.

▲ **빅토르 위고** (1802년~1885년) 프랑스의 대표 작가. 《레 미제라블》, 《파리의 노트르담》 등 여러 작품을 남겼어.

▲ **뮤지컬 〈레 미제라블〉의 한 장면** 프랑스를 공화정으로 되돌리기 위해 혁명을 일으키는 장면이야. 민중들은 도시에 바리케이드를 쌓고 무기를 들고 일어서 정부에 저항하려 했지.

↑ 2월 혁명 당시 파리 시청을 점령한 시민들

↑ 3월 혁명이 일어난 베를린

"이렇게 동시에 혁명이 터지다니…. 다들 계획이라도 했던 건가요?"

"그동안 자유주의와 민족주의를 억누르던 빈 체제에 대한 불만이 프랑스의 2월 혁명을 계기로 동시에 터져 나온 거야. 1848년 혁명으로 빈 체제는 완전히 무너졌어. 오스트리아의 메테르니히는 혁명을 피해 영국으로 도망갔고, 프로이센 국왕은 시위대의 기세에 눌려 헌법과 의회를 만들어서 입헌 군주제를 실시하기로 약속했지. 독일의 민족주의자들은 강력한 통일 국가를 세우기 위한 논의를 본격적으로 시작했단다."

"와, 혁명으로 세상이 완전히 변했군요."

↑ 1848년 혁명

"하지만 결국 1848년 혁명은 대부분 실패로 돌아갔어. 오스트리아와 프로이센의 왕당파들이 군대를 동원해 혁명 세력을 모두 진압했거든."

"그럼 공화국이 된 프랑스도 다시 옛날로 되돌아갔나요?"

"그렇다고 할 수도 있고, 아니라고 할 수도 있어."

"잉, 그게 무슨 말씀이시죠?"

용선생의 묘한 미소에 다들 고개를 갸웃댔다.

"2월 혁명으로 공화국이 된 프랑스는 선거를 통해 대통령을 뽑았어. 투표권은 재산에 관계없이 모든 국민에게 주어졌지. 그런데 선거를 통해 새롭게 대통령이 된 사람이 뜻밖에도 나폴레옹의 조카 루이 나폴레옹이었단다. 루이 나폴레옹은 심지어 70퍼센트라는 압도적인 득표율로 당선이 됐지."

"나폴레옹의 조카라고요?"

▲ 1848년 프랑스 대통령 선거 홍보물을 보는 사람들
루이 나폴레옹과 상대 후보 카베냐크 장군이 그려진 홍보물을 보고 있어.

237 나폴레옹의 등장과 유럽 대륙을 휩쓴 자유주의

"그만큼 많은 국민이 나폴레옹 시절의 강력했던 프랑스를 그리워했던 거지. 일단 권력을 잡은 루이 나폴레옹은 자기 삼촌과 똑같은 길을 걸었단다. 1851년, 쿠데타를 일으켜서 권력을 장악하고 황제 자리에 오른 거야. 이렇게 해서 프랑스는 다시 황제 나폴레옹 3세를 모시는 나라로 돌아가고 말았지."

"결국 도루묵이네요. 무슨 혁명마다 결론이 다 이래요?"

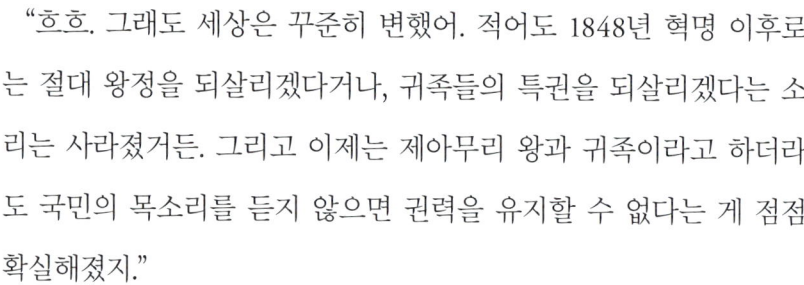

나선애가 고개를 절레절레 저으며 투덜거렸다.

"흐흐. 그래도 세상은 꾸준히 변했어. 적어도 1848년 혁명 이후로는 절대 왕정을 되살리겠다거나, 귀족들의 특권을 되살리겠다는 소리는 사라졌거든. 그리고 이제는 제아무리 왕과 귀족이라고 하더라도 국민의 목소리를 듣지 않으면 권력을 유지할 수 없다는 게 점점 확실해졌지."

"혁명들이 모두 다 실패한 것 같지만, 사실 성과가 있었다는 말씀이시네요."

"물론이지. 다음 시간에는 민족주의 운동이 어떤 성과를 거두었는지 좀 더 자세히 살펴보도록 하자. 오늘은 여기까지! 다들 고생 많았어!"

용선생의 핵심 정리

프랑스에서는 1830년 7월 혁명으로 샤를 10세가 물러나고, 뒤이어 1848년 2월 혁명으로 공화정이 세워짐. 1848년에는 유럽 각국에서 동시 다발적으로 혁명이 일어나 빈 체제가 무너졌지만, 혁명 자체는 대부분 실패로 돌아감.

나선애의 **정리노트**

1. 프랑스의 황제가 된 나폴레옹
- **나폴레옹**은 전쟁에서 활약하며 국민의 지지를 등에 업고 **쿠데타**에 성공함.
  - → 나폴레옹은 국민 투표를 통해 **황제**로 즉위
- 나폴레옹의 업적: **나폴레옹 법전** 편찬, 프랑스 경제 회복, 정복 전쟁 승리

2. 나폴레옹의 유럽 정복과 몰락
- 오스트리아, 프로이센 등을 무찌르며 영국을 제외한 전 유럽 정복
  - → 정복지를 나폴레옹 법전에 따라 다스리며 **프랑스 대혁명의 정신을 전 유럽에 퍼뜨림**.
  - → **대륙 봉쇄령**을 내려 영국을 고립시키려 함.
- 이베리아반도 전쟁에서 에스파냐의 거센 저항에 부딪히고, 러시아 원정도 실패함.
  - → 오스트리아, 영국 등 연합군에 패배하여 몰락

3. 유럽에 퍼지는 민족주의와 자유주의
- **빈 체제**: 유럽을 프랑스 대혁명 이전 상태로 되돌리자는 각국 대표들의 합의
  - → 빈 체제에 반대하는 **자유주의**, **민족주의**가 전 유럽에 퍼짐.
  - → 빈 체제를 지켜야 할 유럽 각국도 자국의 이익을 앞세우며 빈 체제가 흔들림.

4. 빈 체제를 무너뜨린 1848년 혁명
- 프랑스는 1830년 **7월 혁명**으로 샤를 10세가 물러남.
- **1848년 혁명**: 유럽 각국에서 빈 체제에 반발하여 일어난 혁명
  - → **2월 혁명**으로 프랑스 제2공화정 탄생, 3월 혁명으로 프로이센 입헌 군주제 실시
  - → 빈 체제 붕괴, 그러나 혁명 자체는 대부분 실패

세계사 퀴즈 달인을 찾아라!

1 그림 속 인물에 대한 설명으로 옳지 않은 것은? ( )

① 국민 투표를 통해 황제로 즉위했어.
② 쿠데타를 통해 프랑스의 권력을 쥐었어.
③ 프랑스의 개혁 법률을 정리한 나폴레옹 법전을 만들었어.
④ 유럽을 프랑스 대혁명 이전 상태로 되돌리자는 합의를 주도했어.

2 다음 지도를 보고 당시 유럽의 상황에 대해 잘못 설명한 친구는? ( )

〈나폴레옹 전성기의 유럽〉

 ① 나폴레옹은 영국을 포함해 전 유럽을 정복했어.

 ② 프랑스의 혁명 정신이 전 유럽으로 퍼져 나갔던 시기야.

 ③ 라인 동맹은 나폴레옹이 오스트리아를 견제하기 위해 만들었어.

 ④ 상징적으로 존재하던 신성 로마 제국이 완전히 사라지게 되었어.

3 다음 사건들을 일어난 순서대로 써 보자.

㉠ 워털루 전투
㉡ 나폴레옹의 러시아 원정 실패
㉢ 에스파냐에서 이베리아반도 전쟁 시작
㉣ 영국과 유럽 대륙의 무역을 막는 대륙 봉쇄령 선포

(　　-　　-　　-　　)

4 빈 회의 이후 달라진 유럽 상황에 대한 설명으로 옳지 <u>않은</u> 것은?　(　　)

① 네덜란드는 네덜란드 왕국을 세웠다.
② 전 유럽에 반민족주의, 반자유주의 운동이 퍼져 나갔다.
③ 독일에서는 라인 동맹이 사라지고, 독일 연방이 만들어졌다.
④ 빈 회의 이후 유럽에 자리 잡은 새로운 국제 질서를 '빈 체제'라고 한다.

5 1848년 혁명에 대한 설명으로 옳지 <u>않은</u> 것은?　(　　)

① 프랑스에서는 7월 혁명으로 공화정이 들어섰다.
② 프랑스에서는 2월 혁명이 일어나며 루이 필리프가 물러났다.
③ 1848년 혁명은 대부분 실패했지만, 빈 체제 붕괴에 영향을 미쳤다.
④ 1848년 혁명은 유럽 각국에서 빈 체제에 반발하여 일어난 혁명이다.

정답은 261쪽에서 확인하세요!

| 용선생 세계사 카페 |

나폴레옹 시대의 천재들

나폴레옹이 유럽을 휩쓸던 시기는 단순히 전쟁으로 혼란스럽기만 했던 때가 아니었어. 다양한 분야에서 뛰어난 인물들이 활약한 '천재의 시대'이기도 했지. 나폴레옹 시대에 어떤 인물들이 활동했는지 한번 살펴볼까?

루트비히 판 베토벤 (1770년~1827년)

독일이 낳은 위대한 음악가 베토벤은 청력을 잃었어도 음악을 향한 끝없는 열정으로 작곡 활동을 계속해 나갔어. 그래서 음악의 성인, 즉 악성(樂聖)으로 불리지. 베토벤은 생전에 130편이 넘는 음악을 작곡했는데, 그중 가장 유명한 곡이 교향곡 5번 〈운명〉과 3번 〈영웅〉이야.

이 중 〈영웅〉에는 나폴레옹과 얽힌 사연이 있단다. 베토벤은 독일 사람이지만 나폴레옹을 엄청 좋아했어. 그래서 자신이 작곡한 첫 번째 교향곡의 제목을 '나폴레옹 보나파르트'로 지었지. 하지만 그다음 해 나폴레옹이 황제로 즉위했다는 소식이 들려왔어. 베토벤은 나폴레옹이 혁명 정신을 배신했다는 생각에 악보를 찢고 제목도 〈영웅(Eroica)〉으로 바꿨다고 하는구나.

↑ 베토벤 교향곡 3번 〈영웅〉의 악보 첫 장

요한 볼프강 폰 괴테 (1749년~1832년)

↓ 나폴레옹과 만난 괴테
괴테의 팬이었던 나폴레옹은 괴테와 따로 만남을 가지기도 했어.

독일을 대표하는 작가인 괴테는 철학자이자 과학자였어. 어려서부터 문학적 재능이 뛰어나서 희곡, 소설 등 여러 분야의 작품을 썼을 뿐 아니라 식물학, 해부학, 지질학 등에도 관심을 가졌대.

괴테의 대표작 《젊은 베르터의 고뇌》는 25세의 젊은이 괴테를 당대 최고의 작가로 꼽히게 만들었어. 이 작품은 젊은 예술가 베르터가 짝사랑으로 힘들어하다 결국 자살을 택하는 비극적인 과정을 다루고 있어. 출간된 이후 특히 당대 귀족들 사이에는 베스트셀러로 떠올랐고, 나폴레옹도 전쟁터에까지 이 책을 가지고 다니며 읽을 정도였대. 괴테는 생애 마지막으로 완성한 《파우스트》를 통해 독일에서 가장 위대한 작가의 반열에 올랐지.

게오르크 빌헬름 프리드리히 헤겔 (1770년~1831년)

독일의 철학자 헤겔은 정신 혹은 눈에 보이지 않는 것을 중시하는 '관념론'이라는 철학을 완성한 인물이야. 그의 주장에 따르면 역사는 일정한 규칙에 따라 발전하는데, 얼마나 많은 인간이 자유롭고 이성적인 생각을 하는지가 역사 발전의 기준이라고 했어. 헤겔은 특히 나폴레옹이 시대정신을 상징하는 영웅이라고 생각했단다.
헤겔의 사상은 정신과 이성의 중요성을 주장하는 철학, 법, 역사, 종교 등 여러 분야에서 지금까지 영향을 끼치고 있어.

↑ 《정신현상학》 (1807년)

프란시스코 고야 (1746년~1828년)

에스파냐의 화가 고야는 어려서부터 그림에 재능을 보였어. 그의 그림을 본 에스파냐 왕실이 젊은 고야를 불러 국왕의 초상화를 그리는 궁정 화가로 삼았을 정도였지.

프랑스 대혁명 소식을 들은 고야는 혁명을 지지했지만, 프랑스군이 이베리아반도 전쟁에서 벌인 학살을 보며 사회 비판적인 그림을 그리게 됐단다. 특히 유명한 그림이 1808년에 프랑스군이 마드리드 민중을 잔인하게 학살하는 장면을 그린 〈1808년 5월 3일〉과 이베리아반도 전쟁에서 전쟁의 참상을 널리 알리기 위해 제작한 '전쟁의 참화'라는 판화집이야.

↑ 〈1808년 5월 3일〉 프랑스군에 저항하는 에스파냐 민중과 이를 잔인하게 진압하는 프랑스군의 모습이 생생하게 그려진 작품이야.

그림으로 보는 나폴레옹의 삶

아직 사진기가 없던 시절, 나폴레옹은 프랑스 시민들에게 자신이 한 일을 널리 알리기 위해 중요한 시점마다 화가를 불러서 자신의 모습을 그림으로 남기도록 했어. 물론 완성된 그림을 꼼꼼히 수정해서 자신의 모습을 더욱 멋지게 표현하는 것도 잊지 않았지. 나폴레옹이 남긴 그림들을 통해 나폴레옹의 일생을 한번 훑어보자.

▲ 코르시카섬을 떠나는 나폴레옹 형제와 아버지 아버지를 따라 프랑스로 건너가는 모습이야.

▼ 포병 장교 시절의 나폴레옹
갓 사관 학교를 졸업하고 포병 장교를 지내던 시절의 젊은 나폴레옹이야.

▲ 아르콜 다리에 선 나폴레옹 나폴레옹이 제1차 이탈리아 원정을 떠났을 때의 모습을 담은 그림이야. 깃발을 들고 선두에 서서 병사들을 이끄는 나폴레옹의 늠름한 모습이 그려져 있지. 이 그림은 나폴레옹을 프랑스의 영웅으로 만드는 데에 한몫을 차지했단다.
그런데 이 그림은 사실과 달라. 실제 이 전투에서 나폴레옹은 강둑에 서서 부대를 지휘하다가 적의 총탄에 맞았고, 강물에 빠져 하마터면 죽을 뻔했다는구나.

◀ 툴롱 공방전을 지휘하는 나폴레옹
나폴레옹이 처음 두각을 드러냈던 툴롱 전투의 모습이야.

↑ 쿠데타를 일으킨 나폴레옹
쿠데타를 일으킨 나폴레옹이 항의하는 의원들에게 둘러싸여 있어. 이때 의원들은 나폴레옹의 멱살을 잡을 정도로 격렬하게 항의했대.

↑ 스핑크스 앞에 선 나폴레옹 이집트 원정을 나선 나폴레옹이 스핑크스 앞에 서 있는 모습이야. 이때 프랑스 포병이 스핑크스에 대포를 쏘는 바람에 스핑크스의 코가 부서졌다는 얘기도 전해 온단다.

← 알프스를 넘는 나폴레옹
아마도 나폴레옹의 모습을 그린 것 중에서 가장 널리 알려진 그림일 거야. 제2차 이탈리아 원정에 나선 나폴레옹이 말을 타고 알프스산맥을 넘는 위풍당당한 모습을 담고 있지. 나폴레옹도 이 그림을 몹시 좋아해서 세 점이나 더 그리라고 했대.
하지만 실제로 알프스산맥은 험해서 말을 타고 넘을 수가 없어. 나폴레옹은 당나귀를 타고 알프스를 넘었을 뿐만 아니라, 이 그림처럼 부대 앞에 선 게 아니라 부대 뒤에서 안전이 확인된 뒤에야 움직였다는구나.

◀ **아우스터리츠 전투의 나폴레옹** 말 위에 탄 나폴레옹이 위풍당당한 태도로 승전 보고를 듣고 있어. 아우스터리츠에서 오스트리아-러시아 연합군을 물리치며 나폴레옹은 바야흐로 전성기를 맞이하게 되었단다.

↑ **모스크바에서 퇴각하는 나폴레옹** 러시아 원정에 실패한 나폴레옹이 비참한 모습으로 퇴각하고 있어. 프랑스 화가들은 이 주제를 그리지 않았지만, 독일과 러시아 화가들은 종종 그림을 남기곤 했대. 이 그림도 독일 작가 아돌프 노르텐의 작품이야.

▶ 퐁텐블로의 나폴레옹
패배를 눈앞에 둔 나폴레옹이 자신의 집무실에 앉아 있어. 그림 속 나폴레옹은 놀라울 정도로 초라한 데다가 몹시 지친 것처럼 보이지. 바로 옆 그림 속의 당당한 모습과 비교해 보면 더욱 재밌을 거야.

▲ 황제로 즉위한 나폴레옹
권력을 과시하기 위해 한껏 화려하게 치장한 모습이야.

▲ 근위대와 작별 인사하는 나폴레옹
황제 자리에서 물러난 나폴레옹이 자신의 근위대와 작별하는 모습이야.

▲ 세인트헬레나섬에 유배당한 나폴레옹
대서양의 작은 섬 세인트헬레나로 추방당한 나폴레옹은 이곳에서 쓸쓸한 최후를 맞았어.

한눈에 보는 세계사 - 한국사 연표

세계사

1733년	존 케이, '나는 북' 발명
1739년	무굴 제국이 페르시아의 침략으로 몰락함
1756년	7년 전쟁 발발
1757년	영국, 플라시 전투에서 승리
1769년	제임스 와트, 증기 기관 발명
1773년	보스턴 차 사건
1776년	미국 독립 전쟁 발발
1789년	프랑스 대혁명 발발 (바스티유 감옥 습격)
1792년	프랑스, 공화국 선포
1793년	루이 16세 처형
1796년	백련교의 반란
1799년	나폴레옹의 쿠데타
1803년	미국, 프랑스로부터 루이지애나를 사들임
1806년	나폴레옹, 대륙 봉쇄령 발령
1811년	대콜롬비아 연방 공화국 성립
1812년	나폴레옹, 러시아 원정 개시
1815년	나폴레옹, 워털루 전투에서 패배
1821년	그리스 독립 전쟁 발발
1822년	과야킬 회담
1823년	미국, 먼로 선언
1825년	영국, 세계 최초의 철도 건설 / 이리호 운하 완공
1830년	프랑스에서 7월 혁명 발발 / 미국에 최초의 철도 개통
1832년	영국에서 선거법이 개정됨
1834년	독일에서 관세 동맹이 성립됨
1838년	영국에서 차티스트 운동이 일어남
1839년	오스만 제국에서 탄지마트 개혁 시작
1840년	제1차 아편 전쟁 발발
1846년	미국-멕시코 전쟁 발발
1848년	1848년 혁명 발발 / 마르크스, 《공산당 선언》 출판

제임스 와트의 증기 기관

나폴레옹

《민중을 이끄는 자유의 여신》

한국사

1725년	영조, 탕평책 실시
1750년	균역법 실시
1750년	홍대용 청나라에 사행
1760년	청계천 준천 공사
1760년	박제가, 《북학의》 저술
1762년	사도 세자 죽음
1762년	박지원, 《열하일기》 저술
1765년	서학 금지
1776년	정조, 창경궁에 규장각 설치
1776년	수원 화성 완공
1780년	공노비 해방
1786년	정약용, 《목민심서》 완성
1791년	금난전권 폐지
1791년	로마 교황청, 조선 교구 설정
1793년	장용영 설치
1793년	풍양 조씨, 천주교도 체포
1800년	순조 즉위, 정순 왕후 수렴청정
1811년	홍경래의 난 발발
1834년	헌종 즉위

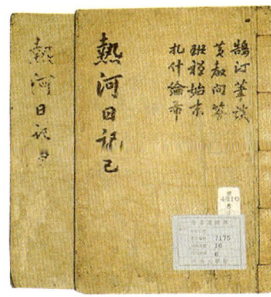

《열하일기》

수원 화성 화서문

찾아보기

ㄱ
공리주의 55~56
국민 공회 162, 164, 168~170, 198
국민 방위대 151, 153~154
국민 의회 147~149, 151~156, 158~159, 171

ㄴ
나폴레옹 70, 183, 186~187, 189~190, 192~228, 235, 237~238, 242~247
나폴레옹 3세 189, 238
뉴올리언스 71, 107~108
뉴욕 42, 64, 73, 81, 86, 88, 101

ㄷ
대륙 봉쇄령 216~217
대군 81~82, 84, 86~90, 92, 95, 122
대륙회의 78~80, 84, 86~93
독립 선언서 84~85, 108, 124
디트로이트 75

ㄹ
라 마르세예즈 165
라파예트 후작 151, 153, 158~159, 163, 198
렉싱턴-콩코드 전투 79
로베스피에르 169~172, 182, 194, 198
루르 13, 45~46
루이 16세 87, 127, 134, 140, 144~145, 147~150, 153~157, 159, 161~165, 170~172, 176~177, 179, 181, 221, 228
루이 18세 228, 232
루이 필리프 233, 235
루이지애나 70, 107~110, 113~114, 124, 204
리에주 13, 43

ㅁ
마르세유 134, 137, 165
마리 앙투아네트 157, 160, 170, 176~179
만국 박람회 13, 51~54, 189
맨체스터 12, 14~16, 35, 37, 40~41, 62~63
미국 독립 전쟁 71, 79, 94, 96, 105, 144, 153, 177
민족주의 228~229, 231, 236, 238

ㅂ
바렌 134, 157~158
바스티유 감옥 134, 148~151, 156, 163, 180
바이에른 65, 227, 229
발미 153, 163~164
방데 134, 167~168, 180~183
버밍엄 14~15, 18~19
벙커힐 전투 82
베르사유 궁전 134, 146~147, 153~154, 176, 179, 181
벤저민 프랭클린 85, 87, 122, 126~127

ㅅ
부르주아 48, 50, 53, 55~56, 62, 141~143, 145~147, 151, 159, 167, 171, 213, 228~229, 235
빈 회의 224~227, 229, 232

ㅅ
사회주의 56
산업 혁명 13~16, 19, 38, 40~41, 43, 47~48, 50, 53~54, 62, 64, 67, 206, 217, 235
삼권 분립 97, 102, 143
삼부회 134, 145~148, 151, 171, 178
상퀼로트 163
새러토가 전투 86, 88~90
샤를 10세 232~233
세인트헬레나섬 222~223
시카고 42, 129

ㅇ
아메리카 합중국 72, 94, 115
아서 웰즐리 223
아시냐 155, 204
아우스터리츠 전투 208, 246
알렉산더 해밀턴 125~126
엘바섬 186~187, 221~223
오대호 75
요크타운 전투 86, 92
워싱턴 D.C. 71, 73, 101, 103, 124~125
워털루 전투 186, 223
원주민 보호 구역 110~112
이베리아반도 전쟁 218, 243

ㅈ
자유주의 229~232, 235~236
자코뱅 158, 163, 168, 170~171, 182
제임스 와트 12, 34
젠트리 24~26
조지 스티븐슨 13, 35, 40
조지 워싱턴 71, 81~82, 86, 88, 100, 104, 122~125, 153
존 스튜어트 밀 56
증기 기관 12, 31, 33~35, 40

ㅊ
1848년 혁명 235~238

ㅋ
캘리포니아 70, 76, 113~115, 130
코르시카섬 186, 192~193, 244
클레멘스 폰 메테르니히 224, 229~230, 236

ㅌ
테르미도르의 반동 170
텍사스 71, 76, 113, 115, 130
토머스 맬서스 55
토머스 에디슨 53
토머스 제퍼슨 85, 108, 114, 122, 124
튈르리 궁전 155, 162~164, 179
트라팔가르 해전 186, 207

ㅍ

파스퇴르 49

프랑스 대혁명 105,
134~135, 144, 147,
149~150, 152, 158, 160,
163, 165, 170, 172,
176, 180, 190~191, 213,
224~225, 243

프랑스 혁명 전쟁
134~135, 161~162, 195,
225

피라미드 전투 196

필니츠 135, 160

필라델피아 71, 86, 95, 126

ㅎ

허드슨강 90, 371, 377

헝가리 251~255, 263,
280~281, 297~300

호레이쇼 넬슨 196~197,
207

참고문헌

국내 도서

2022 개정 교육과정에 따른 중학교, 고등학교 사회교과군 교과서.
21세기연구회 저/전경아 역, 《지도로 보는 세계민족의 역사》, 이다미디어, 2012.
E.H. 곰브리치 저/백승길, 이종숭 역, 《서양미술사》, 2012.
R.K. 나라얀 편저/김석희 역, 《라마야나》, 아시아, 2012.
R.K. 나라얀 편저/김석희 역, 《마하바라타》, 아시아, 2014.
가와카쓰 요시오 저/임대희 역, 《중국의 역사》, 혜안, 2004.
강선주 등저, 《마주보는 세계사 교실》, 1~8권, 웅진주니어, 2011.
강희숙, 공수진, 박미선, 이동규, 정기문 저, 《세계사 뛰어넘기 1》, 열다, 2012.
강창훈, 남종국, 윤은주, 이옥순, 이은정, 최재인 저, 《세계사 뛰어넘기 2》, 열다, 2012.
거지엔슝 편/정근희 외역, 《천추흥망》1~8권, 따뜻한손, 2010.
고려대 중국학연구소 저, 《중국지리의 즐거움》, 차이나하우스, 2012.
고처, 캔디스&월트, 린다 저/황보영조 역, 《세계사 특강》, 삼천리, 2010.
교육공동체 나다 저, 《피터 히스토리아》1~2권, 북인더갭, 2011.
권동희 저, 《지리이야기》, 한울, 2005.
금현진 등저, 《용선생의 시끌벅적 한국사》1~10권, 사회평론, 2016.
기노 쓰라유키 외 편/구정호 역, 《고킨와카슈(상/하)》, 소명출판, 2010.
기노 쓰라유키 외 편/최충희 역, 《고금와카집》, 지만지, 2011.
기쿠치 요시오 저/이경덕 역, 《결코 사라지지 않는 로마, 신성 로마 제국》, 다른세상, 2010.
김경묵 저, 《이야기 러시아사》, 청아, 2012.
김기협 저, 《냉전 이후》, 서해문집, 2016.
김대륜, 김윤태, 안효상, 이은정, 최재인 글, 《세계사 뛰어넘기 3》, 열다, 2013.
김대호 저, 《장건, 실크로드를 개척하다》, 아카넷주니어, 2012.
김덕진 저, 《세상을 바꾼 기후》, 다른, 2013.
김명호 저, 《중국인 이야기 1~5권》, 한길사, 2016.
김상훈 저, 《통세계사 1, 2》, 다산에듀, 2015.
김성환 저, 《교실 밖 세계사여행》, 사계절, 2010.
김수행 저, 《세계대공황》, 돌베개, 2011.
김영한, 임지현 편저, 《서양의 지적 운동》, 1-2권, 지식산업사, 1994/1998.
김영호 저, 《세계사 연표사전》, 문예마당, 2012.
김원중 저, 《대항해 시대의 마지막 승자는 누구인가?》, 민음인, 2011.
김종현 저, 《영국 산업혁명의 재조명》, 서울대학교출판문화원, 2013.
김진섭 편, 《한 권으로 읽는 인도사》, 지경사, 2007.
김진호 저, 《근대 유럽의 역사: 종교개혁부터 신자유주의까지》, 한양대학교출판부, 2016.
김창성 저, 《세계사 산책》, 솔, 2003
김태권 저, 《르네상스 미술이야기》, 한겨레출판, 2012.

김현수 저, 《이야기 영국사》, 청아출판사, 2006.
김형진 저, 《이야기 인도사》, 청아출판사, 2013.
김호동 역, 《마르코 폴로의 동방견문록》, 사계절, 2005.
김호동 저, 《아틀라스 중앙유라시아사》, 사계절, 2016.
김호동 저, 《황하에서 천산까지》, 사계절, 2011.
남경태 저, 《종횡무진 동양사》, 그린비, 2013.
남경태 저, 《종횡무진 서양사(상/하)》, 그린비, 2013.
남문희 저, 《전쟁의 역사 1, 2, 3》, 휴머니스트, 2011.
남종국 저, 《지중해 교역은 유럽을 어떻게 바꾸었을까?》, 민음인, 2011.
노명식 저, 《프랑스 혁명에서 파리 코뮌까지 1789~1871》, 책과함께, 2011.
누노메 조후 등저/임대희 역, 《중국의 역사: 수당오대》, 혜안, 2001.
닐 포크너 저/이윤정 역, 《좌파 세계사》, 엑스오북스, 2016.
데라다 다카노부 저/서인범, 송정수 공역, 《중국의 역사: 대명제국》, 혜안, 2006.
데이비드 O. 모건 저/권용철 역, 《몽골족의 역사》, 모노그래프, 2012.
데이비드 아불라피아 저/이순호 역, 《위대한 바다: 지중해 2만년의 문명사》, 책과함께, 2013.
데이비드 프리스틀랜드 저, 이유영 역, 《왜 상인이 지배하는가》, 원더박스, 2016.
도널드 쿼터트 저/이은정 역, 《오스만 제국사》, 사계절, 2008.
두보, 이백 등저/최병국 편, 《두보와 이백 시선》, 한솜미디어, 2015.
라시드 앗 딘 저/김호동 역, 《부족지: 몽골 제국이 남긴 최초의 세계사》, 사계절, 2002.
라시드 앗 딘 저/김호동 역, 《칭기스칸기》, 사계절, 2003.
라시드 앗 딘 저/김호동 역, 《칸의 후예들》, 사계절, 2005.
라이프사이언스 저, 노경아 역, 《지도로 읽는다 세계5대 종교 역사도감》, 이다미디어, 2016.
라인하르트 쉬메켈 저/한국 게르만어 학회 역, 《인도유럽인, 세상을 바꾼 쿠르간 유목민》, 푸른역사 2013.
러셀 쇼토 저, 허형은 역, 《세상에서 가장 자유로운 도시, 암스테르담》, 책세상, 2016.
러셀 프리드먼 저/강미경 역, 《1차 세계대전: 모든 전쟁을 끝내기 위한 전쟁》, 두레아이들, 2013.
로버트 M. 카멕 편저/강정원 역, 《메소아메리카의 유산》, 그린비, 2014.
로버트 템플 저/과학세대 역, 《그림으로 보는 중국의 과학과 문명》, 까치, 2009.
로스 킹 저/신영화 역, 《미켈란젤로와 교황의 천장》, 다다북스, 2007.
로스 킹 저/이희재 역, 《브루넬레스키의 돔》, 세미콜론, 2007.
로저 크롤리 저/이순호 역, 《바다의 제국들》, 책과함께, 2010.
루츠 판다이크 저/안인희 역, 《처음 읽는 아프리카의 역사》, 웅진씽크빅, 2014.
류시화, 《백만 광년의 고독 속에서 한 줄의 시를 읽다》, 연금술사, 2014.

르네 그루세 저/김호동, 유원수, 정재훈 공역, 《유라시아 유목제국사》, 사계절, 1998.
르몽드 디플로마티크 기획/권지현 등 역, 《르몽드 세계사 1, 2, 3》, 휴머니스트 2008/2010/2013.
리처드 번스타인 저/정동현 역, 《뉴욕타임스 기자의 대당서역기》, 꿈꾸는돌, 2003.
린 화이트 주니어 저/강일휴 역, 《중세의 기술과 사회변화: 등자와 쟁기가 바꾼 유럽 역사》, 지식의 풍경, 2005.
마르크 블로크 저/한성숙 역, 《봉건사회 1, 2》, 한길사, 1986.
마리우스 B. 잰슨 저/김우영 등역, 《현대일본을 찾아서》, 이산, 2010.
마이클 우드 저/김승욱 역, 《인도 이야기》, 웅진지식하우스, 2009.
마이클 파이 저/김지선 역, 《북유럽세계사 1, 2》, 소와당, 2016.
마크 마조워 저/이순호 역, 《발칸의 역사》, 을유문화사, 2014.
마틴 버넬 저/오흥식 역, 《블랙 아테나 1》, 소나무, 2006.
마틴 자크 저/안세민 역, 《중국이 세계를 지배하면》, 부키, 2010.
마틴 키친 편저/유정희 역, 《사진과 그림으로 보는 케임브리지 독일사》, 시공아크로총서, 2001.
매리 하이듀즈 저/박장식, 김동역 역, 《동남아의 역사와 문화》, 솔과학, 2012.
모방푸 저, 전경아 역, 《지도로 읽는다! 중국도감》, 이다미디어, 2016.
문수인 저, 《아세안 영웅들 – 우리가 몰랐던 세계사 속 작은 거인》, 매일경제신문사, 2015.
문을식 저, 《인도의 사상과 문화》, 도서출판 여래, 2007.
미르치아 엘리아데 저/이용주 등 역, 《세계종교사상사 1, 2, 3》, 이학사, 2005.
미셀 파루티 저/ 권은미 역, 《모차르트: 신의 사랑을 받은 악동》, 시공디스커버리총서 011, 시공사, 1999.
미야자키 마사카쓰 저/노은주 역, 《지도로 보는 세계사》, 이다미디어, 2005.
미야자키 이치사다 저, 조병한 역, 《중국통사》, 서커스, 2016.
미조구치 유조 저/정태섭, 김용천 역, 《중국의 공과 사》, 신서원, 2006.
박금표 저, 《인도사 108장면》, 민족사, 2007.
박노자 저, 《거꾸로 보는 고대사》, 한겨레, 2010.
박노자 저, 《러시아는 우리에게 무엇인가》, 신인문사, 2011.
박래식 저, 《이야기 독일사》, 청아출판사, 2006.
박노자 저, 《러시아 혁명사 강의》, 나무연필, 2017.
박수철 저, 《오다 도요토미 정권의 사사지배와 천황》, 서울대학교판문화원, 2012.
박용진 저, 《중세 유럽은 암흑시대였는가?》, 민음인, 2011.
박윤덕 등저, 《서양사강좌》, 아카넷, 2016.
박종현 저, 《희랍사상의 이해》, 종로서적, 1990.
박지향 저, 《클래식영국사》, 김영사, 2012.
박찬영, 엄정훈 등저, 《세계지리를 보다 1, 2, 3》, 리베르스쿨, 2012.
박한제, 김형종, 김병준, 이근명, 이준갑 공저, 《아틀라스 중국사》, 사계절, 2015.
배병우 등저, 《신들의 정원, 앙코르와트》, 글씨미디어, 2004.
배영수 편, 《서양사 강의》, 한울아카데미, 2000.
배재호 저, 《세계의 석굴》, 사회평론, 2015.
버나드 루이스 편/김호동 역, 《이슬람 1400년》, 까치, 2001.
베른트 슈퇴버 저/최승완 역, 《냉전이란 무엇인가》, 역사비평사, 2008.
베빈 알렉산더 저/김형배 역, 《위대한 장군들은 어떻게 승리하였는가》, 홍익출판사, 2000.
벤자민 킨, 키스 헤인즈 공저/김원중, 이성훈 공역, 《라틴아메리카의 역사 상/하》, 그린비, 2014.
볼프람 폰 에셴바흐 저/허창운 역, 《파르치팔》, 한길사, 2009.
브라이언 타이어니, 시드니 페인터 공저/이연규 역, 《서양 중세사》, 집문당, 2012.
브라이언 페이건 저/이희준 역, 《세계 선사 문화의 이해》, 사회평론아카데미, 2015.
브라이언 페이건 저/최파일 역, 《인류의 대항해》, 미지북스, 2012.
브라이언 페이건, 크리스토퍼 스카레 등저/이청규 역, 《고대 문명의 이해》, 사회평론아카데미, 2015.
비토리오 주디치 저/남경태 역, 《20세기 세계 역사》, 사계절, 2005.
사마천 저/김원중 역 《사기 본기》, 민음사, 2015.
사마천 저/김원중 역 《사기 서》, 민음사, 2015.
사마천 저/김원중 역 《사기 세가》, 민음사, 2015.
사마천 저/김원중 역 《사기 열전 1, 2》, 민음사, 2015.
사와다 아시오 저/김숙경 역, 《흉노: 지금은 사라진 고대 유목국가 이야기》, 아이필드, 2007.
새뮤얼 노아 크레이머 저/박성식 역, 《역사는 수메르에서 시작되었다》, 가람기획, 2000.
새뮤얼 헌팅턴 저/강문구, 이재영 역, 《제3의 물결: 20세기 후반의 민주화》, 인간사랑, 2011.
서영교 저, 《고대 동아시아 세계대전》, 글항아리, 2015.
서울대학교 독일학연구소 저, 《독일이야기 1, 2》, 거름, 2003.
서진영 저, 《21세기 중국정치》, 풀리테이아, 2008.
서희석, 호세 안토니오 팔마 공저,《유럽의 첫 번째 태양, 스페인》, 을유문화사, 2015.
설혜심 저, 《소비의 역사 : 지금껏 아무도 주목하지 않은 '소비하는 인간'의 역사》, 휴머니스트, 2017.
송영배 저, 《동서 철학의 교섭과 동서양 사유 방식의 차이》, 논형, 2004.
수잔 와이즈 바우어 저/꼬마이실 역, 《교양 있는 우리 아이를 위한 세계역사이야기》, 1~5권, 꼬마이실, 2005.
스테파니아 스타푸티, 페데리카 로마놀리 등저/박혜원 역, 《고대 문명의 역사와 보물: 그리스/로마/아스텍/이슬람/이집트/인도/켈트/크메르/페르시아》, 생각의나무, 2008.
시바료타로 저/양억관 역, 《항우와 유방 1, 2, 3》, 달궁, 2003.
시오노 나나미 저/김석희 역, 《로마 멸망 이후의 지중해 세계 (상/하)》, 한길사, 2009.
시오노 나나미 저/김석희 역, 《로마인 이야기》, 1~15권, 한길사 2007.
신성곤, 윤혜영 저, 《한국인을 위한 중국사》, 서해문집, 2013.
신승하 저, 《중국사(상/하)》, 미래엔, 2005.
신준형 저, 《뒤러와 미켈란젤로》, 사회평론, 2013.
아사다 미노루 저/이하준 역, 《동인도회사》, 피피에, 2004.
아사오 나오히로 편저/이계황, 서각수, 연민수, 임성모 역, 《새로 쓴 일본사》, 창비, 2013.
아서 코트렐 저/까치 편집부역, 《그림으로 보는 세계신화사전》, 까치, 1997.

아일린 파워 저/이종인 역, 《중세의 사람들》, 즐거운상상, 2010.
안 베르텔로트 저/체계병 역, 《아서왕》, 시공사, 2003.
안병철 저, 《이스라엘 역사》, 기쁜소식, 2012.
안효상 저, 《미국은 어떻게 만들어졌을까》, 민음인, 2013.
알렉산드라 미네르비 저/조행복 역, 《사진으로 읽는 세계사 2: 나치즘》, 플래닛, 2008.
알렉산드라 미지엘린스카 외 저, 《MAPS 색칠하고 그리며 지구촌 여행하기》, 그린북, 2017.
알렉산드라 미지엘린스카 외 저, 이지원 역, 《MAPS》, 그린북, 2017.
앙투안 갈랑/임호경 역, 《천일야화 1~6》, 열린책들, 2010.
애덤 하트 데이비스 편/윤은주, 정범진, 최재인 역, 《히스토리》, 북하우스, 2009.
양은영 저, 《빅히스토리: 제국은 어떻게 나타나고 사라지는가?》, 와이스쿨 2015.
양정무 저, 《난생 처음 한번 공부하는 미술 이야기 1~4》, 사회평론, 2016.
양정무 저, 《상인과 미술》, 사회평론, 2011.
에드워드 기번 저/윤수인, 김희용 공역, 《로마제국 쇠망사 1~6》, 민음사, 2008.
에르빈 파노프스키 저/김율 역, 《고딕건축과 스콜라철학》, 한길사, 2015.
에릭 홉스봄 저/김동택 역, 《제국의 시대》, 한길사, 1998.
에릭 홉스봄 저/정도영, 차명수 공역, 《혁명의 시대》, 한길사, 1998.
에릭 홉스봄 저/정도영 역, 《자본의 시대》, 한길사, 1998.
에이브러험 애서 저/김하은, 신상돈 역, 《처음 읽는 러시아 역사》, 아이비북스, 2013.
엔리케 두셀 저/박병규 역, 《1492년, 타자의 은폐》, 그린비, 2011.
역사미스터리클럽 저, 안혜은 역, 《한눈에 꿰뚫는 세계사 명장면》, 이다미디어, 2017.
오토 단 저/오인석 역, 《독일 국민과 민족주의의 역사》, 한울아카데미, 1996.
윌리엄 로 저, 기세찬 역, 《하버드 중국사 청 : 중국 최후의 제국》, 너머북스, 2014.
웨난 저/이익희 역, 《마왕퇴의 귀부인 1, 2》, 일빛, 2005.
유랴쿠 천황 외 저/고용환, 강용자 역, 《만엽집》, 지만지, 2009.
유세희 편, 《현대중국정치론》, 박영사, 2009.
유용태, 박진우, 박태균 공저, 《함께 읽는 동아시아 근현대사 1, 2》, 창비, 2011.
유인선 등저, 《사료로 보는 아시아사》, 종이비행기, 2014.
이강무 저, 《청소년을 위한 세계사. 서양편》, 두리미디어, 2009.
이경덕 저, 《함께 사는 세상을 보여주는 일본 신화》, 현문미디어, 2005.
이기영 저, 《고대에서 봉건사회로의 이행》, 사회평론, 2017.
이노우에 고이치 저/이경덕 역, 《살아남은 로마, 비잔틴 제국》, 다른세상, 2010.
이명현 저, 《빅히스토리: 세상은 어떻게 시작되었을까?》, 와이스쿨, 2013.
이병욱 저, 《한권으로 만나는 인도》, 너울북, 2013.
이영림, 주경철, 최갑수 공저, 《근대 유럽의 형성: 16~18세기》, 까치글방, 2011.
이영목 등저, 《검은, 그러나 어둡지 않은 아프리카》, 사회평론, 2014.

이옥순 등저, 《세계사 교과서 바로잡기》, 삼인, 2011.
이익선 저, 《만화 로마사 1, 2》, 알프레드, 2017.
이희수 저, 《이슬람의 모든 것》, 주니어김영사, 2009.
일본사학회 저, 《아틀라스 일본사》, 사계절, 2011.
임태승 저, 《중국 서예의 역사》, 미술문화, 2006.
임승희 저, 《유럽의 절대 군주는 어떻게 살았을까?》, 민음인, 2011.
임한순, 최윤영, 김길웅 공역, 《에다. 북유럽신화》, 서울대학교출판문화원, 2015.
임홍배, 송태수, 장병기 등저, 《독일 통일 20년》, 서울대학교출판문화원, 2011.
자닉 뒤랑 저/조성애 역, 《중세미술》, 생각의 나무, 2004.
장문석 저, 《근대정신은 어떻게 탄생했을까?》, 민음인, 2011.
장 콩비 저/노성기 외 역, 《세계교회사여행: 고대·중세 편》, 가톨릭출판사, 2013.
장진퀘이 저/남은숙 역, 《흉노제국 이야기》, 아이필드, 2010.
장 카르팡티에, 프랑수아 르브룅 편저/강민정, 나선희 공역, 《지중해의 역사》, 한길사, 2009.
재레드 다이어몬드 저/김진준 역, 《총, 균, 쇠》, 문학사상, 2013.
전국역사교사모임 저, 《살아있는 세계사 교과서 1, 2》, 휴머니스트, 2013.
전국역사교사모임 저, 《처음 읽는 미국사》, 휴머니스트, 2013.
전국역사교사모임 저, 《처음 읽는 인도사》, 휴머니스트, 2013.
전국역사교사모임 저, 《처음 읽는 일본사》, 휴머니스트, 2013.
전국역사교사모임 저, 《처음 읽는 중국사》, 휴머니스트, 2013.
전국역사교사모임 저, 《처음 읽는 터키사》, 휴머니스트, 2013.
전국지리교사모임 저, 《지리쌤과 함께하는 80일간의 세계여행 : 아시아·유럽 편》, 폭스코너, 2017.
전종한 등저, 《세계지리: 경계에서 권역을 보다》, 사회평론아카데미, 2017.
정기문 저, 《크리스트교의 탄생: 역사학의 눈으로 본 원시 크리스트교의 역사》, 길, 2016.
정기문 저, 《역사보다 재미있는 것은 없다》, 신서원, 2004.
정수일 편저, 《해상 실크로드 사전》, 창비, 2014.
정재서 저, 《이야기 동양신화 중국편》, 김영사, 2010.
정재훈 저, 《돌궐 유목제국사 552~745》, 사계절, 2016.
제니퍼 올드스톤무어 저/이연승 역, 《처음 만나는 도쿄》, SBI, 2009.
제임스 포사이스 저/정재겸 역, 《시베리아 원주민의 역사》, 솔, 2009
조관희, 《중국사 강의》, 궁리, 2011.
조길태 저, 《인도사》, 민음사, 2012.
조르주 루 저/김유기 역, 《메소포타미아의 역사 1, 2》, 한국문화사, 2013.
조성권 저, 《마약의 역사》, 인간사랑, 2012.
조성일 저, 《미국학교에서 가르치는 미국역사》, 소이연, 2014.
조셉 린치 저/심창섭 등역, 《중세교회사》, 솔로몬, 2005.
조셉 폰타나 저/김원중 역, 《거울에 비친 유럽》, 새물결, 2005.
조지무쇼 저, 안정미 역, 《지도로 읽는다 한눈에 꿰뚫는 전쟁사도감》, 이다미디어, 2017.
조지 바이런 저, 윤명옥 역, 《바이런 시선》, 지만지, 2015.
조지프 니덤 저/김주식 역, 《조지프 니덤의 동양항해선박사》, 문현,

2016.

조지형 등저, 《지구화 시대의 새로운 세계사》, 혜안, 2008.

조지형 저, 《빅히스토리: 세계는 어떻게 연결되었을까?》, 와이스쿨, 2013.

조흥국 등저, 《제3세계의 역사와 문화》, 한국방송통신대학교출판부, 2012.

존 루이스 개디스 저/박건영 역, 《새로 쓰는 냉전의 역사》, 사회평론, 2003.

존 리더 서/남경태 역, 《아프리카 대륙의 일대기》, 휴머니스트, 2013.

존 맥닐, 윌리엄 맥닐 공저/ 유정희, 김우역 역, 《휴먼 웹. 세계화의 세계사》, 이산, 2010.

존 줄리어스 노리치 편/남경태 역, 《위대한 역사도시70》, 위즈덤하우스, 2010.

존 후퍼 저, 노시내 역, 《이탈리아 사람들이라서 : 지나치게 매력적이고 엄청나게 혼란스러운》, 마티, 2017.

주경철 저, 《대항해시대: 해상 팽창과 근대 세계의 형성》, 서울대학교출판부, 2008.

주경철 저, 《히스토리아》, 산처럼, 2012.

주디스 코핀, 로버트 스테이시 등저/박상익 역, 《새로운 서양 문명의 역사. 상》, 소나무, 2014.

주디스 코핀, 로버트 스테이시 등저/손세호 역, 《새로운 서양 문명의 역사. 하》, 소나무, 2014.

중앙일보 중국연구소 외, 《공자는 귀신을 말하지 않았다》, 중앙북스, 2010.

지리교육연구회 지평 저, 《지리 교사들, 남미와 만나다》, 푸른길, 2011.

지오프리 파커 편/김성환 역, 《아틀라스 세계사》, 사계절, 2009.

찰스 다윈 저, 장순근 역, 《찰스 다윈의 비글호 항해기》, 리젬, 2013.

찰스 스콰이어 저/나영균, 전수용 공역, 《켈트 신화와 전설》, 황소자리, 2009.

최병욱 저, 《동남아시아사 −민족주의 시대》, 산인, 2016.

최병욱 저, 《동남아시아사 −전통시대》, 산인, 2015.

최재호 등저, 《한국이 보이는 세계사》, 창비, 2011.

최충희 등역, 《햐쿠닌잇슈의 작품세계》, 제이앤씨, 2011.

카렌 암스트롱 저/장병옥 역, 《이슬람》, 을유문화사, 2012.

콘수엘로 바렐라, 로베르토 마자라 등저/신윤경 역, 《크리스토퍼 콜럼버스》, 21세기북스, 2010.

콘스탄스 브리텐 부셔 저/강일휴 역, 《중세 프랑스의 귀족과 기사도》, 신서원, 2005.

크리스 브래지어 저/추선영 역, 《세계사, 누구를 위한 기록인가?》, 이후, 2007.

클리 존스 저/방문숙, 이호영 공역, 《사진과 그림으로 보는 케임브리지 프랑스사》, 시공아크로총서, 2001.

타밈 안사리 저/류한월 역, 《이슬람의 눈으로 본 세계사》, 뿌리와이파리, 2011.

타키투스 저/천병희 역, 《게르마니아》, 숲, 2012.

토마스 말로리 저/이현주 역, 《아서왕의 죽음 1, 2》, 나남, 2009.

파멜라 카일 크로슬리 저/강선주 역, 《글로벌 히스토리란 무엇인가》, 휴머니스트, 2010.

패트리샤 버클리 에브리 저 /이동진, 윤미경 공역, 《사진과 그림으로 보는 케임브리지 중국사》, 시공아크로총서 2010.

퍼트리샤 리프 애너월트 저/한국복식학회 역, 《세계 복식 문화사》, 예담, 2009.

페리클레스, 뤼시아스, 이소크라테스, 데모스테네스 저/김헌, 장시은, 김기훈 역, 《그리스의 위대한 연설》, 민음사, 2012.

페르낭 브로델 저/강주헌 역, 《지중해의 기억》, 한길사, 2012.

페르낭 브로델 저/김홍식 역, 《물질문명과 자본주의 읽기》, 갈라파고스, 2014.

페르디난트 자입트 저/차용구 역, 《중세의 빛과 그림자》, 까치글방, 2002.

폴 콜리어 등저/강민수 역, 《제2차 세계대전》, 플래닛미디어, 2008.

프레드 차라 저/강경이 역, 《향신료의 지구사》, 휴머니스트, 2014.

플라노 드 카르피니, 윌리엄 루부룩 등저/김호동 역, 《몽골 제국 기행: 마르코 폴로의 선구자들》, 까치, 2015.

피터 심킨스 등저/강민수 역, 《제1차 세계대전》, 플래닛미디어 2008.

피터 안드레아스 저/정태영 역, 《밀수꾼의 나라 미국》, 글항아리, 2013.

피터 홉커크 저/정영목 역, 《그레이트 게임: 중앙아시아를 둘러싼 숨겨진 전쟁》, 사계절, 2014.

필립 M.H. 벨 저/황의방 역, 《12전환점으로 읽는 제2차 세계대전》, 까치, 2012.

하네다 마사시 저/이수열, 구지영 역, 《동인도회사와 아시아의 바다》, 선인, 2012.

하름 데 블레이 저/유나영 역, 《왜 지금 지리학인가》, 사회평론, 2015.

하야미 이타루 저/양승영 역, 《진화 고생물학》, 서울대학교출판문화원, 2012.

하우마즈 데쓰오 저/김성동 역, 《대영제국은 인도를 어떻게 통치하였는가》, 심산, 2004.

하인리히 뵐플린 저/안인희 역, 《르네상스의 미술》, 휴머니스트, 2002.

하타케야마 소 저, 김경원 역, 《대논쟁! 철학배틀》, 다산초당, 2017.

한국교부학연구회 저, 《교부학 인명·지명 용례집》, 분도출판사, 2008.

한종수 저, 굽시니스트 그림, 《2차 대전의 마이너리그》, 길찾기, 2015.

해양문화연구원 편집위원회 저, 《해양문화 02. 바다와 제국》, 해양문화, 2015.

허청웨이 편/남광철 등역, 《중국을 말한다》 1~9권, 신원문화사, 2008.

헤수스 알바레스 고메스 저/강운자 편역, 《수도생활: 역사 II》, 성바오로, 2002.

호르스트 푸어만 저/안인희 역, 《중세로의 초대》, 이마고, 2005.

홍익희 저, 《세 종교 이야기》, 행성B잎새, 2014.

황대현 저, 《서양 기독교 세계는 왜 분열되었을까?》, 민음인, 2011.

황패강 저, 《일본신화의 연구》, 지식산업사, 1996.

후지이 조지 등저/박진한, 이계황, 박수철 공역, 《쇼군 천황 국민》, 서해문집, 2012.

외국 도서

クリステル・ヨルゲンセン 等著/竹内喜, 德永優子 譯, 《戰鬪技術の歷史 3: 近世編》, 創元社, 2012.

サイモン・アングリム 等著/天野淑子 譯, 《戰鬪技術の歷史 1: 古代編》, 創元社, 2011.

じェフリー・リ・ガン, 《ウィジュアル版《決戰》の世界史》, 原書房,

2008.
ブライアン・レイヴァリ,《航海の歴史》, 創元社, 2015.
マーティン・J・ドアティ,《図説 中世ヨーロッパ 武器・防具・戦術百科》, 原書房, 2013.
マシュー・ベネット 等著/野下祥子 譯,《戦闘技術の歴史 2: 中世編》, 創元社, 2014.
リュシアン・ルスロ 等著/辻元よしふみ, 辻元玲子 譯,《華麗なるナポレオン軍の軍服》, マール社, 2014.
ロバート・B・ブルース 等著/野下祥子 譯,《戦闘技術の歴史 4: ナポレオンの時代編》, 創元社, 2013.
菊地陽太,《知識ゼロからの世界史入門1部 近現代史》, 幻冬舎, 2010.
気賀澤保規,《絢爛たる世界帝国 隋唐時代》, 講談社, 2005.
金七紀男,《図説 ブラジルの歴史》, 河出書房新社, 2014.
木下康彦, 木村靖二, 吉田寅 編,《詳説世界史研究 改訂版》, 山川出版社, 2013.
山内昌之,《世界の歴史 20 : 近代イスラームの挑戦》, 中央公論社, 1996.
山川ビジュアル版日本史図録編集委員会,《山川 ビジュアル版日本史図録》, 山川出版社, 2014.
西ヶ谷恭弘 監修,《衣食住になる日本人の歴史 1》, あすなろ書房, 2005.
西ヶ谷恭弘 監修,《衣食住になる日本人の歴史 2》, あすなろ書房, 2007.
小池徹朗 巴,《新・歴史群像シリーズ 15: 大清帝國》, 学習研究社, 2008.
水野大樹,《図解 古代兵器》, 新紀元社, 2012.
神野正史,《世界史劇場イスラーム三國志》, ベレ出版, 2014.
神野正史,《世界史劇場イスラーム世界の起源》, ベレ出版, 2013.
五十嵐武士, 福井憲彦,《世界の歴史 21: アメリカとフランスの革命》, 中央公論社, 1998.
宇山卓栄,《世界一おもしろい 世界史の授業》, KADOKAWA, 2014.
伊藤賀一,《世界一おもしろい 日本史の授業》, 中経出版, 2012.
日下部公昭 等編,《山川 詳説世界史図録》, 山川出版社, 2014.
井野瀬久美恵,《興亡の世界史 16: 大英帝国という経験》, 講談社, 2007.
佐藤信 等編,《詳説日本史研究 改訂版》, 山川出版社, 2013.
池上良太,《図解 装飾品》, 新紀元社, 2012.
後藤武士,《読むだけですっきりわかる世界史 近代編》, 玉島社, 2011.
後藤武士,《読むだけですっきりわかる現代編》, 玉島社, 2013.
後河大貴 外,《戦国海賊伝》, 笠倉出版社, 2015.
Acquaro, Enrico:《The Phoenicians: History and Treasures of An Ancient Civilization》, White Star, 2010.
Albert, Mechthild:《Das französische Mittelalter》, Klett, 2005.
Bagley, Robert:《Ancient Sichuan: Treasures from a Lost Civilization》, Princeton University Press, 2001.
Beck, B. Roger&Black, Linda:《World History: Patterns of Interaction》, Holt McDougal, 2010.
Beck, Rainer(hrsg.):《Das Mittelalter》, C.H.Beck, 1997.
Bernlochner, Ludwig(hrsg.):《Geschichten und Geschehen》, Bd. 1-6. Klett, 2004.
Bonavia, Judy:《The Silk Road》, Odyssey, 2008.
Borst, Otto:《Alltagsleben im Mittelalter》, Insel, 1983.
Bosl, Karl:《Bayerische Geschichte》, Ludwig, 1990.

Brown, Peter:《Die Entstehung des christlichen Europa》, C.H.Beck, 1999.
Bumke, Joachim:《Höfische Kultur》, Bd. 1-2. Dtv, 1986.
Celli, Nicoletta:《Ancient Thailand: History and Treasures of An Ancient Civilization》, White Star, 2010.
Cornell, Jim&Tim:《Atlas of the Roman World》, Checkmark Books, 1982.
Davidson, James West&Stoff, Michael B.:《America: History of Our Nation》, Pearson Prentice Hall, 2006.
de Vries, Jan:《Die Geistige Welt der Germanen》, WBG, 1964.
Dinzelbach, P. (hrsg.):《Sachwörterbuch der Mediävistik》, Kröner, 1992.
Dominici, David:《The Maya：History and Treasures of An Ancient Civilization》, VMB Publishers, 2010.
Duby, Georges:《The Chivalrous Society》, translated by Cynthia Postan, University of California Press, 1980.
Eco, Umberto:《Kunst und Schönheit im Mittelalter》, Dtv, 2000.
Ellis, G. Elisabeth&Esler, Anthony:《World History Survey》, Prentice Hall, 2007.
Fromm, Hermann:《Basiswissen Schule: Geschichte》, Duden, 2011.
Funcken, Liliane&Fred:《Rüstungen und Kriegsgerät im Mittelalter》, Mosaik 1979.
Gibbon, Eduard:《Die Germanen im Römischen Weltreich,》, Phaidon, 2002.
Goody, Jack:《The development of the family and marriage in Europe》, Cambridge University Press, 1988.
Grant, Michael:《Ancient History Atlas》, Macmillan, 1972.
Großbongardt, Anette&Klußmann, Uwe,《Spiegel Geschichte 5/2013: Der Erste Weltkrieg》, Spiegel, 2013.
Heiber, Beatrice(hrsg.):《Erlebte Antike》, Dtv 1996.
Hinckeldey, Ch.(hrsg.):《Justiz in alter Zeit》, Mittelalterliches Kriminalmuseum, 1989
Holt McDougal:《World History》, Holt McDougal, 2010.
Horst, Fuhrmann:《Überall ist Mittelalter》, C.H.Beck, 2003.
Horst, Uwe(hrsg.):《Lernbuch Geschichte: Mittelalter》, Klett, 2010.
Huschenbett, Dietrich&Margetts, John(hrsg.):《Reisen und Welterfahrung in der deutschen Literatur des Mittelalters》, Würzburger Beiträge zur deutschen Philologie. Bd. VII, Königshausen&Neumann, 1991.
Karpeil, Frank&Krull, Kathleen:《My World History》, Pearson Education, 2012.
Kircher, Bertram(hrsg.):《König Aruts und die Tafelrunde》, Albatros, 2007.
Klußmann, Uwe&Mohr, Joachim:《Spiegel Geschichte 5/2014: Die Weimarer Republik》, Spiegel 2014.
Klußmann, Uwe:《Spiegel Geschichte 6/2016: Russland》, Spiegel 2016.

Kölzer, Theo&Schieffer, Rudolf(hrsg.): 《Von der Spätantike zum frühen Mittelalter: Kontinuitäten und Brüche, Konzeptionen und Befunde》, Jan Thorbecke, 2009.
Langosch, Karl: 《Profile des lateinischen Mittelalters》, WBG, 1965.
Lesky, Albin: 《Vom Eros der Hellenen》, Vandenhoeck&Ruprecht, 1976.
Levi, Peter: 《Atlas of the Greek World》, Checkmark Books, 1983.
Märtle, Claudia: 《Die 101 wichtigsten Fragen: Mittelalter》, C.H.Beck, 2013.
McGraw-Hill Education: 《World History: Journey Across Time》, McGraw-Hill Education, 2006.
Mohr, Joachim&Pieper, Dietmar: 《Spiegel Geschichte 6/2010: Die Wikinger》, Spiegel, 2010.
Murphey, Rhoads: 《Ottoman warfare, 1500-1700》, Rutgers University Press, 2001
Orsini, Carolina: 《The Incas: History and Treasures of An Ancient Civilization》, White Star, 2010.
Pieper, Dietmar&Mohr, Joachim: 《Spiegel Geschichte 3/2013: Das deutsche Kaiserreich》, Spiegel 2013.
Pieper, Dietmar&Saltzwedel, Johannes: 《Spiegel Geschichte 4/2011: Der Dreißigjährige Krieg》, Spiegel 2011.
Pieper, Dietmar&Saltzwedel, Johannes: 《Spiegel Geschichte 6/2012: Karl der Große》, Spiegel 2012.
Pötzl, Nobert F.&Traub, Rainer: 《Spiegel Geschichte 1/2013: Das Britische Empire》, Spiegel, 2013.
Pötzl, Nobert F.&Saltzwedel: 《Spiegel Geschichte 4/2012: Die Päpste》, Spiegel, 2012.
Prentice Hall: 《History of Our World》, Pearson/Prentice Hall, 2006.
Rizza, Alfredo: 《The Assyrians and the Babylonians: History and Treasures of An Ancient Civilization》White Star, 2007.
Rösener, Werner: 《Die Bauern in der europäischen Geschichte》, C.H.Beck, 1993.
Schmidt-Wiegand: 《Deutsche Rechtsregeln und Rechtssprichwörter》, C.H.Beck, 2002.
Seibt, Ferdinand: 《Die Begründung Europas》, Fischer, 2004.
Seibt, Ferdinand: 《Glanz und Elend des Mittelalters》, Siedler, 1992.
Simek, Rudolf: 《Erde und Kosmos im Mittelalter》, Bechtermünz, 2000.
Speivogel, J. Jackson: 《Glecoe World History》, McGraw-Hill Education, 2004.
Talbert, Richard: 《Atlas of Classical History》, Routledge, 2002.
Tarling, Nicholas(ed.): 《The Cambridge of History of Southeast Asia》, Vol. 1-4. Cambridge University Press 1999.
Todd, Malcolm: 《Die Germanen》Theiss, 2003.
van Royen, René&van der Vegt, Sunnyva: 《Asterix - Die ganze Wahrheit》, übersetzt von Gudrun Penndorf, C.H.Beck, 2004.

Wehrli, Max: 《Geschichte der deutschen Literatur im Mittelalter》, Reclam, 1997.
Zimmermann, Martin: 《Allgemeine Bildung: Große Persönlichkeiten》, Arena, 2004.

논문

기민석, 〈고대 '의회'와 셈어 mlk〉, 《구약논단》 17, 한국구약학회, 2005, 140-160쪽.
김병준, 〈진한제국의 이민족 지배: 부도위 및 속국도위에 대한 재검토〉, 역사학보 제217집, 2013, 107-153쪽.
김인화, 〈아케메네스조 다리우스 1세의 왕권 이념 형성과 그 표상에 대한 분석〉, 서양고대사연구 38, 2014, 37-72쪽
남종국, 〈12~3세기 이자 대부를 둘러싼 논쟁: 자본주의의 서막인가?〉, 서양사연구 제52집, 2015, 5-38쪽.
박병규, 〈스페인어권 카리브 해의 인종 혼종성과 인종민주주의〉, 이베로아메리카 제8권, 제1호. 93-114쪽.
박병규, 〈카리브 해 지역의 문화담론과 문화모델에 관한 연구〉, 스페인어문학 제42호, 2007, 261-278쪽.
박수철, 〈직전정권의 '무가신격화'와 천황〉, 역사교육 제121집, 2012. 221-252쪽.
손태창, 〈신 아시리아 제국 후기에 있어 대 바빌로니아 정책과 그 문제점: 기원전 745-627〉, 서양고대사연구 38, 2014, 7-35
우석균, 〈《포폴 부》와 옥수수〉, 이베로아메리카연구 제8권, 1997, 65-89쪽.
유성환, 〈아마르나 시대 예술에 투영된 시간관〉, 인문과학논총, 제73권 4호, 2016, 403-472쪽.
유성환, 〈외국인에 대한 이집트인들의 두 시선: 고왕국 시대에서 신왕국 시대까지 창작된 이집트 문학작품 속의 외국과 외국인에 대한 묘사를 중심으로〉, 서양고대사연구 제34집, 2013, 33-77쪽.
윤은주, 〈18세기 초 프랑스의 재정위기와 로 체제〉, 프랑스사연구 제16호, 2007, 5-41쪽.
이근명, 〈왕안석 신법의 시행과 대간관〉, 중앙사론 제40집, 2014, 75-103쪽.
이삼현, 〈하무라비法典 小考〉, 《법학논총》 2, 국민대학교 법학연구소, 1990, 5-49쪽.
이은정, 〈'다종교, 다민족, 다문화'적인 오스만제국의 통치 전략〉, 역사학보 제217집, 2013, 155-184쪽.
이은정, 〈오스만제국 근대 개혁기 군주의 역할: 셀림3세에서 압뒬하미드 2세에 이르기까지〉, 역사학보 제 208집, 2010, 103-133쪽.
이종근, 〈고대 메소포타미아의 수메르 우르-남무 법의 도덕성에 관한 연구〉, 《법학연구》 32, 한국법학회, 2008, 1-21쪽.
이종근, 〈메소포타미아 법사상 연구: 받는 소(Goring Ox)를 중심으로〉, 《신학지평》 16, 안양대학교 신학연구소, 2003, 297-314쪽.
이종근, 〈생명 존중을 위한 메소포타미아 법들이 정의: 우르 남무와 리피트이쉬타르 법들을 중심으로〉, 《구약논단》 15, 한국구약학회, 2003, 261-297쪽.
이종득, 〈멕시코-테노츠티틀란의 성장 과정과 한계: 삼각동맹〉, 라틴아메리카연구 제23권, 3호. 111-160쪽.
이지은, "인도 센서스"와 식민 지식의 구축: 19세기 인도 사회와

정립되지 않은 카스트〉, 역사문화연구 제59집, 2016, 165-196쪽.
정기문, 〈로마 제국 초기 디아스포라 유대인의 팽창원인〉, 전북사학 제48호, 2016, 279-302쪽.
정기문, 〈음식 문화를 통해서 본 세계사〉, 역사교육 제138집, 2016, 225-250쪽.
정재훈, 〈북아시아 유목 군주권의 이념적 기초: 건국 신화의 계통적 분석을 중심으로〉, 동양사학연구 제122집, 2013, 87-133쪽.
정재훈, 〈북아시아 유목민족의 이동과 정착〉, 동양사학연구 제103집, 2008, 87-116쪽.
정혜주, 〈태초에 빛이 있었다: 마야의 천지 창조 신화〉, 이베로아메리카 제7권 2호, 2005, 31-62쪽.
조주연, 〈미학과 역사가 미술사를 만났을 때〉, 《미학》 52, 한국미학회, 2007. 373-425쪽.
최재인, 〈미국 역사교육의 쟁점과 전망: 아프리카계 미국인 역사교육을 중심으로〉, 역사비평 제110호, 2015, 232-257쪽.

인터넷 사이트

네이버 지식백과: terms.naver.com
미국 자율학습 사이트: www.khanacademy.org
미국 필라델피아 독립기념관 역사교육 사이트: www.ushistory.org
영국 브리태니커 백과사전: www.britannica.com
영국 대영도서관 아시아, 아프리카 연구 사이트: britishlibrary.typepad.co.uk/asian-and-african
영국 BBC방송 청소년 역사교육 사이트: www.bbc.co.ukschools/primaryhistory
독일 브록하우스 백과사전: www.brockhaus.de
독일 WDR방송 청소년 지식교약 사이트: www.planet-wissen.de
독일 역사박물관 www.dhm.de
독일 청소년 역사교육 사이트: www.kinderzeitmschine.de
독일 연방기록원 www.bundesarchiv.de
위키피디아: www.wikipedia.org

사진 제공

수록된 사진 중 일부는 노력에도 불구하고 저작권자를 확인하지 못하고 출간하였습니다. 확인되는 대로 최선을 다해 협의하겠습니다. 퍼블릭 도메인은 따로 표기하지 않습니다.

표지
민중을 이끄는 자유의 여신 Eugène Delacroix

1교시
맨체스터 전경 Shutterstock
알버트 도크 calflier001
1800년대 중반 방직 공장의 모습 게티이미지코리아
스톡턴-달링턴 철도 The Bridgeman Art Library
루르 지역의 코크스 공장 Rainer Halama
벨기에 남부의 공장 풍경 게티이미지코리아
맨체스터 전경(비덤 타워) Shutterstock
〈가디언〉 런던 본사 Bryantbob
맨체스터 대학 Shutterstock
맨체스터 유나이티드 Светлана Бекетова
트래퍼드 파크 Alamy
램바나나 Boing! said Zebedee
리버풀 전경 Shutterstock
알버트 도크 예술촌 Shutterstock
테이트 리버풀 미술관 Agefotostock
캐번 클럽 spaztacular
비틀스 동상 Loz Pycock
안필드 Rept0n1x
머지사이드 더비 Nigel Wilson from England
버밍엄 전경 Alamy
셀프리지 백화점 Bs0u10e0
주얼리 쿼터 Brian Clift
운하 Shutterstock
버밍엄 모스크 연합뉴스
중세 유럽의 재단사 게티이미지코리아
1680년대 프랑스 공장 모습 통로이미지
전통 물레 Shutterstock
제니 방적기 Agefotostock
아크라이트의 수력 방적기 Chris55 at English Wikipedia
물 방적기 Pezzab
역직기 Wellcome Images
영국의 노천 석탄 광산 Alamy
제임스 와트가 개량한 증기 기관 Nicolás Pérez
로코모션 1호 Chris55

로켓호 William M. Connolley
1890년대 맨체스터 번화가 풍경 게티이미지코리아
유럽의 기내 수통입 사업상 Alamy
1880년대 독일 제철소 게티이미지코리아
공장을 둘러보는 부르주아들 통로이미지
파스퇴르 플라스크 Science Museum London
오늘날 봉마셰 백화점 외관 hiro449944
파텐트 모터바겐 DaimlerChrysler AG
그랑 팔레 sanchezn
토머스 로버트 맬서스 Wellcome Images
중세 영국의 '쥐잡기' 통로이미지
잉글랜드 대 스코틀랜드 축구 경기 통로이미지
맨체스터 유나이티드 Alamy
웨스트햄 유나이티드 연합뉴스
아스날 FC Alamy
프록터 앤드 갬블에서 생산하는 상품들 Agefotostock
로타르 폰 파버 Stahlstich von Johann Leonhard Raab, 1873
카스텔9000 Sunhye Kim
파버-카스텔의 상징인 두 기사 Press-office.fc.de
바이엘의 아스피린 Bodhi Peace
바이엘 본사 Rolf Heinrich, Köln
버버리 가방 Rdsmith4
런던 버버리 본사 Tony Hisgett from Birmingham, UK

2교시
워싱턴 D.C.의 미국 의회의사당 123RF
미시시피강의 증기선 Shutterstock
텍사스주 오스틴 Shutterstock
뉴욕 Shutterstock
세르게이 브린 Steve Jurvetson
피에르 오미디야르 Joi 15:42, 2 August 2007 (UTC)
엘론 머스크 Steve Jurvetson
이민 행정 명령 반대 시위 Grendelkhan
세계 최대의 농산물 수출국 토픽이미지스
디트로이트 전경 Shutterstock
실리콘 밸리 123RF
텍사스주 공장식 축산 Alamy
라스베이거스의 파라다이스 관광 지구 Shutterstock
멕시코만 석유 시추 시설 Shutterstock
할리우드 Shutterstock
미국 프로 농구 NBA Keith Allison from Hanover, MD, USA
콜라와 햄버거 Heart Attack Grill / alf Roletschek
메이저리그 Rich Anderson from Denton, United States

브리즈 힐 게티이미지코리아
미국 독립 기념관 인디펜던스 홀 Rdsmith4
루이 16세를 만나는 벤저민 프랭클린 통로이미지
새러토가 Shutterstock
요크타운 승전 기념탑 Shutterstock
셰이스의 반란 Wmpetro
미국 상원 Ipankonin
미국 총기 상점 Shutterstock
언론 박물관 Photograph by Mike Peel (www.mikepeel.net)
의회에서 연설하는 미국 대통령 연합뉴스
뉴올리언스 Shutterstock
마운트 버넌 baldeaglebluff from Bald Eagle Bluff, USA
미국 러시모어산의 대통령 조각상 Winkelvi
의회 도서관 토머스 제퍼슨관 Farragutful
토머스 제퍼슨 동상 Prisonblues
뮤지컬 〈해밀턴〉 연합뉴스
2017년 트럼프 반대 시위 연합뉴스
투표하는 미국 선거인단 연합뉴스

3교시

파리 콩코르드 광장 Shutterstock
삼부회 Garitan
발미 Хрюша
코트다쥐르 Shutterstock
이프성 Shutterstock
마르세유 Shutterstock
마르세유 이슬람교도들 게티이미지코리아
부야베스 Shutterstock
마티스 미술관 Shutterstock
니스 해변 Shutterstock
망통의 레몬 축제 Alamy
칸 국제 영화제 연합뉴스
그라스의 향수 가게 Alamy
아를 전경 Chensiyuan
소피아 앙티폴리스 전경 Ouuups
앙티폴리스 기업들 Wikipedia
부르주아 게티이미지코리아
삼부회에 참석한 세 신분 게티이미지코리아
바스티유 광장 jean-louis Zimmermann from Moulins, FRANCE
혁명 기념일 불꽃놀이 Yann Caradec from Paris, France
폭동을 피해 도망가는 귀족들 The Granger Collection
튈르리 공원 Shutterstock
재판받는 마리 앙투아네트 The Bridgeman Art Library
기요틴 Shutterstock
프티 트리아농 Shutterstock
다이아몬드 목걸이 Château de Breteuil
마리 앙투아네트 감옥 방 재현 Pierre Poschadel
방데 지역 농촌 Shutterstock
숄레 Alamy

4교시

에투알 개선문 Alamy
개선문 Michael Meinecke
빈 회의 Agefotostock
엘바섬 Shutterstock
파리 Shutterstock
에펠 탑 Shutterstock
방사형 도시 Shutterstock
에투알 개선문과 샹젤리제 연합뉴스
엘리제궁 Shutterstock
노트르담 대성당 Shutterstock
콩코르드 광장 Shutterstock
바스티유 광장 오페라 극장 Patrick Nouhailler's…
팡테옹 사원 Shutterstock
파리 제1대학 팡테옹 소르본 Shutterstock
라 데팡스 전경 Shutterstock
라 그랑드 아르슈 Shutterstock
라 데팡스 Pline photo ou réalisation (schéma) personnelle
아작시오 Shutterstock
나폴레옹 생가 Shutterstock
퐁텐블로 궁전 Shutterstock
황제 나폴레옹 1세 Soerfm
나폴레옹 법전 DerHexer, Wikimedia Commons
프랑스 은행 Mbzt
넬슨 제독 기념비 Beata May
나폴레옹 시대의 야포 PHGCOM
전열 보병 Shutterstock
세인트헬레나섬 David Stanley from Nanaimo, Canada
오스트리아 수상 집무실 Extrawurst
투른 탁시스궁 Shutterstock
에스파냐 혁명 Alamy
뮤지컬 〈레 미제라블〉 Thibaut Marion
괴테와 나폴레옹의 만남 Wikipedia
코르시카섬을 떠나는 나폴레옹 형제와 아버지 게티이미지코리아

연표

수원 화성 화서문 bifyu

퀴즈 정답

1교시

1. ④
2. X, O, O
3. ②
4. 젠트리
5. 증가, 부르주아, 노동자
6. ①-ⓒ, ②-㉠

2교시

1. 조지 워싱턴
2. ④
3. ㉠-ⓒ-㉣-ⓒ
4. ③
5. ③
6. ①-ⓒ, ②-ⓒ, ③-㉠

3교시

1. ①
2. ④
3. O, X, O
4. ②
5. 로베스피에르
6. ⓒ-㉣-ⓒ-㉠

4교시

1. ④
2. ①
3. ㉣-ⓒ-ⓒ-㉠
4. ②
5. ①

일러두기

- 맞춤법과 띄어쓰기는 국립국어원에서 펴낸 《표준국어대사전》을 따랐습니다.
- 역사 용어와 띄어쓰기는 《교과서 편수자료》의 표기 원칙을 따랐습니다.
  단, 학계의 일반적인 표기와 다른 경우 감수자의 자문을 거쳐 학계의 표기를 따랐습니다.
- 중국의 지명은 현재까지 남아 있는 지명은 중국어 발음, 남아 있지 않은 지명은 한자음을 따랐습니다.
- 중국의 인명은 변법자강 운동을 기준으로 그 이전은 한자음, 그 이후는 중국어 발음을 따라하는 것을 원칙으로 했습니다.
- 일본의 지명과 인명은 일본어 발음을 따랐습니다.

- 이 책에 실린 사진은 북앤포토를 통해 저작권자로부터 사용허가를 받았습니다.
- 일부 사진은 wikipedia commons public domain에 게재되어 있습니다.
- 저작권자와 접촉이 되지 않는 등 불가피한 사정으로 사용 허가를 받지 못한 사진에 대해서는
  저작권자의 허락을 구하는 대로 게재 허락을 받고 사용료를 지불하겠습니다.
- 이 책에 실려 있는 지도와 그림의 저작권은 별도의 표기가 없는 한 (주)사회평론에 있습니다.

교양으로 읽는 용선생 세계사 ⑨ 혁명의 시대 1 — 산업 혁명, 미국 독립 혁명, 프랑스 대혁명, 나폴레옹의 등장

전면 개정판 1쇄 발행   2025년 7월 23일

글	차윤석, 김선빈, 박병익, 김선혜
그림	이우일, 박기종
지도	김경진
구성	장유영, 정지윤
자문 및 감수	윤은주, 최재인
교과 과정 감수	박혜정, 한유라, 원지혜
어린이사업본부	이승필
편집	송용운, 김언진, 윤선아
마케팅	윤영채, 정하연, 안은지, 박찬수, 염승연
경영지원	나연희, 주광근, 오민정, 정민희, 김수아, 김승현
디자인	이수경
본문디자인	박효영, d.purple
사진	북앤포토
영상 제작	(주)트립클립

펴낸이	윤철호
펴낸곳	(주)사회평론
전화	02-326-1182
팩스	02-326-1626
주소	03993 서울시 마포구 월드컵북로6길 56 사평빌딩
용선생 클래스	yongclass.com
출판등록	1993년 10월 6일 제 10-876호

ⓒ사회평론, 2018

ISBN 979-11-6273-368-4 73900

- 이 책 내용의 일부나 전부를 다시 사용하려면 저작권자와 사회평론의 동의를 받아야 합니다.
- 잘못 만들어진 책은 구입하신 곳에서 바꾸어 드립니다.

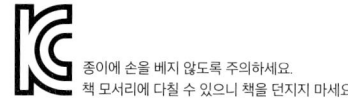

종이에 손을 베지 않도록 주의하세요.
책 모서리에 다칠 수 있으니 책을 던지지 마세요.

이 책을 만드는 데 강의, 자문, 감수하신 분

강영순(한국외국어대학교 강사)
아세아연합신학대학교 아세아학과를 졸업하고 한국외국어대학교 대학원 아시아학과에서 석사 학위를, 국립 인도네시아대학교에서 박사 학위를 받았습니다. 현재 한국외국어대학교 말레이·인도네시아어통번역 학과에서 강의를 하고 있습니다. 〈인도네시아 환경정치에 대한 연구: 열대림을 중심으로〉, 〈수까르노와 이승만: 제2차 세계 대전 후 건국 지도자 비교〉, 〈인도네시아 서 파푸아 특별자치제에 관한 연구〉 등의 논문을 지었습니다.

김광수(한국외국어대학교 HK교수)
한국외국어대학교를 졸업하고 남아프리카 공화국 노스-웨스트대학교 역사학과에서 석사·박사 학위를 받았습니다. 현재 한국외국어대학교 아프리카연구소 HK교수로 재직 중입니다. 지은 책으로 《스와힐리어 연구》, 《에티오피아 악숨 문명》 등이 있고, 함께 지은 책으로 《7인 7색 아프리카》, 《남아프리카사》 등이 있으며 《현대 아프리카의 이해》를 우리말로 옮겼습니다.

김병준(서울대학교 교수)
서울대학교 동양사학과를 졸업하고 같은 학교 대학원에서 석사·박사 학위를 받았습니다. 현재 서울대학교 역사학부 교수로 재직 중입니다. 《순간과 영원: 중국고대의 미술과 건축》, 《고사변 자서》 등을 우리말로 옮겼고, 《중국고대 지역문화와 군현지배》 등을 지었습니다. 함께 지은 책으로 《사료로 보는 아시아사》, 《역사학의 성과와 역사교육의 방향》, 《동아시아의 문화교류와 소통》 등이 있습니다.

남종국(이화여자대학교 교수)
서울대학교 서양사학과를 졸업하고 같은 학교 대학원에서 석사 학위를, 프랑스 파리1대학에서 박사 학위를 받았습니다. 현재 이화여대 사학과 교수로 재직하고 있습니다. 지은 책으로 《이탈리아 상인의 위대한 도전》, 《지중해 교역은 유럽을 어떻게 바꾸었을까?》, 《세계사 뛰어넘기》 등이 있으며 《프라토의 중세 상인》을 우리말로 옮겼습니다.

박병규(서울대학교 HK교수)
고려대학교 서어서문학과를 졸업하고 멕시코 국립대학(UNAM)에서 문학 박사 학위를 받았습니다. 현재는 서울대 라틴아메리카연구소 HK교수로 재직 중입니다. 《불의 기억》, 《파블로 네루다 자서전 - 사랑하고 노래하고 투쟁하다》, 《1492년, 타자의 은폐》 등을 우리 말로 옮겼습니다.

박상수(고려대학교 교수)
고려대학교 사학과를 졸업하고 같은 학교 대학원에서 석사학위와 박사과정 수료를, 프랑스 국립 사회과학고등연구원에서 박사 학위를 받았습니다. 현재 고려대학교 사학과 교수로 재직하고 있습니다. 지은 책으로 《중국혁명과 비밀결사》 등이 있고, 함께 지은 책으로는 《동아시아, 인식과 역사적 실재: 전시기(戰時期)에 대한 조명》 등이 있습니다. 《중국현대사 - 공산당, 국가, 사회의 격동》을 우리말로 옮겼습니다.

박수철(서울대학교 교수)
서울대학교 역사교육과를 졸업하고 같은 대학 대학원 동양사학과에서 석사를, 일본 교토대에서 박사 학위를 받았습니다. 현재는 서울대학교 역사학부 교수로 재직 중입니다. 지은 책으로는 《오다·도요토미 정권의 사사지배와 천황》이 있으며, 함께 지은 책으로는 《아틀라스 일본사》, 《사료로 보는 아시아사》, 《일본사의 변혁기를 본다》 등이 있습니다.

성춘택(경희대학교 교수)
서울대학교 고고미술사학과와 대학원에서 고고학을 전공했으며, 워싱턴 대학교 인류학과에서 고고학으로 석사와 박사 학위를 받았습니다. 현재 경희대학교 사학과 교수로 재직 중입니다. 《석기고고학》이란 책을 쓰고, 《고고학사》, 《다윈 진화고고학》, 《인류학과 고고학》 등을 우리말로 옮겼습니다.

유성환(서울대학교 강사)
부산대학교 영문학과를 졸업하고 미국 브라운대학교에서 박사 학위를 받았습니다. 현재 서울대 아시아언어문명학부에서 강의를 하고 있습니다. 〈이히, 시스트럼 연주자 - 이히를 통해 본 어린이 신 패턴〉과 〈외국인에 대한 이집트인들의 두 시선〉 등의 논문을 지었습니다.

윤은주(국민대학교 강의 전담 교수)
서울대학교 서양사학과를 졸업하고 프랑스 사회과학고등연구원에서 박사 학위를 받았습니다. 현재 국민대학교 교양대학 강의 전담 교원으로 일하고 있습니다. 《넬슨 만델라 평전》을 우리말로 옮겼으며 《히스토리》의 4~5장과 유럽 국가들의 연표를 우리말로 옮겼습니다.

이근명(한국외국어대학교 교수)
서울대학교 동양사학과를 졸업하고 같은 학교 대학원에서 석사·박사 학위를 받았습니다. 현재 한국외국어대학교 사학과 교수로 재직하고 있습니다. 지은 책으로는 《남송 시대 복건 사회의 변화와 식량 수급》, 《아틀라스 중국사(공저)》, 《동북아 중세의 한족과 북방민족》 등이 있고, 《중국역사》, 《중국의 시험지옥 - 과거》, 《송사 외국전 역주》 등을 우리말로 옮겼습니다.

이은정(서울대학교 강사)
한국외국어대학교 터키어과를 졸업하고 터키 국립 앙카라 대학교 역사학과에서 석사 학위를, 서울대학교 서양사학과에서 박사 학위를 받았습니다. 현재는 서울대학교 등에서 강의를 하고 있습니다. 〈16 - 17세기 오스만 황실 여성의 사회적 위상과 공적 역할 - 오스만 황태후의 역할을 중심으로〉와 〈'다종교·다민족·다문화'적인 오스만 제국의 통치전략〉 등의 논문을 지었습니다.

이지은(한국외국어대학교 전임연구원)
이화여대 사학과를 졸업하고 한국외국어대학교와 인도 델리대학교, 네루대학교에서 석사·박사 학위를 받았습니다. 현재 한국외국어대학교 인도연구소 전임연구원으로 일하고 있습니다. 함께 지은 책으로는 《탈서구중심주의는 가능한가》가 있으며 〈인도 식민지 시기와 국가형성기 하층카스트 엘리트의 저항 담론 형성과 역사인식〉, 〈반서구중심주의에서 원리주의까지〉 등의 논문을 지었습니다.

정기문(군산대학교 교수)
서울대학교 역사교육과를 졸업하고 같은 학교 대학원에서 석사·박사 학위를 받았습니다. 현재 군산대학교 사학과 교수로 재직하고 있습니다. 지은 책으로는 《한국인을 위한 서양사》, 《내 딸을 위한 여성사》, 《역사란 무엇인가》 등이 있고, 《역사, 시민이 묻고 역사가가 답하고 저널리스트가 논하다》, 《고대 로마인의 생각과 힘》, 《지식의 재발견》 등을 우리말로 옮겼습니다.

정재훈(경상대학교 교수)
서울대학교 동양사학과를 졸업하고 같은 학교 대학원에서 석사·박사 학위를 받았습니다. 현재 경상대학교 사학과 교수로 재직 중입니다. 지은 책으로는 《돌궐 유목제국사》, 《위구르 유목 제국사(744~840)》 등이 있고 《유라시아 유목제국사》, 《사료로 보는 아시아사》 등을 우리말로 옮겼습니다.

최재인(서울대학교 강사)
서울대학교 서양사학과를 졸업하고 같은 학교 대학원에서 석사·박사 학위를 받았습니다. 현재 서울대학교 강사로 일하고 있습니다. 함께 지은 책으로 《서양여성들 근대를 달리다》, 《여성의 삶과 문화》, 《다민족 다인종 국가의 역사인식》, 《동서양 역사 속의 다문화적 전개양상》 등이 있고, 《가부장제와 자본주의》, 《유럽의 자본주의》, 《세계사 공부의 기초》 등을 우리말로 옮겼습니다.